U0642678

勿使前辈之遗珍失于我手
勿使国术之精神止于我身

掤捋挤按须认真
上下相随人难进
任他巨力来打我
牵动四两拨千斤
引进落空合即出

粘连黏随不顶丢

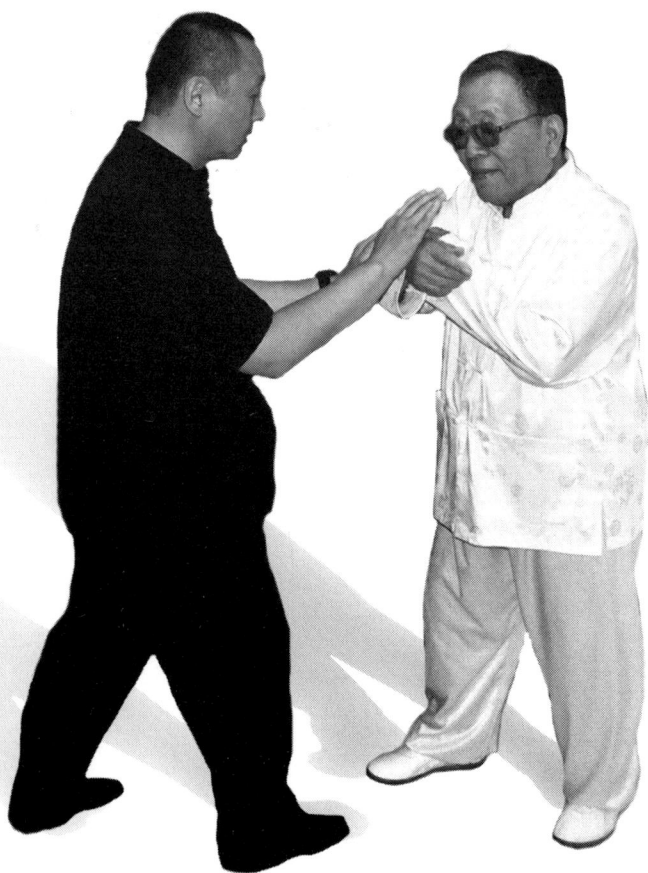

拳道薪传

# 推手践习录

王子鹏 著

北京科学技术出版社

## 图书在版编目（CIP）数据

推手践习录 / 王子鹏著 . — 北京 : 北京科学技术
出版社 , 2021.12
　　ISBN 978-7-5714-1590-7

　　Ⅰ . ①推… Ⅱ . ①王… Ⅲ . ①推手 ( 武术 ) —中国
Ⅳ . ① G852.4

　　中国版本图书馆 CIP 数据核字（2021）第 232454 号

策划编辑：胡志华
责任编辑：白世敬
责任校对：贾　荣
责任印制：张　良
封面设计：志　远
版式设计：胡志华
出 版 人：曾庆宇
出版发行：北京科学技术出版社
社　　址：北京西直门南大街 16 号
邮政编码：100035
电话传真：0086-10-66135495（总编室）
　　　　　0086-10-66113227（发行部）
网　　址：www.bkydw.cn
印　　刷：保定市中画美凯印刷有限公司
开　　本：710 mm × 1000 mm　1/16
字　　数：330 千字
印　　张：23.75
版　　次：2021 年 12 月第 1 版
印　　次：2021 年 12 月第 1 次印刷
ISBN 978-7-5714-1590-7

定　　价：139.00 元

马长勋老师演练太极刀（1994 年）

马长勋老师拳照（2007 年）

笔者与马长勋老师合影（2014 年 9 月）

2016 年 9 月 16 日，马长勋老师在收徒仪式上与众人合影。后排右一为笔者

感谢子鹏兄的厚爱，在新著《推手践习录》出版之前，又委托我这个外行给他写序。

子鹏兄的第一部著作是《吴式太极·南湖传习录》，该书由子鹏的师父马长勋先生口述，子鹏负责记录和整理。写书难，出版也难，子鹏兄因此和我认识并做了很多沟通。正式出版前，子鹏兄邀我作序。我了解子鹏兄的艰难，虽然不知出版之后是个什么状况，但慨然应允，写了《真佛只说家常话》，表示自己的支持。谁知，《吴式太极·南湖传习录》问世后大受读者欢迎，不仅很快重印，而且还出了日文版。我的名字忝列其中，真是与有荣焉。但我牢记，自己只是一个太极拳的普通爱好者，一个只有少许书本知识的外行。

《推手践习录》和我也有间接的因缘。

2018 年国庆长假，子鹏一个人开着车长途旅游，其中一站是到运城拜访我。他先到河南灵宝，游了黄帝铸鼎塬等处，然后进入运城境内，游了解州关帝庙等处，这才进城来找我。第二天，我和书法家冯建东先生陪着子鹏游了舜帝陵、李家大院、孤峰山等处，又在临猗县一处乡间饭店品尝了几种风味特产。当时，我只知道子鹏乘兴访友，并不知道他别有心事。

子鹏在后来的文章中写道，那年他已经对太极推手失去了信心，准备放弃。但到运城游览了一圈，拜访了"明心师兄"，回去之后忽然就明白了。

说实话，子鹏的开悟，只是在时间、地点上和我这个"明心师兄"有一定联系，实际上并没有直接关系。我这位"明心师兄"，最多算是有一点点助道的因缘。就如同古人的"击竹悟道"，没有必要去感谢那棵无知的竹子，而竹子也不必去得意。

我不会太极推手，但文章看多了，貌似也看"懂"了一些。

王子鹏师承吴式太极拳名师马长勋先生，他们这一系的推手，强调的是训练和养生。师徒之间，一个喂劲，一个听劲学习。师兄弟之间，互相喂劲，互相学习。经过长期的正确训练，不仅能够掌握神奇的"太极劲"，还能延年益寿。比如马先生说的，人发出去之后，双方最后都吸一口气，这是滋养人的。于是，越练越滋润，越练越开心……

但世间的太极推手，并不完全是这样。

在很多太极门派中，推手既是训练方式，也是比赛方式，甚至是争强斗胜的方式。以往别的文章宣传太极高手，总免不了要说他和某某推手，把某某发出几丈远。似乎只有这样，才能显示太极功夫的高明。神奇的是，某些高手不需要和对方接触，远远地就能把人发出去，这叫"凌空劲"。而世人对太极推手的景慕，往往也是这样，追求"四两拨千斤"，轻描淡写地一挥，就把人扔得好远好远。

但伴随而来的事实是，人们会因此质疑太极推手的真伪：你们师徒表演，师父轻轻一挥，徒弟就蹦出好几丈远。有时师父的手还没起来，徒弟就蹦远了。这到底是真的还是假的啊？有本事，你来推我试试！

子鹏在书中抱着极大的耐心，苦口婆心地想要阐明这些道理。

师门内部的训练中，师父喂劲，徒弟化劲，有时徒弟只有蹦出去，才能把这个劲合理地化掉。化干净了，吸一口气，人就养着了。你要像木桩子一样不肯蹦，那来学什么？

世间有真推手，也有假推手。大家都在蹦，但蹦得不一样。真推手是在训练、是在养生，假推手是在制造奇迹、哗众取宠。

一样的水，能养百样的人。

太极拳是宝贵的文化遗产，子孙后代都在利用它。有的人，用它强身健体、延年益寿；有的人，用它参禅悟道、利益众生；而有的人，利用它为稻粱谋、追名求利。马长勋先生和子鹏兄他们，明显是属于前两者。我没有见过马先生，但观看过很多他的视频。他的拳和推手，正如他推崇的神跤宝三那样，让人观看时心旷神怡、恍然若悟。至于子鹏兄，我们交往比较多，所以我知道他是个朴实无华、宁静澹泊、安贫乐道的人。他不管是练拳还是写书，都带着极大的诚意。

吴式太极拳有它的特殊性。

《吴式太极·南湖传习录》记载了很多好故事。吴门的前辈，大都出身于富裕阶层，练拳是为了养生求道，不是为了养家糊口。教徒弟则纯粹是为了传道，不是为了赚钱。所以，他们这一派，逐渐扬弃了太极拳的技击竞赛功能，专门致力于养生和悟道。在这种长期的追求中，他们总结出很多合理而神奇的训练方法，形成了与众不同的门派特色，也收到了良好的养生保健效果。据某些文章介绍，在各式太极门派中，吴式的长寿老人是最多的。

子鹏的新著《推手践习录》，讲的就是他从马长勋先生那儿学来的吴门推手功法。另外，子鹏也有自己的成功探索和教学实践。他曾经利用短暂的假期，指导过几个外地来的朋友，让他们很快得到提高，子鹏的成绩也得到了马长勋先生的认可。

子鹏在这本书中反复强调，只有"三观"相合，才能阅读他的书。其实，这所谓的"三观"，太极拳宗师在《十三势歌》中早已经说得很明白了：

详推用意终何在？益寿延年不老春。

# 自序

## （一）

这是一本不好写的书。

《吴式太极·南湖传习录》出版之前，马长勋老师（马老）其实并没想到我能把这件事办成。而一旦事情成功了，并且受到了那么多人的喜爱，反过来再看那本书的内容，马老就觉得分量不够了。我们总觉得，应该给读者更多、更好的东西。马老最珍视的，就是自己推手的经验，所以，他希望我能再写一本关于推手的书。

我自己也曾经有过这种想法，但很快就放弃了，不仅放弃了写书的想法，甚至一度不想在推手上耗费时间了。

为什么呢？因为自己没有学会，没有懂。

守着这么好的老师，为什么没有学会呢？是老师不教吗？显然不是的。马老不但希望我们都学会，而且希望我把它都写出来。

但推手就是那么奇妙，推手不是力气，不是技巧，不是招数，所以既不是"卖力气"，也不是"记招数"。推手要懂劲，懂劲这个东西"可传而不可受"，就算老师整天耳提面命，自己不开那个窍，怎么都没用。

这个"放弃"的想法，在我 2018 年 10 月第二次"河东游"的时候，达到了顶点。越想学，就越学不会，既然学不会，那就放弃吧。马老并不知道我的困扰，但当我回来后，再去看马老的时候，某一天，却突然就"会"了。

那个感觉，就是开了一个窍，而且这个窍，不是一般的窍，而是一个"总窍"。这个感觉很难用语言表达，但是对我来说，它就是一个分水岭，一个质变的临界点。

2016 年，笔者第一次"河东游"时在山西永乐宫吕祖殿留影

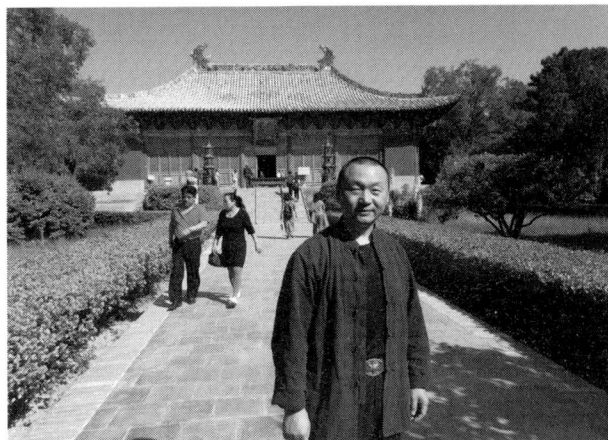

2016 年 10 月 3 日，笔者第一次"河东游"时在永乐宫前留影

2016 年 10 月，笔者第一次"河东游"时与明心师兄合影

2018 年 10 月，笔者第二次"河东游"时在运城孤峰山留影

就是在这个时候，马老说，咱们再写一本推手的书吧。

我说，那得我学会了再写，我要是自己都不明白，怎么能让别人明白呢？

我自己知道，自己虽然"懂了"，但也就是"懂了"而已，离功夫上身，还差得很远，这只是刚开始练习，"悟后起修"罢了。

马老也知道，推手的内容不好写。说简单了，大家看不明白；说复杂了，同样看不明白。他说，我说了这么多年，也没几个明白的。

从此，我们就开始了陆陆续续的采访过程。师徒两个，一问一答，或者干脆就闲聊，边聊边说手。我就用我明白的东西，去实践和领悟。

为了验证自己是不是真的"懂了"、这个"懂劲"的过程到底能不能复制，我选了几个朋友，当学生那样教。通过实践，我用我领悟到的方法，让他们在很短的时间里，初步明白了太极拳的"劲""懂劲"到底是个什么东西。

这让我有了信心，既然我的领悟是可以复制的，那么写出来就可以让更多的人去领悟、去复制。

就在我准备动笔的时候，新冠肺炎疫情突然暴发了。刚开始的时候，我内心充满焦虑和担忧，无法安心，什么事也做不下去。但是后来，就索性安之若素。既然出不去，就开始构思和写作。先写了一小部分，并不满意，后来重新构思，规划内容，重新来过。

我当时的计划是，2020年年底之前把书写完。为了让马老早点看到这本书的内容，我把这个时间节点提到了十一国庆节之前。刚开始写得很慢，后来就越写越快，心想，再提前一个月吧。结果，到8月28日，这本书的初稿就完成了。

那一天，我记得很清楚。写下最后一个字的时候，我终于松了一口气，心想，修改和出版，就不用那么着急了。

也许是前一阶段抓得太紧，这一松劲，就生病了，缠绵了一两个月。

好在，马老对我写的内容非常满意，评价很高，这让我觉得，自己总算没有辜负恩师的期望。


（二）

这是一本有诚意的书。

明心师兄在他所写的序中说我："他不管是练拳还是写书，都带着极大的诚意。"我认为，这是最中肯的评价。

这种诚意，体现在两个方面。

一方面，"给得多"，恨不得把知道的都告诉你。

武术界都讲究"留一手"，尤其是自己听到的、悟到的"绝招"和"关窍"。我在写的时候，心里也在打鼓，这一手是不是该写出来呢？

事实证明，我的担心是多余的。马老对我说："咱们是继承、发扬学到的东西。国家给的，再还给国家；社会给的，再还给社会。为人一世，总得给后人留下点东西。你要按这个思路培养学生，再写到书里头。"

马老的嘱托让我感动，也让我压力倍增，生怕自己不能写出推手的真义。为此，不仅马老给我耐心说手、做示范，马骏师兄也不断指点我，让我多操练、多上身。马骏师兄对我说："你上了身，感受才能更深，写出来的东西才能更准确、更全面。"马老父子两代，对我们的读者，都是如此赤诚相待，令人感慨！

另一方面，不愿意浪费读者的资源。

几个朋友在我的微信公众号"潜真堂"上看了本书的部分内容，都有一个共同的感觉：刚开始的时候，"废话"是不是有点多？

其实，我是在不厌其烦地告诉大家：我们的理念是什么，我们练的是什么样的推手，我们要讲什么样的内容。

我的想法很直接，如果你不认同我们的观点，那就不要花钱买这本书，不要花时间去读这本书。

关于太极拳，各种观点很多，谁也说服不了谁。我们也不准备说服谁，我们只是希望给"三观相合"的太极拳爱好者提供一点参考，把我们的经验告诉大家，让大家少走弯路。

对现代人来说，时间是最宝贵的资源。节省读者的资源，也是我们的诚意。


（三）


这是一本不圆满的书。

在我的规划中，全书一共九章八十一回，象征"九九归一"；前有序，后有跋，一前一后，象征一阴一阳，"负阴而抱阳"；再请明心师兄作一篇序，象征自外招徕的"先天一炁"。

　　为了保证自己写的内容不出错，我一边校对后在微信公众号上发表，一边给马老和马骏师兄审阅。马老父子不仅对每一篇文字都做了认真细致的审校，而且不断提出修改意见，增加内容，唯恐我写得不够完备。

　　本书的内容是经得起检验的，原因有二：一是书中所述方法可复制，是经事实证明的；二是经过了马老的亲自审定。

2020 年 11 月，笔者向马老汇报书稿完成情况

　　马老对本书的内容也给予了高度评价。尤其是读到"《太极拳论》浅解"这一节之后，他专门给我打了电话，表达了自己的肯定和欣慰。

　　但是我觉得，这本书仍然是不完美、不圆满的。

　　这主要是因为自己的水平太有限了，不能完全表达出马老给我讲的、做出来的、示范的那些太极推手的神妙、神奇、神韵。在内容上，虽然我想尽可能地写得完备，但马老就像一个宝藏，你以为写完了，其实写出来的只是冰山一角，不断有更新奇的、更神奇的推手手法、技巧展现出来。真的就像颜渊喟叹的那样："仰之弥高，钻之弥坚，瞻之在前，忽焉在后。夫子循循然善诱人，博我以文，约我以礼，欲罢不能。既竭吾才，如有所立卓尔。虽欲从之，末由也已。"

　　说本书不圆满的另一个原因是，本书的核心虽然都是马老传授的，但写出来，毕竟要经过自己的"过滤"。在这个过程中，剩下的大部分内容只能是我自己已经掌握的或者是理解的东西，那些我无法理解的、理解不到的，可能就没有写出来。

所以，这本书只能叫作《推手践习录》，它只是一本讲述我自己实践、练习、修习、体会的书，并不能代表马老推手的真正高度，甚至也不能代表我自己认识的水平。因为我也在不断实践、不断进步、不断提高自己的认识。

不过，这个世界上本就没有完美的事物。

唐僧取经回来，路过通天河，弄湿了经卷，在石上晒经，不期沾破了几卷。行者笑道："盖天地不全。这经原是全全的，今沾破了，乃是应不全之奥妙也。"

因为"不全"，我们才会不断努力；

因为努力，才能进步；

因为进步，才能日臻圆满！

王子鹏

2020 年 11 月 19 日于潜真堂

2021 年 3 月 6 日修订

# 目录

## 第三章　知己知彼

## 第四章　舍己从人

## 第五章　允执厥中

# 第一章 我独异于人

众人皆有余，
而我独若遗。
我愚人之心也哉！
沌沌兮！
众人昭昭，
我独昏昏；
众人察察，
我独闷闷。
……
我独异于人，
而贵食母。

——【春秋】老子《道德经》第二十章

# 为什么练太极拳？

　　为什么练太极拳？这其实是一个非常重要的问题。你的目的是什么？你采用的手段，能不能达到最终的目的？这是必须首先明确的问题。如果不明确，可能会走很多弯路，甚至缘木求鱼。

　　就我本人而言，因为自己练太极拳，所以朋友圈里就有很多练太极拳的人，也就能看到很多关于太极拳的文章，当然，大多数文章是说太极拳如何如何好。但我觉得，文章里有些东西，未必正确。有些人爱"吹牛"，有点夸大也是难免的。太极拳虽然很好，但也不是包治百病的"万能药"。

　　朋友圈里也有争论，从这些争论中也可以看出来，大家对自己练太极拳的期待也是不同的。有的人希望养生健身，延年益寿；有的人希望能练出一身功夫，成为传说中的"一代宗师"……梦想总是要有的，有梦想没有错，但是一定要清楚，自己练的东西，是不是对路，是不是能实现自己的目标。比如你想要去北京，那你的路有没有实际上在走向上海？上海不比北京差，但那毕竟不是你的目标。

　　我为什么练太极拳？马长勋老师也曾把我叫过

去，认真地问过我这个问题。

其实，最初我也是这方面的文章看多了，也想让自己练出来一身神奇的功夫。刚开始没有老师，自己看书学。但是，我是幸运的，真正开始学的时候，就遇到了马老，跟着马老，一直学到现在。

将近 20 年的时间，我为什么没有放弃，一直在学、在练呢？马老问我的时候，正好我也在想这个问题。

我是一个从小就"好道"的人。

我老家在河南鹿邑，是老子的家乡。可能是凤世因缘，有些事情一言难尽。小时候身体不好，跟姑父学武术，练着练着，身体变强壮了。上中学时，第一次读《道德经》，忽然就有了古文的语感，感觉古文也不那么难了。

我身体协调性比较差，小时候学拳也很笨，当年的小伙伴们可以作证。不过，事情很快就有了变化。有一次，我认真读了一本关于"南拳"的书，忽然就觉得学拳不再难了，自己看书就可以学会。然后，真正再去学，很快就可以学会并记住了。

那时候，电影《少林寺》的放映掀起了武术热，到处都是武术和气功的书籍，我自己看书学了一套"太极剑"，不过，现在已经忘记了。真正学太极拳，是上大学的时候，跟体育老师学了二十四式简化太极拳。当时，老师在第一学期教长拳，第二学期教太极拳。教太极拳的时候，看大家不认真学，老师就说了一段我至今都记得的话。

老师说，你们现在年轻，打一套长拳，大家都说这小伙子真棒。等你有了工作，再练这个，大家都会说，这个人"不稳重"。太极拳和别的拳不同，你什么时候都能练，你上班了，练一趟太极拳，大家会觉得你"老成"。你学会了太极拳，也就掌握了一个可以终身行之的锻炼方法。

接触了这个太极拳后，我又有了一个感觉，我发现会了太极拳后，再学其他的拳，都变得非常容易。当时，我看到一篇文章，说军队的飞行员驾驶动作比较猛，总是做不好，不够圆润。后来，教官就让他们练太极拳，练着练着，发现这些飞行员的动作更加协调了，飞行曲线也更加圆润了。我也有同样的感受。

为什么说这些呢？这些都和我能坚持练拳有密切关系。我最后给自己总结了三条选择太极拳的理由。

第一，太极拳可以健身，可以养生，可以修身养性，可以终身行之。

第二，太极拳是武术，可以用于防身和技击。

第三，太极拳是"助道品"，可以"以武入道"。

对我来说，太极拳同时具有这三个优点，缺一不可。

如果仅仅是健身、养生，方法有很多，很多方法比太极拳更有效。如果仅仅是要防身，同样有更好的选择，比如散打。太极拳要练出能够实战的功夫来，比较困难；用其他的方法，就相对要快、要容易得多。最简单的，同样两个人，用三个月的时间，一个练太极拳，一个练散打，三个月后，练散打的肯定比练太极拳的能打。但是，太极拳好就好在，这三大优点它都有，能健身，关键时刻能用来防身，而且练得好的话，还能缘此入道。八岁小儿能练，八十老翁也能练。

如果太极拳练得好，掌握了"动中守窍"的方法，在某些功法中，比单纯静坐还要有效。太极拳讲究动静结合，能有效避免长期静坐产生的某些问题。在团结湖，跟马老练拳的老年人有很多，他们当中八九十岁的人很多，还有几个癌症病人，当时动完手术说只能保 5 年，但现在几十年过去了都还健在。有一种说法，太极拳、易筋经就是当年道教、禅宗为避免长期静坐产生问题而发明的修炼方法。

在我个人的实践中，我的体会是，如果和丹道结合，太极拳有不可代替、不可思议的妙处。但是，如果不结合，太极拳的作用就有限，这个作用体现不出来。不过，这不是本书的主要内容，从略。

以上说了太极拳的优点。

但话说回来，优点，有时候也是缺点。

这就像运动员，一个技术很全面的选手，可能特点不突出。"绝利一源，用师十倍。"（《黄帝阴符经》）专攻一门技术，就容易突破，"一招鲜，吃遍天"。同样的时间和精力，平均用力，就难以形成"比较优势"。

当然，天才除外。

比如马龙，乒乓球技术最全面，号称"地表最强""六边形男人"。他行，旁人未必行，如果学不好，可能一点技术特点也没有。再比如程派的京剧，化不利为有利，嗓音独特，一听就知道这是程派。相比之下，梅派的特点就没有那么突出，学不好，就很容易平庸到什么都不是。

太极拳也是这样。特别是对于第二个优点，武术的防身和技击作用，如果练不出来，可能"画虎不成反类犬"，机会成本会很大。不光太极拳，最近传统武术和散打等专业运动员进行过不少比赛，获胜的很少，也有这方面的原因。

选择都是有"成本"的，也是有条件的，这里先不展开。但是，毫无疑问的是，练习太极拳和传统武术，对于防身技击还是有益的。

不管怎样，我认可太极拳具有的这三个优点，我会争取去学好它。如果学不好，付出的代价我也认可。至少，太极拳的健身作用是最基础的，个别人练得不好，会伤膝盖，这大概是唯一的风险。

因为要写书，所以要给大家讲明白我对太极拳的认识和看法。这会影响我的选材和叙述角度。

其实，大家一起练太极拳，想法未必要完全一致，完全一致是不可能的。

即使是我和马老，在有些问题上的观点也不尽一致。所以，我说完了之后，马老对我的观点不置可否。马老经常说的，是拳论上的一句话："益寿延年不老春。"

太极拳的技击性颇有争议，也不好练，本人也缺乏实践，不好谈。丹道方面，本人也只是粗浅入门，有所涉猎，但也高明不到哪里去。所以，本书的内容以健身、养生为主。

不管是出于何种目的，既然我们选择了太极拳，就希望能把它练好。

我们的目标受限于我们的眼界，但目标也不是一成不变的。当你达到了一个新的境界，你自然会生发出新的目标、新的期待，你可能会因此更上一个台阶、更上一层楼。

# 我们练的是什么样的太极拳

虽然名字都叫太极拳，但是两个人练的太极拳可能风马牛不相及。甚至，即使都叫"吴式太极拳"，也可能大相径庭。

我看过不少朋友练拳的视频，这些朋友，都是《吴式太极·南湖传习录》的读者，他们认可书中的道理，认为自己是按照这个道理练的，因为觉得很有成效，才发给我看。看了之后，我只能说："我们不一样。"

我是一个诚实的人，诚实到不愿意照顾朋友的情面。我觉得，朋友问我，就是对我信任，所以，宁可让朋友不高兴，也不能欺骗朋友。那是对朋友不负责，对自己不负责，对太极拳不负责。我说的可能是错的，但一定是自己真实的想法。

练拳需要理论，但理论是理论，理论不能代替实践。想要真正弄懂我们说的理论，需要实践和印证。如果没有印证，就会出现一个很大的问题：你认为的，和我们说的，其实不是一回事。这是语言本身的局限，所以，马老常说"口传身授"，只有搭手才能体会什么是我们说的推手、我们说的听劲、我们说的

"太极劲"。

那么，我们说的太极拳，究竟是什么呢？也就是说，我们这本书，讨论的是什么样的太极拳呢？

首先，我们讲的太极拳，是以王宗岳太极拳论为总纲领的太极拳。王宗岳太极拳论包括《太极拳论》《太极拳释名》《十三势歌》《打手歌》，这是我们练拳和写书的圭臬。千变万化，不离这个指针；千言万语，不出拳论宗旨。这是我们的出发点，如果不认同这个拳论，那么就不必在本书上浪费时间。要理解我们所说的太极拳、太极推手，不能不看这些老拳论。本书中，如果仅仅提到"拳论""老拳论"，一般指王宗岳太极拳论。

其次，我们练的是道家功，以《道德经》为基本理论。《道德经》中说："反者道之动，弱者道之用。"所以，我们太极拳是反着练，不是在后天力气上加功，而是"不用力"。

老子说："为而不争。"所以，我们没有胜负心。

老子说："国之利器不可以示人。"所以，我们盘拳的时候，先要准确，然后把所有的东西练得都像"没有"，自然而然。

老子说："将欲歙之，必固张之；将欲弱之，必固强之；将欲废之，必固举之；将欲取之，必固予之。"所以，我们太极拳讲究舍己从人，不对抗。马老常说："人刚我柔谓之走，我顺人背谓之黏。"前一句指你用力，我躲着你，不和你对抗；后一句指我跟着你走，顺你的势，借你的力。马老说，这是道家的文化、太极的智慧。

再次，我们谈的主要内容，是养生，是健身，是一种技巧，是一种艺术，是一种态度，是一种"玩意儿"。很多人希望得到"武功秘籍"，像电影里那样"笑傲江湖"，这样的朋友可能会失望。我们不否认太极拳有"武术"的一面，但这不是本书的主要内容，在本书里我们主要谈"养生"。

我们都知道吴式太极拳最细腻、最柔和，练吴式太极拳的人大都性格也柔和，不主张技击、实战。马老常说，王茂斋先生的朋友尹福、程

2007 年，马老拳照

廷华、尚云祥、马世清这些都是高人，但这些人在一块，从来也没听说谁跟谁动手，在一起都是研究技术。在马老接触的吴式太极拳第三代人的"朋友圈"里，从来也没听到过"实战""技击"这四个字，大家聚到一起，都是说推推手、摸摸手、找找劲。

所以，我们这一脉传下来，也是从来不知道实战、技击为何物的。太极拳有"武术"的成分，若能做到拳论中写的那样，那便成了高级的武术。但我们没有这个条件，用马老的话说，我们只是"实事求是谈养生"。要想练出实战、技击的功夫，恐怕还需要再下另一番功夫，这不是我们书中要讲的内容。

恰恰相反，我们练推手，首先要去掉的就是胜负心，"虚其心，实其腹，弱其志，强其骨"。这个"志"，就包括胜负心。有了胜负心，我们所说的那种推手功夫，就练不出来。

马老更喜欢把太极拳看成一种"艺术"，适合面广，也有很好的观赏性。马老说，我们的太极拳是文化拳、智慧拳、悟性拳，安全又有内涵，男女老少都能练。也就是说，这不是一个打打杀杀的拳，而是一个有"内涵"的拳。

我们的"拳"有以上三个特点，所以，这本书也有以下四个要点。

第一，我们不神化古人，也不欺骗后人。武术界过去被称为"牛皮行"，所以很多事情，听到后需要自己掂量。我们说的，仅仅代表个人看法，不代表整个吴式太极拳（后文简称"吴式拳"。"武式拳""杨式拳"同此）。

第二，本书局限于太极拳、太极推手本身。虽然本人喜欢丹道，喜欢佛道，但马老有要求，这些内容不要写到这本书里面，所以，虽然难免会有这方面的内容，但不会多。

第三，本书是本人把马老所讲、所传通过实践加以总结而成，所以不可避免会有个人的看法、个人的体会。与马老意见不同的地方，我会特别指出，大家可以按照马老的理论，参照我的实践经验，自行判断，自行选择。

第四，写本书的目的，是希望喜欢我们的太极拳的读者，能尽快入门。但本书不介绍具体动作。说实在话，如果没有真正身上有"这个东西"的老师"口传身授"，别说看书，就是看视频，也学不会。马老希望，这本书能给那些"练了多年找不到大门的

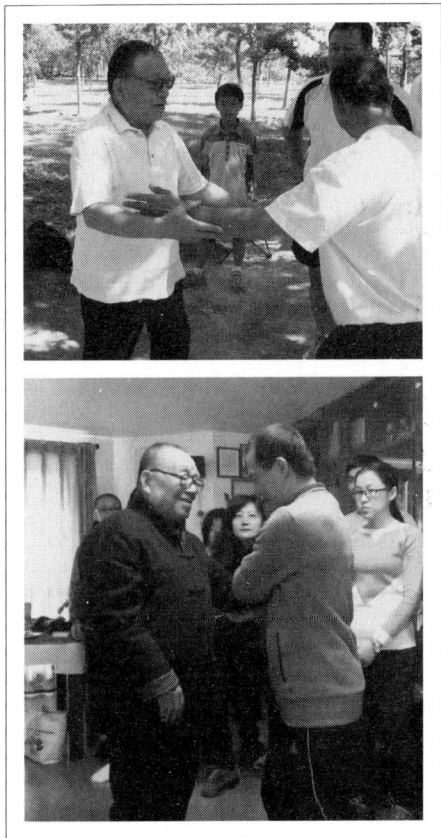

2010 年 9 月 11 日、2017 年 1 月 15 日，马老和学员推手（组图）

人"提供一些帮助。但我觉得，如果一开始就有了正确的认识，入对门、跟对人，就能避免走弯路，否则，甚至可能会走一辈子弯路。所以，我也力图使本书能让初学者少走弯路。

当然，是不是弯路，每个人的看法是不同的，因为"道不同"啊！

# 不会推手就等于不会太极拳

练太极拳为什么要学太极推手？因为不会推手，就等于不会太极拳。

这句话是马老常说的，但不是马老所创。在马老学拳的时代，这是老先生们经常挂在嘴边的一句话。在师爷刘晚苍与刘石樵合著的《太极拳架与推手》中，有这么一段话："在有经验的太极拳术家中，流传着这样一句话，练太极拳而不练推手，等于不练。"刘石樵就是中国科学院院士刘光鼎，他是著名的海洋地质、地球物理学家，他的这个说法大概算是最"科学"的一个评论了。

练了一辈子太极拳，"专攻推手"（参见《吴式太极·南湖传习录》）的马老对此也有着深切的体会。跟马老学了二十来年太极拳，本人的观点也是一样的。推手是一道坎，不会这个，还真的就不能说会太极拳。

过去，太极拳并不是谁都能学的。能学太极拳的，非富即贵，有钱有闲。新中国成立后，随着群众体育运动的普及，练习太极拳的人越来越多。但是，作为一项普及性的运动，大多数人只是练练套路，相当于练"柔软体操"，而推手需要师父花费大量时间和精力"口传身授"，能学到的人很少，能懂的人也不多。所以，"不会推手就等于不会太极拳"，这句话就显得过于绝对化，那些在套路上花费了大量精力的练习者也会很不服气，"谁说我不会太极，我都在我们家拿了多少个冠军了！"

所以，这句话，慢慢就变成了："不练推手等于只会一半太极拳。"这样的说法比较委婉，大家容易接受。这就好比，一个社会肥胖者的比例太高的话，整个社会的健康水平就会被拉低。那么怎么才能快速提高"社会健康水平"呢？很简单，最快捷的方法就是提高肥胖的标准，比如一个身高 170 厘米的人，如果原来超过 65 公斤就算肥胖的话，那么我们把这个标准改成 80 公斤，一下子就会有成千上万的人，从"肥胖"变成"正常"了。当然，这只是个笑话，是个比喻。

需要强调一下，"不会推手就等于不会太极拳"，这句话，不是我们说的，是老先生们说的。当然也是我们说的，因为我们也是这种态度。

通过马老以及本人这么些年的实践来看，要是真不练推手，还真就不能说懂太极拳。

马老这辈子没有别的爱好，只有太极拳。马老看的最多的书，就是拳论。王宗岳、武禹襄、李亦畬等人的拳论，马老看了一辈子，八九十岁的人，在"讲课"的时候，仍然能够清晰准确地引述这些老先生的原话。

特别有意思的是，马老有一次在日本讲王宗岳《太极拳论》的时候，台下的几位观众感动得哭了。还有一次，马老在国外讲课，讲到王宗岳拳论，讲着讲着，自己的眼泪掉了下来。我想，马老对王宗岳先生的拳论是有多么深刻的感悟啊！

书归正传，在马老看来，古人留下的这些拳论，讲述的都是太极拳的身法、手法等，这些东西都是在推手、应用的时候才会使用的，并不是对拳架的要求。如沉肩坠肘，别人托你肘的时候，你通过坠肘，能把对方拿起来；人家挑你胳膊的时候，你沉肩，也能把对方拿起来。但这

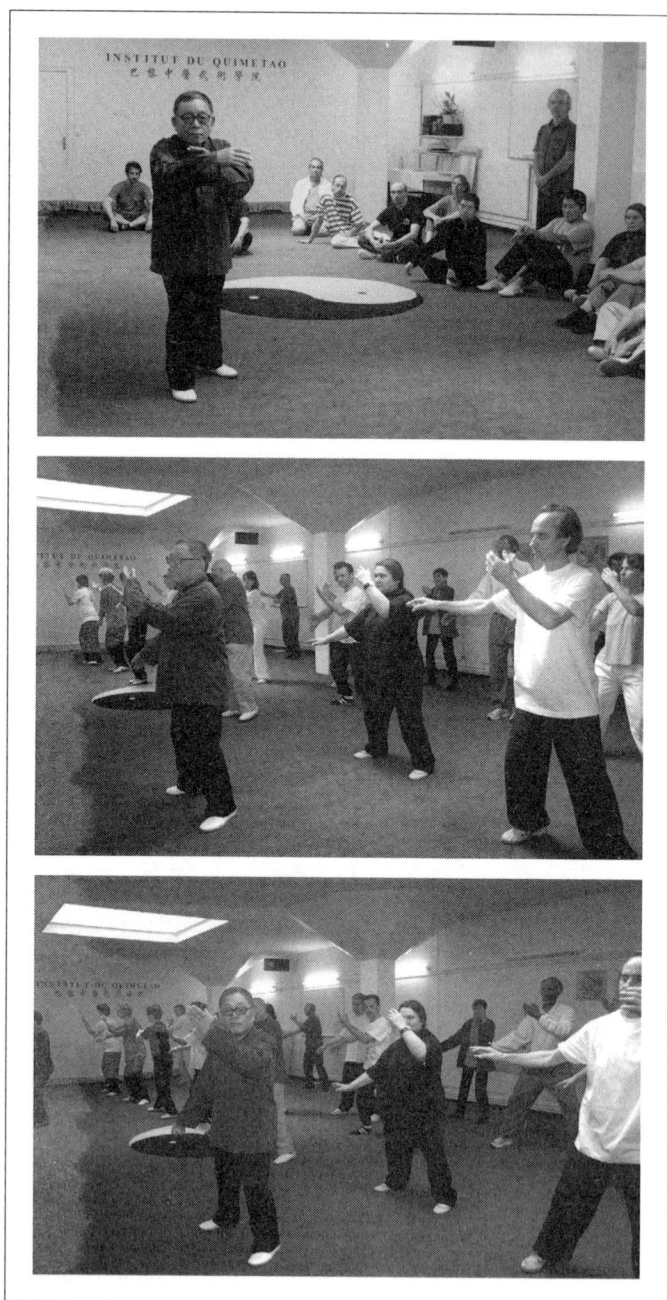

2007 年 8 月，马老在巴黎中医武术学院教太极拳（组图）

并不是要求你在站桩、盘拳的时候，时时处处都去保持这么一个状态，那样就练"死"了。太极拳是"活泼泼地"，"鸢飞戾天，鱼跃于渊"，该舒展的时候舒展，该沉肩的时候沉肩，一动无有不动，一静无有不静。这种感觉，只有通过推手的指导、练习，才能获得，才能明白。

记得多年前，马老就这个问题批评过一个同学。我记得，他的毛病就是整天"沉肩坠肘"，马老说，你整天这么夹着胳膊练拳，你能松开吗？你能松得了吗？

但是，遗憾的是，虽然老师说了很多这种话，但我们总是觉得那是说别人，好像和自己无关。人，非得自己明白了才行。

这里一再强调推手的重要性，实在是不希望大家走弯路。

不练推手是走弯路，练了不正确的推手，更是难以改回来的弯路。

但是，推手也只是一种手段，它不是目的，更不是"核心"。

那么，什么是"核心"呢？

# 太极拳的『核心』

要练好太极拳，就得掌握太极拳的"核心"。

那么，什么是太极拳的"核心"呢？

这是一个很难回答的问题，不同的人会有不同的答案。即使对同一个人而言，不同的时期，也会有不同的认识。

我现在说的，是我现在的认识。也许有一天，我会有新的感悟和认知，从而否定自己现在的判断，那是后话。

"核"是植物果实中被果肉包藏的部分，它不能显露，但却不能没有。没有"核"，就没有果实，也就没有遗传密码，没有了这个植物本身。植物之所以长果实，是为了让"核"更好地成长、传播 —— 甜美的果实会被动物吃掉，然后种子才得以向更远的地方传播。所以，结果实不是目的，只是一个"欲令入佛智，先以欲勾牵"的手段。

对于太极拳来说，无论是套路还是推手、站桩，都只是我们可以看到的"果实"，它们的存在，只是为了"养"那个"核"。

我前面说过，练太极拳有三个目的：养生、武技、助道。我所说的这个"核心"与这三个方面都密切相关，能完成这三个使命。

强为之名，曰"太极劲"。

也许不准确，您也可以用其他的名词代替，姑且把它当作一个代号。

太极拳毕竟是一种"拳"，它本身来源于武技，不能脱离这个属性。它能养生，但不是单纯的养生功法。而这个"太极劲"本身是武技，既可以养生，也可以缘以入道。

所以，称之为"核心"。

这个"太极劲"包含在站桩、盘拳和推手之中，但是，我们却未必知道。这就是那句话："百姓日用而不知。"

站桩是最不容易看出太极劲来的。你有没有太极劲，都可以站，别人很难看出来。从理论上说，站桩也能站出太极劲。但是，理论毕竟只是理论，站桩站出太极劲的概率不大，即使能站出来，也往往是那种"不能用"的太极劲。

盘拳就相对容易看出来，其实你一动，行家就能看出来你有没有太极劲。与站桩一样，即使你没有太极劲，也能盘拳，甚至能把拳打得很好看。从理论上讲，盘拳也能盘出太极劲。但是，理论毕竟只是理论，盘拳盘出太极劲的概率微乎其微，几乎可以忽略不计。

做一个最好的设想，无论是盘拳还是站桩，即使你身上有了太极劲，你也未必会用，即使偶尔会用，也不代表能够"打成一片"。

有没有太极劲，懂不懂太极劲，推手是一个检验的指标。你会不会推手，你怎么"推手"，代表了你的认知水平、感知水平、操作水平。

用力量取胜，那肯定不是用的太极劲，这个好理解。

用"巧劲"、技巧，比如擒拿、摔法、跌法，用力很小、很巧妙，但也不是"太极劲"，这个就不太好理解。

请注意，我们所说的太极劲，是过去老先生常说的"纯太极劲"。但是，"纯太极劲"也容易走向另一个极端，就是类似"凌空劲"的那种，我们所说的太极劲不是这种，先划清界限。

这些讲起来都很麻烦，所以，要一点点把概念厘清楚。

理论很"丰满"，现实很"骨感"。从实践上看，真正从站桩、盘拳中获得太极劲的，几乎没有，有了也不会"用"。"盖有之矣，我未之见也。"世界上是有天才的，但天才的事，不在我们讨论之列。

通过马老的教学实践及本人的实际体会，我们认为，推手，不仅是一个检验太极劲的手段，还是一个训练太极劲的手段，并且是最直接的手段，是一个认识"太极劲"的捷径。

所以，我们认为，太极拳的核心是"太极劲"，认识太极劲、会用太极劲，这个过程就是"懂劲"，懂劲是太极拳修炼过程中的"核心"；要"懂劲"，最好的途径是推手，推手是懂劲最好的方法，是方法中的"核心"。懂了太极劲，有了太极劲，就可以用盘拳和站桩"养"太极劲。

这就是为什么我们强调要推手，而且要正确地训练推手。

直指人心，直取核心。

"但得本，莫愁末。"（《永嘉证道歌》）

　　从某种角度上说，太极劲是"练"不出来的。至少，概率不大。

　　我经常讲述南怀瑾先生讲过的一个故事。大意是这样的，有一个从小就失明的人，你怎么让他知道什么是"白"呢？有人告诉他，"白"就像面粉。他回去摸了摸面粉，说，原来这"滑溜溜"就是白啊。又有人告诉他，"白"就是大白鹅的样子。这个人听到大白鹅的叫声，嘎嘎嘎，于是又明白了：原来这"嘎嘎嘎"就是白啊。

　　这就是一个"困境"，语言的表述能力是有限的。对于一个从来没有感受过的东西，人们是很难理解的。除非，有一天，这个盲人朋友突然有了视力，亲眼看到了"白"，他才会明白什么是"白"。他也会发现，明白了就是明白了，也没有什么了不起，并且也无法向别人用语言来形容什么是"白"。

　　"太极劲"也是一样。

　　明白了之后，也没有什么了不起。但是当你不明白的时候，无论如何，就是不明白。

　　所以，你要想明白，不能"瞎练"。

首先要考虑的，就是你要有一个真正明白太极劲的老师。有了这个老师，也不一定能教会你；但是，如果没有，那就是"以盲引盲"，成功就变得极其渺茫。

当然，任何事情都有例外，瞎猫碰到死耗子的事，也是有的。但是，那也不是偶然，"精诚所至，金石为开"，德行到了，功夫到了，自然会有"高人"指点，但这不是我们现在讨论的范畴。

作为一个寻常人，在正常的情况下，要想得到这个太极劲，就必须要有一个真正明白的老师。

为什么这么说呢？这也是我们在实践中发现的。

有些朋友，文字上说得很好，都符合"拳论"，甚至让人惊叹。但突然有一天，你会发现，他并没有真的明白，他所认为的那个"太极劲"，不是太极劲。这其中，有两种情况。

第一，他的老师就没懂，所以，他也学不到。跟老师学，总是在学老师的东西，但可能他的老师也没有这个东西。力量加上技巧，常常会被误认为是"太极劲"。

第二，他想象的那个"太极劲"是错误的。

之所以造成这两种情况，都在于他没有一个准确的参照系。他没有看到真正的"白"，所以模仿了一个错的，或者自己塑造了一个"白"，但这并不是真正的那个"白"。

这就是"不因师指，此事难知""饶君聪慧过颜闵，不遇明师莫强猜"。

有了真正的"明师"，也不一定能搞明白。这和老师的教学方法有关，也和每个人的素质、因缘、愿力、德行等因素有关。

举个例子。

（达摩）迄九年已，欲西返天竺。乃命门人曰："时将至矣。汝等盍各言所得乎？"

时门人道副对曰："如我所见，不执文字、不离文字而为道用。"

师曰："汝得吾皮。"

尼总持曰："我今所解，如庆喜见阿閦佛国，一见更不再见。"师曰："汝得吾肉。"

道育曰："四大本空，五阴非有，而我见处，无一法可得。"师曰："汝得吾骨。"

最后慧可礼拜后，依位而立。师曰："汝得吾髓。"（《景德传灯录》）

达摩祖师有四大弟子，但真正被认可的，却只有二祖慧可一人。禅宗从初祖达摩到六祖惠能都只有一人继承衣钵。六祖惠能弟子众多，但真正得法者，一说为"嗣法四十三人"，一说为"十人"。其中著名的有荷泽神会、青原行思、南岳怀让、石头希迁、永嘉玄觉等。从南岳怀让一系分出临济宗、沩仰宗两家，青原行思一系分出曹洞宗、云门宗和法眼宗三家，"一花开五叶"。有的法脉兴盛了，有的法脉暗淡了。

所以，老师有的弟子不一定有。不是老师不教，是你没学到。就像一个班级的学生，有人考上清华，有人名落孙山，这是一个道理。动辄搬出来师承、家学，其实没有用。

屈原说："道可受兮，不可传。"（《楚辞·远游》）庄子说："夫道，有情有信，无为无形；可传而不可受，可得而不可见。"说的好像相反，其实都是一个意思。道，不是一个东西，不可以"送给"你，因为它无形无象。同样，太极劲这个太极拳的核心内涵，也是道的体现，同样无形无象，不是一个可以让你赠给别人的"传家宝"。它可以传，但你未必能"受"；你可以接收到、领悟到，但它却不能直接给你。就像唐三藏西天取经，你可以去取，但如来却不能送给你。

假设可传可受，那么，哪有父亲不传给儿子、师父不传给爱徒的？那样的话，道就不会"失传"，法脉就不会断绝了。

我们从世俗的角度上讲，要想学好，要想把老师的东西学到手，就需要从以下几个方面下手。

第一，自己要下功夫。这个功夫，不是傻练，傻练只会越练越傻，不会越练越聪明。太极拳不是靠力气取胜，但也不是靠"小聪明"。这个度很不好拿捏。总之，只能说，要动脑筋，要积功累德，要有愿力，要有因缘。

第二，老师要有太极劲，还得会教。自己当初是怎么明白的，能不能把这个过程用最简单的方式、最简短的时间在合适的弟子身上复制出来？能不能用合适的语言、教学方式，把那些难以表达的意思表示出来？这些是对老师的要求。

第三，太极推手讲究"合"，推手要"合"，而且，师父和徒弟一定得"合"。要是心存芥蒂，互相防范，或者有一些别的想法，就很难沟通、交流，徒弟就很难学会。

其实，这些也只是"必要不充分条件"。有了这些，就能练出我们所说的"太极劲"吗？

未必。

我们推手，最常说的一个字就是"玩"。

这个字很妙。

首先，它能避免很多麻烦。武术界是个"是非行"，在公园推手，总会有人质疑：你们这是干嘛呢？是假的吧？是骗人的吧？能打人吗？你打我试试……你看，说不了几句，话不投机，可能就会动起手来。

我们是为健身才推手，没有人愿意招惹这个是非。你说真就真，你说假就假，我们也没劝你学。你爱学不学，你爱学我还不一定爱教呢。当然，这是心里想的，人家跟你说话，嘴上你还得客气。所以，我们常说的就是一句话："我们就是玩儿。"

第一，既然是玩儿，你就别当真；第二，我们怎么玩，和你没啥关系；第三，你想和我们玩，我们还不一定带你玩儿……

一句话，省去很多口舌。

其次，"此中有真意。"

第一，太极拳的学习，尤其是推手的学习、练习，一定要有一种"玩儿"的心态，不能过于认真，太认真就容易钻牛角尖，就会学"死"，就会走偏。

第二，最重要的是，"玩儿"是一种积极的心态，是好奇，是爱好，是兴趣。即所谓"知之者不如好之者，好之者不如乐之者"。

第三，"玩儿"是一种儿童的心态。保持一颗童心，保持"初心"，久而久之，自有妙用。当然，这里还有一些妙法，暂时不提。

南怀瑾老师在讲《易经》的时候，特别强调，学《易经》最好用"玩麻将"的方式来学它，把六十四卦写在麻将牌上，摸起来趣味无穷。这就是"玩索而有得"。

这既是学习的态度，也是学习的方法。

在打坐、站桩等需要"用意"的时候，也是这样。用意太死，后天意识太强，"元神"就被压抑住，出不来。用意要似守非守，似想非想，好像想出来又好像没想出来。妙就妙在似有似无之间。没有不行，有也不行，过犹不及，必须"允执厥中"。

马老常说，太极拳练的是个"中"，就是太极图阴阳鱼中间那条线，不偏不倚，不阴不阳，亦阴亦阳，妙用无穷。这些话描述的其实是结果，而方法的奥妙，就在一个"玩儿"字。

就连写这本书也是一样。刚开始，我总想，这本书寄托着马老很大的期望，一定要写好，一定要写好……越想越多，越不知道该怎么写。后来一想，这些其实都是作茧自缚，何苦来哉？放松，放松去写，以"玩儿"的心态去写，想到哪儿就写到哪儿，自己心里有个谱儿，只要不"出圈儿"就行。先不要考虑让别人满意，甚至不考虑让马老满意，先让自己满意，让自己放松。毕竟，这不是命题作文，是自己经验、心法的自然流淌。

郭德纲说，我们不可能让所有的观众满意，不可能让所有人都喜欢我们，这不科学，也不人性。这话很对。我们自说自话，不求让别人欣赏，喜欢的人自然会喜欢，不喜欢的人，我们也没有理由、没有意愿去说服他去喜欢。

这也是一种"玩儿"。

　　"有为法"与"无为法"的争执，在修道中常见，在太极拳的修习中，也很常见。"无为"常常会成为一种标准，用来否定"有为"的必要性。

　　这种比较，来源已久。

　　比如我们熟悉的两首偈子。一首是神秀大师写的："身是菩提树，心如明镜台。时时勤拂拭，勿使惹尘埃。"另一首是六祖惠能写的："菩提本无树，明镜亦非台，本来无一物，何处惹尘埃。"五祖弘忍把衣钵传给了六祖惠能，所以神秀大师的偈子常常被忽视，被认为不够究竟。

　　在我看来，五祖弘忍是想看两个人的证悟程度，但神秀大师所写，更像是方法，而不是结果；六祖惠能的偈子乃以神秀大师这首偈子为基础而来，也是这种方法的结果。没有毫无缘由的顿悟，所有的顿悟都从渐修而来。不管是"德山棒""临济喝""云门饼""赵州茶"还是后来的"参话头"，都是修行的方式，首先要有愿力，然后有一个积累的过程，这个过程可能是非常痛苦难熬的，不死不活，要死要活，然后在一个关键的时刻，因为师父的一句话、一个动作、一个响动等，"一击必杀"，进而顿悟。我们看到了顿悟这个结果，但不能忽视这个结果出现之前的过程。

太极拳、太极推手的"开窍"，也同样是一个不断积累的过程。但常见的问题是"非左即右"。练和悟，是一个问题的两面。执其一端，只强调练或只强调悟，就成了"担板汉"（扛着个板子，只能看到板子的一面）。

以《永嘉证道歌》为例："绝学无为闲道人，不除妄想不求真。"这是证悟之后的状态，不是入手时候的行止。为什么"不除妄想不求真"呢？因为已经证悟到了："无明实性即佛性，幻化空身即法身。法身觉了无一物，本源自性天真佛。五阴浮云空去来，三毒水泡虚出没。"没有证到这个境界，也说什么"不除妄想不求真"，那是大妄语。

永嘉禅师是有名的"一宿觉"。他与玄策禅师一起去广东韶关曹溪拜谒六祖惠能，一问一答，即得印证。六祖曰："善哉！少留一宿。"因仅在曹溪山中留宿一夜，翌日下山，故时称"一宿觉"，永嘉禅师又被称为"宿觉禅师"。

当你吃最后一口馒头的时候，发现吃饱了，你不能因此说以前的馒头都白吃了。永嘉禅师俗姓戴，幼年即出家，初在永嘉龙兴寺为僧，遍览佛学经典，首先参学天台宗，精研止观圆融法门，有了这些积累，才有了曹溪的"顿悟"。"游江海、涉山川，寻师访道为参禅。自从认得曹溪路，了知生死不相关。"

我认为自己不是一个聪明的人，因此就应该脚踏实地、一点一滴地从基础做起。"只道行禅坐亦禅，圣可如斯凡不然"，这是告诫。"萌芽脆嫩须含蓄，根识昏迷易变迁。蹉跎不解去荆棘，未闻美稼出荒田"（《灵源大道歌》），这是入手功夫。功夫不可躐等，欲速则不达。一般而言，入手修行，都要经过一段时间的炼己筑基、清地平基、修墙补屋，包括服气炼形、按图数息，等等。

在具体功法中，有为法与无为法的结合更是必不可少。这就好比你要建设一套自动化生产线，你搭建的时候是有为法，等建成之后生产线自动运行，就可以视为无为法。但是，休息、暂停、启动生产线等行为，仍然是有为法。所以，不能轻视有为法的作用。

所以，一般做功夫，都是从有为法下手，逐渐达到"无为而无不为"。当然，有为、无为也不是完全割裂的，我们可以把它们都看成是一种方法，两者是互相渗透的。

太极拳是有为法，有动作，有形象，有目的，有层次。但是在具体的修习过程中，却也渗透着无为法，两者的界限就是"中"，要体会个中滋味，就是上篇文章所说的"玩索而有得"。

无论是打拳还是打坐，在大部分阶段，如果用意用得不及，火候就不足，起不到作用；用得过火，就伤及元神，元神就不能充分发挥作用。个中的火候，需要自己体会，慢慢总结。

真正的"无为大法"也是有的，但是很难。或者说，易学而难成。"所谓无为法者，在一切不假丝毫人力作为于其间，使其自返于天之自然本然，而合造化之谛归即是。守而不守，不守而守，斯为无守之守。炼而不炼，不炼而炼，斯为无炼之炼。为而不为，不为而为，斯为无为之为。我无心如是而自然如是，我无意如彼而自然如彼。无声无臭，无形无象，无名无迹，且又无人无我，无天无地，无法无道。如是则一切无可存亦无可得，其为道也，亦自止矣至矣。"（萧天石《道家养生学概要》）

这种修法，更像是纯正的"修道"，不掺杂后来的仙道、符箓、导引等。看似简单，其实要求很高。完全顺道而行，不假方便。因其无为，首先便无所求。而我们无论是练太极拳也好，还是打坐修定、辟谷服气也好，都有所求，然后有行迹、有作为。最起码，我们想求健康、求长寿，而纯正的"修道"，则完全顺道而行，生老病死无非都是"一炁演化"而已，不求长寿，不求无病，坦然不惧，不将不迎，无顺无逆。如此达观，自然不修而修，无为而成。

但是，放眼天下，如此修道、得道的，能有几人？

一落言诠，便为下乘。但"高必以下为基，贵必以贱为本"，在有为法的修行中，不要忘了无为法的参与，不要忘了无为法的宗旨，不要忘了最终的目标。同样，也不能轻视有为法的作用，更不能倒果为因，自缚缚他。

# 一生有多少个十年？

"过去讲，'三年把式当年跤，十年太极不出门'。可是，人一辈子有几个十年？"这是马长勋老师曾对我说过的一句感慨。马老这么说，是有原因的。

第一，并不是所有人都用了 10 年左右的时光才懂劲。比如王子英先生 18 岁懂劲，张继之先生 20 岁懂劲。王子英先生也不是 8 岁就开始练拳，张继之先生也就学了 3 年多的时间（事见《吴式太极·南湖传习录》）。

第二，也并不是练了 10 年，就一定能练成。比如我，本人到现在为止，已经学了将近两个 10 年，才略有心得。

所以，马老认为，这既是一个"教"的问题，也是一个"练"的问题，怎么教，是一个方法问题；怎么练，仍然是一个方法问题。

对此，马老花了不少时间，来进行实践和总结，我也在做同样的思考。我们之后要说的，主要来自马老的经验总结。这些"速成"内容，供有兴趣的同道参考。

马老认为，这些方法，都来自太极拳理，如果真正静下心来，按照拳理练，按照这些方法练，用不了三五年，就能有所感悟；如果年轻，再加上有悟性，有好伙伴，练个二三年，推手就能小有所成。

　　根据初步的实践，我认为，这是没有问题的。

2014 年，马老在天宫道
场教拳并与部分学员合影

在教学方面，我自己也进行了总结。我自己是怎么突然"明白"的，这其中有不少原因，有的是不容易复制的，有些是可以复制的。于是，我就把可以复制的内容，类似"复制、粘贴"地教给了几个学生。短短3天的时间，"类似"走过了我十多年的路程。当然，只是"类似"，因为这个过程并不踏实，毕竟只有3天的时间，回去以后，如果不能巩固，这种刚刚获得的"懂劲"的体验，很容易变形或消失。

在我个人的实践中，既然太极拳的核心是"太极劲"，那么教学和训练的核心也就应该是"懂劲"。

所谓懂劲，就是知道劲儿怎么来的，如何处理。至于劲儿练得好坏，那是一个量的积累。懂劲，就等于你跨过了一个门槛，不容易再走弯路。但是我实验的那种方法，实在太"费"老师：需要老师"以心印心"，在灵性上进行灌输，在肢体上进行大量的"做手""喂劲"。初学者给的劲儿很多时候会让人很不舒服，所以，在实践中尝试了几次之后，达到了实验目标，教学就结束了——因为这个过程太累，老师也受不了。一般的教学，还是采用慢慢"熏习"的方式比较好。

所以，这本书的内容，既包括拳理，也包括马老的经验总结和他对教学方法的探索，还有我个人的实践和感受。我用我的语言，慢慢地将它们表述出来。

大家不要急，慢慢看。

书不是一天就能写出来的，这次我也放纵了一下，自己想到哪儿就写到哪儿，想怎么写就怎么写，有些内容在微信公众号上连载过，个别地方可能会有重复，没关系，就当多看了一遍吧。如果重复了，说明这方面的内容比较重要。

　　有一件事，困扰了我十多年。我好几次向马老提出同一个要求，希望有一个练功的标准衡量尺度，但是都没有得到一个理想答复。

　　这个困扰，就是练太极拳找不着门、看不清路。马老的太极拳，只有一个要义，就是"松"。但是这个"松"又摸不着、抓不住，既是你说的松又不是你想象中的松，瞻之在前，忽焉在后，不得其门而入。

　　不光是我有这个感觉。有一次，在一个饭局上，和马老有四十多年交情的吴彬先生，也不无感慨地说："不管问啥，就说一个字——松。一推手，就说你不行，你没松。四十年就这一个字，让人家怎么学啊！"马老自己也很感慨："有人说我保守，我保守吗？我按照刘老师的要求，怎么趸来的，再怎么趸出去。我什么都告诉你了，能不能得到，要看你的悟性和修行……"

2012 年，笔者（左二）与吴彬先生（左一）、马老（右二）合影

马老对别人保守不保守，我不敢说，但我们师徒情同父子，绝对没有保守的理由。在我决定写这本书之前，我也是准备过放弃推手的。

2018 年 10 月，我第二次"河东游"。那次就已经下了决心要放弃，和明心师兄说，我不学推手了，学不会。但是，我回来的时候，突然就"会"了。无论在这之前，还是之后，马老都没有告诉我什么秘籍和诀窍，只不过，我自己"开窍"了。

但是，无论"开窍"之前，还是"开窍"之后，困扰我的问题都没有解决。这个问题就是：

没有路标！

虽然开窍了，但我并不知道是怎么开窍的，并没有一个可以操作的程序和步骤。后学者按我的路子走，也不一定会有同样的效果。

因此，我在决定写书之前，再一次非常郑重地向马老提出了这个要求：给大家建立一个完整的修学次第，一个细致的、可操作的标准流程。

在我的想象中，这个流程就像是一个路标，我要从郑州去北京，如果走京广线，我要知道现在是到了邯郸，还是石家庄，还是一不小心走错了，走到了菏泽，走到了运城。也就是说，每一步有每一步的应验；每一个层次，有每一个层次的标准。否则，只有一个"松"，连自己到底松下来没有都不知道，有没有提高也不知道，提高了多少还不知道，这样的话，很容易迷失方向、丧失信心。

这一次，马老很认真地考虑了我的问题，并做了答复。但是，这个答复，仍然是笼统的，仍然是一个大方向，不是我想象中的详细的"路线地图"。

于是，又苦恼一番后，我不得不承认，太极拳很难有这么一个"地图"，懂了就是懂了，就那么一下，过了这个坎儿，就能入这个门。至于这个"坎儿"在哪里，每个人都不一样，只能看修习者的悟性和运气了。

那么，太极拳有没有一个大致的修习路径呢？有。

按照王宗岳的《太极拳论》，太极拳的修炼要经历三个阶段，即招熟、懂劲、神明。"由着熟而渐悟懂劲，由懂劲而阶及神明。然非用力之久，不能豁然贯通焉。"着熟，即招熟，招法要熟练，拳架子要熟练。用马老的话说，招熟就是刚学太极拳，先画道儿，越练越熟，然后再学习理论，再懂劲，懂了以后再提高，就是神明。神明即是随心所欲，对方给一个劲，条件反射，不能现去想自己该怎么办。

马老把王宗岳的这"三部曲"，与武禹襄先生所讲拳论的大意做了一个关联。他说，武禹襄所说"以心行气，以气运身"，可以对应"招熟"这个阶段，是这个阶段的要领；"有气者无力"，对应的是"懂劲"，到这个时候，就知道不用力了；"意在蓄神不在气，在气则滞"，对应的是"神明"，到了这个阶段，用的是"神"，就更加精妙、更加自然了。

开始练，用意不用力；再提高，有气者无力，有了放松的感觉，身上就没有僵力、笨力、滞力，这才进入"太极"。再提高呢，"意在蓄神不在气，在气则滞"，马老说，这个时候，就不能再去在意那些放松的感觉（气）了，那并不是高级的太极拳，高级的太极拳要"蓄神"，与神相比，放松的感觉——气，还不够灵活。

　　马老这么做，当然有他的理由，他的话里包含了他 60 多年练拳的深刻体悟。练拳有多少步功？该怎么分呢？他说，练拳的过程、练功的过程，就是一点点地摸索、提高，你怎么给它分段？这不像上梯子，一步一步来，我们练太极拳，更像是坐电梯，它没有台阶，上来就上来了。王宗岳的拳论，是他一生的实践和总结，有了那么多的实践和总结他才能写出这个东西来。招熟、懂劲、神明，把太极拳的修炼分为这三个阶段是最科学的。

　　马老这个比喻让我放弃了编一个"梯子"的想法。是的，太极拳的功夫更像是电梯，一旦你坐上了正确的电梯，按了正确的按钮，你来不及欣赏所谓"沿途风光"，一下子就到站了。

　　招熟、懂劲、神明，这是大致的三个阶段，古之人不余欺也，我们"畏天命，畏大人，畏圣人之言"，继续沿袭了这个分段，没有自己再发明创造。至于"标准"，马老说得更直接，王宗岳、武禹襄、李亦畬拳论的精华，就是我们可以印证的标准，就是最重要的参考。

　　这个时候要回到我们的出发点。我们讲的是养生、是技巧，很多其他参考资料讲的是如何"打人"，我们不一样。如果不加辨别地把这些理论、资料混到一起当参考，还不如不参考，因为自己就把自己搞糊涂了。

　　强调一下，大的原则，我们没有丝毫改变，但是我们也不是一成不变，如果一点没变，就不必再写这本书了。我们调整了一下教学的顺序，这是我们思考和实践的结晶。

　　一般而言，练太极拳要从站桩入手，练几年拳，然后师父才会教推手，从单搭手、双搭手开始，一步一步来。

　　我们调整了一下顺序，从推手开始，把推手放在最重要和最优先的位置。

# 第二章 一阴一阳之谓道

无极而太极，太极动而生阳，动极而静，静而生阴，静极复动，一动一静，互为其根，分阴分阳。两仪立焉。

——【宋】周敦颐《太极图说》

# 为什么要先练推手呢？

既然我们认为太极拳的核心是太极劲，推手是获得太极劲的最直接、最有效的路径，那么，我们练太极拳就可以直接从推手开始。

这并不是说一定要学了推手再学站桩、盘拳，而是说，一开始就要学推手，而不需要等到若干年后。

这是我们的结论。当然，在具体做法上，在细节上，我和马老的观点并不完全相同。马老提出的是一个理论、一个设想，我在实践的过程中，稍微做了一些调整，但核心思想是一致的。

几乎就在我为这么多年练太极拳却找不到大门而萌生退意的同时，马老也在思考两个问题：为什么这么多年来，真正把推手学到手的学生几乎没有？为什么精心培养了这么多年的学生，没有一个能真正继承自己的东西，更不用说达到自己的水平？马老认为，一定是教学方法出了问题。

马老的思考，是从哲学意义上展开的，这让我感到有点惊讶。

马老说，太极拳是道家思想的体现，是《道德经》精神的体现。老子说："道生一，一生二，二生三，三生万物。"道是无极，是混沌，混沌中产生先天一炁，先天一炁包含阴阳，有了阴阳才有了世间万物。这是道的演化。

对应到太极拳上，无极桩是混沌状态，阴阳未分。分出阴阳以后，就有了升降、开合、动静，表现为各种动作，这些动作组合起来就是我们练的太极拳。阴阳加上一个外力——推手，就是三，三生万物，所以才有推手的千变万化。

太极拳是修道，修道就要"顺则凡，逆则仙"。太极拳的理念是"反者道之动，弱者道之用"，所以太极拳要"反着练"，从推手开始，回到无极，回到"道"的状态。

而且，如果我们仔细研究拳论，就会发现绝大多数拳论写的是如何推手，而不是如何盘拳。推手就是王宗岳太极拳论的体现，学习推手才能更好地理解太极拳论。所以我们应该改变一下"正常"的训练程序，先练推手，至少是在学习拳架或者站桩的同时，就开始学习推手，用推手来体验太极拳的"劲路"、懂这个"劲路"。

懂了劲，再去盘拳，盘拳就不再是空架子，就有了内涵，然后再把拳架与推手相结合。这样，拳有了，推手也会了，身法也有了，这个时候再站桩，就进入修炼了，就是用桩养人、养心、养静、养神，也是养拳和养手。其实，到了这个境界，站不站桩，也就无所谓了，行走坐卧，都可以养着"手"。

这个过程，也是从招熟到神明的过程，是回归无极的过程，是"复归于婴儿"的过程。复归于婴儿，不是保持在婴儿的状态，而是经过一番"锻炼"，经历过红尘的修炼，然后擦去"染污"，明心见性，最终"今日相逢道眼开"。也就是说，一开始就练无极，那是不行的，也练不了，必须绕一个圈，再回到那里去。这样，才是经过修炼的，才是"纯粹"的，才是脱离了"低级趣味"的。

马老认为，这个"绕一圈"的时间，就是了解无极、认知无极、回归无极的过程。通过这样一个艰苦的修炼，可以恢复我们先天的本能，做到完全的自然，找回本身的灵性。

我们现在学拳，一般主要是学套路、盘架子，主要精力都放在了盘拳上，而且又人为地给这个套路加上了很多的条条框框，既要静还要松，既要动还要静，还有八条、十条、十三条甚至更多的身法，头上安头，还有多少心思用在放松上呢？所以，大家表面都说放松，其实心里都在较劲——和自己较劲，和那些拳论较劲，和老师教的那些身法较劲。不放松，就是力上加功，就出不来太极劲。所以，我们要学推手，通过推手，真正学会放松。

推手还有一个优势。推手是两个人，盘拳是一个人。盘拳的时候，一个人较劲，不会有人提醒，松没松自己并不知道。但推手是两个人，两个人都需要放松，这个时候就可以互相验证。两个人只要一搭手，有没有松，对方就知道了，这个时候就可以互相提醒，然后就可以明白身法。

没有人推手的时候，就站桩。站桩也不要复杂化，一般而言，就自自然然往那儿一站就可以。特殊的桩法有特殊的练法，这里先不提。

马老说，架子就是会了推手以后才练的一个玩意儿。推手练好了，身上有了东西，你这个架子就碰不得了，周身一动，都是太极。比如扑面掌，看起来"软咕囔囔"，但你不要去碰，你去碰就会发现这个"松"里头有东西。这个时候，再练拳就是拳养着这个"手"，想怎么打就怎么打。你功夫要真到家了，对方只要出劲儿，一挨你他就得走，一碰你他就上当。这个程度，王宗岳称为"一羽不能加，蝇虫不能落"。不挨着行不行呢？功夫到了那一步，你一发力，他一拍你，你就得起来。这不是臆想，至少，马老见过的，王子英先生、刘晚苍先生，都有这个本事。

但是，必须练推手才能明白这些身法，才能真正明白放松的意义。放松不是"软咕囔囔"，不是什么都没有，勉强暂时给它起个名字，叫"松不松"。先天的松，才叫"真松"。这个松里头要有东西，所以叫松里头有不松。松里头有刚，但不是力量。它是从松里头练出来的，极柔软然后极坚刚，这个东西盘拳盘不出来。同样，"人不知我，我独知人"，这个境界，盘拳也盘不出来。舍己从人、顺人之势、借人之力，同样也盘不出来。

因此，先推手，再盘拳，最后用站桩养着"手"，这是马老设计的新的练习途径。强调一下，这个先推手，不是不学站桩和盘拳，而是不要等到盘拳、站桩到了一定程度再学推手。这个"先"指的是在学站桩和盘拳的同时，就加入推手训练。

不过，我在具体的实践中，稍微做了一些改变。

我的做法是，先站桩，再推手，然后有能力、有时间的话，再学盘拳。这样，在站桩、盘拳、推手原本"三位一体"的三项中，盘拳被我当成了最不重要的一部分。

这样做，是有原因的。

跟我学的同学，基本都是在外地，来一趟不容易，在来"面授"之前，总要练一点东西，打打基础。通过手机音视频，可以教一些简单的练法，于是，我就把自己这么多年学到的桩法，仔细整理，分出次第，让他们从无极桩站起。等他们有了站无极桩的体验，还能站不短的时间，说明站无极桩有了效果，他们也有一定的恒心和信心，我再接着往下教升降、开合，等等。有了这个桩功的基础，来面授学习的时候，就会发现，这些内容和推手、盘拳都有直接的关联。这个站桩的过程就像是在"攒钱"，有了钱，但不会花，等学习了推手，才知道这些钱应该怎么用，才能体会到"花钱的乐趣"。

我的这个做法，和马老的主要精神是一致的。这就叫作：既坚持原则，又实事求是；既统一思想，又因地制宜。

实践证明，我的这个方法是相对有效的，具体案例可以参阅文后附录。

# 有问有答

曾经有人让我看某位大师和弟子"推手"的视频，我不是大师，功夫有限，不敢轻易评论。被问得多了，只好说，这样推不行，这样练也不行，这样表演也不行，因为这些都太"假"。

为什么说"假"，是因为那些师徒在接触的过程中，没有"问答"。

所谓"问"，就是"问劲儿"，就是你给对方一个劲。对方"听"出了这个劲，感受到了这个劲，然后做出相应的反应，这叫"答"。而在我看到的视频中，弟子给了一个"手"，还没接触，就已经等着逃跑了。所以，一旦师父手一动，弟子就被"吓"得弹簧一样跳了出去。

这种情况，其实也很正常，尤其是师徒之间。有的徒弟被师父"打怕了"，有的弟子精神高度紧张，就很容易出现这种情况。

有的弟子一碰马老，也会出现类似的情况。对此，马老也很无奈。马老虽然不说什么，但并不同意这种练法。

我个人是比较注意这种情况的。我问劲儿，一定是"真问"，这样老师才能"真答"。你只有真问，才能听到老师的劲儿，否则，就练"虚"了，别人看着假，自己觉着假，实际也真的"假"。练不了听劲，推手玩成了虚的，就失去了意义。

我推手不多，但也碰到过这种练法。他示意，好像"我拿着你了""我打你了"，但是，我装不知道。这种"练法"，你不理会，它就没有用，"止增笑耳"。

所以，推手时我们不仅要"有问有答"，还要"真问真答"。

第一，要区分甲方和乙方。我们按照出手的先后确定甲乙方，这个甲乙方不是固定不变的。在此，我们假定：甲方是进攻方，是"做手"的一方；乙方是防守方，也是"发劲"的一方。练习的是乙方，但真正起主导作用的是甲方。

从"问答"的角度看，甲方是问劲儿的一方，乙方是答复的一方。甲方要给劲儿，等练到一定程度的时候，即使甲方不给劲儿，乙方也要能"逗"出甲方的劲儿来。但是一开始练习的时候，甲方要老老实实给劲，乙方的"回答"也要正确，不能胡来。乙方首先要听到对方的劲儿，听出其从哪里来，到哪里去，自己要在哪里做出反应。这个过程要清晰，要慢，要做手。

第二，不仅要有问有答，而且要用身法答，不能胡来，不能耍胳膊根儿。一使胳膊，就变成角力了，变成力气活了，那就白费劲了。

怎么用身法答呢？我努力用语言表达清楚。

这个时候，最好用马老的原话。马老经常这么说 ——

> 我推到你这儿了，你怎么办？我听出你的劲儿来了，我把你的劲儿引到我的中心，中心在哪儿？在腰，主宰于腰啊。势势都得搁在腰上。

（这个时候，我需要说一句，马老经常是坐在椅子上讲课，所以，我觉得也不一定是腰。我个人习惯于将中心放到脚底下。放到腰上，我感觉不太安全。个中变化，需要自己不断体会和总结。）

　　你托我胳膊了，我不能用胳膊力，我也不压它，我也不闪躲，这叫不丢不顶，我用身法来拿你。

　　你的劲儿过来，我周身放松，给你一个弹力，这叫周身无处不弹簧。

　　你的劲儿来了，我擎住了（注意，这个"擎"字特别好），进腰。胳膊一用劲就不行了，一顶劲儿就完了。要动腰、用身法。

　　俩人一接手，我手心一抬开，你就得起来，因为我把受力点转移了。

　　……

　　引用这些，主要是强调"用身法"。实际推手中，千变万化，要点不止这一个，要灵活运用。其中变化，难以尽述。

　　第三，"问"的时候，要有尺寸，不能"问过了"。

　　这个"过"，是过头、过分的意思。问过了，对方回答就得用断手或者冷手了，推手就变了味道，就不是练习，变成比输赢了。你如果是甲方，要是功夫好，上去就把对方"闷"住了，你是"赢"了，但这个推手也就变味儿了。推手是练习，不是比输赢，你这样做，对方没法练，时间一长，就没人跟你玩了。你行，你牛，你自己玩去吧。

　　第四，身法要调好，尤其是双膝，要调到适当位置。两个人一站位就调好，不能等对方推来的时候再去调整，那样就来不及了。这个时候，就需要师父当面指导、做示范，慢慢找到合适的位置。

　　第五，步眼以舒适为准。步子太大，身法就涩滞，不灵活了。腿要是弯得太多，劲儿就过不去了。步子的大小大致和我们站无极桩一样。各个拳种，要求不一样。有的推手，步子越来越大，势子越来越低，看起来好像越来越稳，实际是越来越死，和我们说的就偏离了。

　　第六，接手的时候，要抢一点"中"，给自己打出一个可供缓冲的量。否则，上来一接手，腰就"折了"，就完全被动了。

　　第七，要"合手"，不光要合手，俩人的气还得合。

　　这些话题，我们慢慢讲。

推手首先要区分甲乙方，也就是进攻方和防守方，一个做手，一个练手。做手的一方，就是陪练的角色。

"一阴一阳之谓道"。甲方和乙方，就是一对阴阳。

所谓做手，就是给对方最好的劲，让对方把自己发出去，这个人是主动的，所以我们一般称为甲方。分出甲乙方，最重要的目的就是明确双方的"权利义务"，不要争抢，也不要谦让。

甲方是主动的一方，要给对方做手，给对方劲儿。乙方是被动的一方，甲方一动，乙方就随着动。先练"化"，甲方给劲，乙方化劲。你给我劲儿，我就化，你动我就动，你停我就停。练发劲的时候，甲方给劲，乙方听出来以后，把劲儿"吃"下去，再"吐"出来，还给甲方，这是一个完整的"回合"。练了几个回合，双方互换角色。这样，两个人都能练，都能规规矩矩地练。

一般而言，传统的推手训练，都是从单搭手、双搭手开始的。我们也可以依照这个程序。

2014 年 7 月，马老教学示范

　　需要强调的是，我们练的是传统吴式太极健身推手，推手都是在"定步"的情况下进行的，只有定步才能逼出自己的太极身形，才有助于培养一动无有不动的太极劲，才能训练用身法，而不是用招数和力量。

　　阴阳是相对的，是可以相互转化的。同样，甲方和乙方，并不是一成不变的，有时候，一个回合中，身份就可以互相转换。

　　以单搭手为例，双方定步推手，甲方进攻，乙方化；然后乙方进攻，甲方化。单搭手，也叫"平圆"，在一个圆周运动中，甲方乙方，进攻防守，角色刚好互换一次，这样一来一往，循环往复。马老说，以前的时候，为了防止两个人胡来，老先生们还会用猴皮筋或者手绢，把两个人的手腕绑在一起。

　　需要说明一点，我们练太极拳，练劲儿不练招儿。什么是"招儿"呢？比如用捋化掤，用挤破捋，用按破挤，怀抱琵琶的"拿"，海底针的"采"，等等，这属于招法。我们练太极拳，练推手，要把"招儿"练到

"劲儿"里头去，不练有形的招法，而练无形无象的"劲儿"。

单搭手、双搭手练好了，可以练"立圆"、"8字"、四正手、活步、大捋等。但这些可以练，也可以不练，不是一定要练。我的教学实验放弃了这个程序，直接用我认为最快捷的教学方式，让大家尽快体会到推手实际是怎么一回事，也就是初步的"懂劲"。

原则要坚持，方法是可以因人而异的。

因为我们练太极推手，核心要义是"听劲"。随人所动，因人变化，通过双方喂手、合劲儿，互相提高技术，培养身体的敏感性，培养"灵性"。慢慢地，有了这个"灵性"，对方一动，你就知道他的来路，知道他的中心所在，才有可能"彼不动，己不动；彼微动，己先动"。

根据个人的体验，刚开始练的时候，最难的是甲方。甲方是做手的一方，甲方最好要比乙方的功夫好，听劲、发劲水平都要高一点，这样才能更好地指导乙方。甲方给的劲儿，要适中，要连续，不能断，更不能变，否则对方接不住，接不住就不能练。而且，甲方给的位置要清晰，甚至直接告诉对方，我在打你的脚后跟，我在打你的右肩头，等等。对方"听"出来后，甲方的劲儿不能断，才能让对方有反应，当对方的劲儿反过来的时候，甲方也不能跑、不能丢，要接住对方的劲儿。这个时候，如果甲方功夫好，就能打对方，但是不要打，而是接住，然后跳跃，被打出去。

这就是一个完整的"问答"过程。我的体会是，甲方是比较"痛苦"的，因为这个时候，乙方往往是初学者，发的劲儿不好，不舒服，自己如果卸不干净，就很不舒服。

一般而言，练"四正手"的人比较多。四正手，也叫"打轮"，是一个很好的练习方式。分出甲乙方，两个人"打轮"的过程，就好比一对齿轮转动，主动轮动，从动轮停，练的是随人所动、自己上下相随，练的是接触点的不丢不顶，练的是自己的敏感性。这种互相练习，也是互相提高、互相成就的过程。

说详细一点，比如两个人"打轮"，打100圈。前50圈我动你随，我动你就动，我停你就停，我升你就升，我降你就降，要点是"随"，如果是我停了，你还在动，没停住，就说明劲儿"听"得不好。反过来，你动我随，也是一样。这样反复练习，培养身体的敏感性。

四正手里头可以找劲儿，可以攻防。四正手练好了，还需要再"散开"，也叫"散手""开手"。其他太极拳，一开手往往意味着"动手"，我们吴式拳不然。吴式拳习惯于开手，因为我们发劲柔和，不伤人。按照马老"六防六攻"的原则（参见《吴式太极·南湖传习录》），我们在肩肘手六个部位下功夫，并不去攻击重要部位，比较安全。

如果散手也练好了，行有余力，就可以进一步去培养胸部、腹部、肩部、背部、胯部的听劲、反应能力。身上各个部位都有练法，都可以练出这种反应，通过放松，去掉这些部位的僵力、滞力，才能得到我们要的"太极劲"。我们觉得，如果两人配合得好，练上一年半载，就可以初步有了身法，初步了解听劲懂劲，能够粘连黏随。

用马老的话说，"你这个时候再去盘拳，就是'一个人的推手'，就可以盘出味道来了"。

从现实的情况看，假如一开始就练拳，往往练很多年也练不出这个东西。这就像，你要找某个人，你不能光知道名字，你还要知道他长什么样，这样才能在茫茫人海中，转过街角，一眼认出你要找的那个人。

# 合手

　　什么是"合手"？推手的两个人要合拍、要配合、要合作。这么说可能不太好理解，那么我们换个方式问，什么不是"合手"？这就比较好理解，也很常见。比如，你推我，我不走，要么较劲，要么拧持，行话叫"大尾巴蛆"。这种"大尾巴蛆"，很多人以为就是"化劲儿"，其实只是扭来扭去，没有身法，和"化劲儿"沾不上边儿，只是一种后天本能，不需要练。这种两人没有配合的推手，就不是"合手"。

　　为什么要合手呢？

　　首先，我们得明确，我们推手是在练习，不是比输赢。不仅不能比，还要配合对方，让对方把自己发出去，这样的话，对方才能练。你在被对方发出去的同时，要体会、观察劲儿的来路、落点、时间，这样的话，虽然你出去了，但你比对方练得还要多。

　　既然不是输赢，而是一种合作，就需要双方配合，配合到默契的程度，就是"合手"。

　　这其实和武术中的对练套路是一样的。对练是对实战的一种模仿，但你不能把它当实战来对待。对练的目的是培养对方的灵性、敏感性、自然反应，逐渐缩短反应时间，由"应该怎么做"变成下意识的"自然怎么做"。

但是，太极推手有一个麻烦，就是无论怎么推，总有一个人要被发出去，在外人看来，被发出去的情形还很夸张。于是，就会遭到质疑，就说这是在作假。

外行人怎么想，我们不必在意，我们要克服的，是自己的心理障碍。第一，不要在意别人的议论；第二，不要在意自己的输赢。

这样，两个人才能配合，才能"合手"。

我们说，推手的训练，要通过区分"甲方乙方"，通过"有问有答"的形式来完成，而"合手"就是对甲乙双方"问答"形式的限制，甲乙双方必须在"合手"的情况下"问答"。

不合手，两个人上来要么比输赢，要么互相较劲，在没有"技术"的情况下，比输赢就只能使用本能的力气和招数，这就和太极推手的宗旨背道而驰了。

马老经常拿"球"来比喻。比如你要踢足球，首先必须有个好球，球要有气，没气不行，你弄一个石头球更不行。太极推手练的不是"球"，它必须要拿人来练，你推手的伴儿就是你的"球"。功夫大小，也就是"气"足不足，功夫大小先不说，两个人的劲儿一定要能配合。

"你培养我的劲儿，我培养你的劲儿，两个人合了，才能去找这个劲儿的变化。对方推来了，我不顶力，顺他的劲儿把它化掉，化掉以后，我本身非常合适了，我用很小的一个力，把他的力变一个方向，就能拿动对方。"马老说，在反复的配合训练中，才能慢慢把我们身上的灵性、敏感性、整体的弹性练出来。这种"合手"是"科学"，不是"作假"。

"合手"的第一步，是"给点劲儿"。你不给，对方没法练，你们俩就谈不上"合"。不给劲儿，两个人谁也练不成，你也推不着我，我也推不着你。

其次是身法的"合"。我们推手，主要练的是身法，就是脚、腰、手的配合。比如"打轮"，看上去似乎是两只胳膊的动作，实际上我们并不是用两个手、两只胳膊去打轮。你看到的只是表象。有脚和腰配合的"打轮"，才是练身法。没有脚和腰的配合，就没有身法，那就是耍胳膊根儿。

"掤捋挤按须认真，上下相随人难进"。上下相随就是身法，其根在脚，由腿而腰，用身法带动两臂。这两只胳膊也有讲究，一定要粘连黏随，要放松。我们习惯于用手，这个习惯很不好克服。

从某种意义上说，推手训练的很长一段时间，就是用于克服用手和胳膊这个习惯的。

刚开始的时候，甲方给劲儿不能变，变来变去的话，对方没法练。这一阶段过去之后，枯燥的阶段就过去了，推手的变化就非常多了。随着不断地练习，身法不断地提高，思维也在变化，于是，推手的手法也开始千变万化，渐至"从心所欲，不逾矩"。

马老说，过去老先生发人，有个术语叫"够不够，三丈六"，搭手一个抖弹，能把人发出去三四丈。这不是夸张，也不是玄学，这就是"合"。如果对方没有练过太极拳，他身上都是僵滞的肌肉，你可以把他推动，但你要把他打出去三丈六，那是做不到的。因为他身上是散的，没有整力，跳不起来。想要把人发出去"三丈六"，必须在两个人都练太极拳，而且两个人身上听劲功夫都很好的情况下才能做到。只有两个人练的都是放松和轻灵，用的时候打的都是整劲，才能有这个效果。

除了身法要"合"，两个人的气还得合。其最明显的表现就是呼吸的配合，发出去之后，当跳跃的动作停下来，双方都不自觉地深吸一口气。当然，这只是其中一个表现，具体的就无法描述了。但你要是有经验，别人推手时你在旁边看，俩人的气合不合，你是能看出来的。

所以，真正好的推手、"合"的推手，是"三舒服"：推人的舒服，被推的舒服，在旁边看的人也舒服。三个人的气都顺，顺了就舒服。

太极推手难练，除了方法，还有一个重要原因，就是合适的伴儿不好找。首先是没有伴儿，其次是有了伴儿不会配合。在没有办法的情况下，有人采取推树、推墙、推木人桩等方法，只能说比不练略好一点。

这和打乒乓球一样，你对着墙打，练得再好，到了比赛的时候，还是不好使。而要真正练上身，就只能拿人去"喂"，各种角度、各种速度、各种力度去"喂球"、去培养。

可是，到哪里去找这样的人呢？

# 合手与阴阳

要练习推手，甲乙双方就必须得"合"，不合，就会"抬杠"，就会较劲，就会"顶牛"，推手也就不能称为推手了，强为之名的话，就叫"推小车"吧。

武术比赛中，"合"也经常出现。徒手夺匕首、双刀对枪也是合，我们看的就是两人的"合"，套路越熟练，"合"得越好，看起来就越精彩。

"太极推手推的就是一个理字"，这是吴式太极拳第三代传人杨禹廷前辈的口头禅。这个理字就是道理、原理、规则。遵循"理"练，才能进步快，才能对身体更有益。太极推手的"合"，首先要求双方练习者认知一样，都遵循拳理来练，举动轻灵，尚巧不尚力，双方喂劲、听劲，听准了再化、拿、发。这是双方"合"的活套路。

有的人功夫练得很结实，浑身上下像个"大铁砣""大铁塔"。你们太极拳不是"以柔克刚"吗？我一身的横劲，我就用我的"刚"，看你怎么克我的"刚"！一般的推手练习，碰上这样的，就没法练了。

打个不太恰当的比喻，推手只能推人，不能推铅球，我们练的不是力气，推不动大铁砣。练习推手的人，还到不了杨露禅、吴鉴泉这些宗师的高度，你让他克这样的"刚"，那还真克不了。就算是能"克"的那些老师们，用的也是巧劲加功夫力，是借对方的劲儿让对方起来。不过，如果真要较起真来，恐怕那些宗师们也很难走出平时那么潇洒漂亮的手法。

所以，推手练习时，两个人必须得合。不合，什么都干不了。比如练乒乓球，得有个案子，有个网子，这就是"合"的工具。过了网子，不出案子，这是大家必须遵守的规则。我们太极拳"合"的工具，就是听劲、走劲、化劲、整劲。只要有一方不遵守规则，把这个"工具"扔了，只是愣推，那就不用练了，因为双方都练不了。如果就想练力气，还不如去练举重。

推手虽然有个"推"字，但得等到对方有反应，才能推，才能利用对方的这个反应，借这个力。愣推、愣拽那就不是听劲懂劲，当然也就不是太极拳了。

马老讲过几个小故事，都与"不合"有关。这里挑一个，不说相关人名字，只是用来说明问题。

很久以前，有位很有名气的老师在公园教学生，一个年轻人想跟他学。某个礼拜天，刚好马老也在那里玩。年轻人第一次见到推手，难免有疑问。小伙子问这位老师，你们这个推手，是真的还是假的啊？那位老师说，是真的。小伙子说，那我试试。两个人就推上了。小伙子虽然不懂推手，但有力气，上来抓住老师胳膊就推搡，老师推，他就下蹲或者拧持，这就是俩人"不合"。结果老师弄一脑袋汗，也没把小伙子弄出去。

这位老师名气也不小，来了一个啥都不会的小伙子，半天弄不出去，脸色就变了。马老在旁边看，心说坏了，这位老师着急了。果然，老师（当时可能不算老）抬手给小伙子来了一个耳切子，这叫"断手"，打得小伙子离了歪斜往后退。刚好旁边有俩人处对象，给打到人家俩人中间去了。这位老师也不再理那个小伙子，拿起包就走了。

马老当时就很感慨，本来是挺好的事，但就是因为"不合"，弄得俩人都不高兴。

我们要明白，推手只是一种练习方式。是"玩儿"，俩人就得合。动手是动手，推手是推手，一旦要分输赢，恐怕谁也不能像推手那样利落。

马老说，太极拳练的是一个理，体现的是甲乙双方的阴阳变化。

阴阳相合，才能生化万物，才有推手的千变万化。双方要听劲，要在一攻一守中体会一阴一阳的变化。阳气上升，阴气就下降，双方没有对抗。这就好比，到了夏至，阳气到了极点，盛极而衰，就是阴气"反击"的时候，在卦象上，就是"天风姤"，一阴破去五阳。到了冬至，阴气到了极点，六阴至一阳生，就变成"地雷复"。

推手也一样，对方进攻，我就化，就退让，在不离开"中"的前提下，退到"碍事"了，反击的时候就到了，这同样是双方阴阳消长的变化。

阴阳是对立的，也是统一的。阴不离阳，阳不离阴，阴阳相济。我们这里，没有绝对划分的"五阴五阳"。阴阳是不断变化、不断消长的。白天看不到月亮，晚上看不见太阳，并不是月亮、太阳不存在，它们只不过是退隐了，这就是阴阳变化。太极拳的"劲儿"就体现在消长变化之中，可以意会，难以言传。

所以，练太极拳，仅用理论、文字是说不清的，要有明师指导，还要有好伴儿，还要两个人合着练，慢慢体会身法。先练熟一个手法，然后触类旁通，把"含胸拔背""沉肩坠肘"等都操明白了，就长功夫了。

马老说："如果你跟什么人都能合，你的技术就高了。"

# 合手与摔跤

　　我们常常把不合手的推手，比喻为摔跤，但实际上，传统的摔跤，我们的"中国式摔跤"，同样是讲合手的。

　　马老讲推手，经常拿摔跤来比喻，他年轻的时候，也喜欢看摔跤。但马老说的摔跤，不是我们在奥运会比赛上看到的摔跤，那个摔跤没有什么看头，马老说的是"中国式摔跤"。

　　清帝退位以后，一大批曾经在宫廷、军队里供职的摔跤教师流落民间。马老回忆说，那个时候摔跤教师的境遇比太极拳师要惨多了。大清没了，当年大清朝"善扑营"掼跤的老师父们也就流落到民间了。为了谋生，有的老师父干脆拿这个当职业，但比较少，大部分老师父都拉不下这个脸儿。但技艺总要传承下来，于是，这些老师父们也开始教徒弟，这样就培养了一批年轻人。1949 年前后，北京的跤场有很多，各个公园都有，特别是朝阳门、西直门、永定门，这些个"门脸"附近有好多跤场，也出了很多摔跤名家，其中就包括马老经常提到的"宝三"宝善林、"沈三"沈友三。

1953 年，中国式摔跤被列入国家体育运动竞赛项目，并举行了全国比赛。1956 年，国家体委颁布了《中国式摔跤运动员等级制》，1957 年颁布了《中国式摔跤规则》。在 1959 年第一届全国运动会上，中国式摔跤被列为正式比赛项目。

但是，一比赛，有了胜负，慢慢地，问题就出来了。

因为中国式摔跤，也是根植于中国文化的优秀技击形式，它不是用傻力气，也是用技巧的。用技巧，就需要两个人"合手"。

那时候，马老喜欢看摔跤。除了沈三、宝三，马老印象很深的还有魏老、哑巴、小背头……这些都是当年的称呼，我也没有去考证这些老前辈实际上叫什么名字。马老说这些名家的摔跤，都很漂亮，走起来都很"合"。

但也有出问题的时候。有一年，北海公园举办了一场摔跤比赛，宝三是裁判长，马老当时是个小年轻，是宝三的裁判员。

据马老回忆，那场比赛宝三有四个徒弟参赛，其中一个是北京某电子管厂的摔跤教练，名字大概叫徐茂（音），马老经常看他掼跤，掼跤掼得非常漂亮。那天他的对手是一个年轻人，没有运动服，连袜子都没有，光脚穿一双鞋。这人特有劲儿，把徐茂的小袖一拽，往那里一杵，像铁塔一样不动窝。徐茂这个时候什么招儿也使不出来。

作为裁判员，马老赶紧问裁判长，宝先生，遇见这种情况怎么办呢？宝三先生也是叹口气说，这玩意儿就不能比赛，俩人得合，才能走出"跤"来。这位什么也不会，就有力气，你也不好弄，你也不能打人家吧。

就这样，这一场，徐茂愣是没"开壶"，这人最后得了第二或者第三名。等比赛散了场，这人就坐在那里抽烟袋。马老也好奇，看他没走，就凑过去和他聊天。

马老说，老兄，怎么看不见您的跤绊子啊？

那人一看是裁判员，就说，我就不会摔跤，我看这摔跤不就是较劲吗，我就来了。

马老说，那您是干什么工作的？

他说，我是装卸工，咱有劲儿，200 斤的大米，抄起来就走。卸洋面，我能一次弄 12 袋。

马老一听，这是没法弄。那时候洋面 44 斤一袋，12 袋是 528 斤重。人家扛起来就走，你怎么能弄得过人家？

能扛起 500 多斤的重量，这在今天看来似乎有点不可思议。但马老说，旧社会，"脚行"有规矩，不过 500 斤，没有人抬。一个箱子 400 多斤，到地儿一猫腰，一抠底就得起来。上楼的时候，上块跳板就得走过去，不可能两人搭着。

马老出生于河北省枣强县，离衡水近。衡水有火车站，就有以装卸搬运为生的"脚行"。旧社会，选脚行头儿，就看谁有力气，就地取材的话，就要扛铁轨。那个时候的铁轨一根是 800 斤，你要当头儿，你就得扛起来，没两下子你能镇得住大家吗？

马老回忆，有一年，衡水火车站选脚行头儿。原来那个头头，扛一根铁轨 800 斤。后来又来了一位，800 斤的铁轨，上面再搁一口袋绿豆，绿豆很沉，100 多斤。原来那位头儿一看：大爷，您来吧。你行你上！马老说，那个时候真是凭本事吃饭，干什么都得有能耐，所以，很多人都有自己的"绝活"。

我记得自己小时候，跟着姑父练拳，在姑父家里练"燕子喝水"，都是往下一扑，胸部着地。那时候，我很笨，练得很不像个样子。在一旁做饭的表奶奶忍不住说，这都练的什么呀，你表爷爷他们在世的时候，都是从这个房梁上过去，胸脯子都不能挨着房梁。

我父亲也跟我讲过我一位舅爷的功夫。舅爷年轻的时候，人称"草上飞"，拿一根白蜡杆，一点地，身子起来站到高粱上，脚踩高粱，从这头走到那头，脚不挨地。我想，他之所以拿个白蜡杆，可能是中途需要再点几下地。新中国成立前，我们老家有土匪，听说土匪要来，舅爷就拿一杆"梢子"（长白蜡杆用铁环连着一个一尺多长的白蜡杆短棍），往村口一站。土匪远远望见我舅爷，挥挥手就走了。当然，土匪总是要抢劫的，不抢这个村，就抢那个村，好歹，舅爷算是暂时保住了他们那一村的平安。

我小时候见过这位舅爷，长袍长须，儒雅但很有威势。

关键是，这些不是传说，也没有夸张，而且那个时候，也没有人把这些当作"不可能完成的任务"。现在人已经很难相信，因为大家都做不到，于是就怀疑以前的人也做不到。

之所以出现这个"断崖式下跌"，一个原因是社会风气变了，还有一个原因是，在三年困难时期，很多练武术的饿死了。其中就包括我提到的表爷爷。

因为练得多，需要的能量就多，这些人都比平常人能吃。在困难时期，吃得不好，练得又多，就容易引起器官衰竭。

新中国刚成立的时候，马老在北京一家五金行工作，五金行常用的脚行的老板叫陈坤，是练三皇炮捶的。新中国成立后，脚行统一改成运输公司，因为练过武术，陈坤就加入了一个杂技团。

因为是脚行出身，陈坤力气大，平时也系着大板带，五金行的人掰腕子谁也掰不过他。他一顿饭能吃 2 斤烙饼，1 斤酱牛肉。一般人真吃不起。

不光吃得讲究，穿着也有规矩。过去北京的脚行讲究新鞋就得"挂弯子"，新的靸鞋，把"五毒"绣成花，垫上皮子，绣到鞋帮子上，鞋底子用旧飞机轮胎的胶皮钉上底儿。要不这样，一般的鞋，经不住他们折腾。

不仅是鞋，一般的摔跤、太极拳，包括其他的武术，碰到这样的"大力神"，恐怕都经不住他们折腾。"一力降十会"，他跟你较劲，两人不合，你就只能看到"打架"，看不到那些漂亮的手法。

1994 年第七届全运会取消了中国式摔跤这个项目。

原因咱不知道，但我想，应该是奥运会没有这个项目吧。

此情可待成追忆，只是当时已惘然。

以后，我们还会提到中国式摔跤，提到它的一些独特的技法和训练方法，那是后话，此处按下不表。

# 打人会打，挨打会挨

推手是两个人的事，一个巴掌拍不响。甲方乙方，是一阴一阳，练好推手，需要两个人配合，"打人会打，挨打会挨"。

甲乙双方不是固定不变的，在一个回合中也可以有转换，所以，每一个人，都要既会"打人"，又会"挨打"。当然，如果是师徒之间，打人的，发人的，一般是老师一方，挨打的，一般是学生一方。

高明的老师，要会打。会打不是打得狠，不是满场子摔徒弟，更不是摔徒弟给外人看。

会打，要打得巧，还要打得准，更要打得清晰，打得千变万化。

打得巧，是要体现出太极推手的巧劲，不要使笨劲。老师也有"失手"的时候，打得不好，学生没走起来，老师脑子一热就会使笨劲，这不是高明的老师。

听得清，打得准，就是时机掌握得好。我们可以把一个力分为头、中、尾三段，也就力头、力中及力尾。好老师打力头，只要对方的劲儿一露头，轻轻一点，对方自己就会跳起来。错过了这个点儿，效果就差了。

我在和马老推手的时候，经常有个感觉，自己刚刚有了发劲的念头，还没有真正发劲，马老的手，就点在了自己那个要发的劲上。这有点像打地鼠，这个劲，刚露头，或者还没有露头，就被轻轻一锤子打了回去。想想看，如果是一只大老鼠，等它出来，你再想抓住它，就很难了。

打得清晰，是不含糊，说打你哪儿就打你哪儿，说什么时候打你就什么时候打你，这个劲儿要给得清晰、明白，这样学生才能理解得快，至少能感受得很清楚，至于能不能学到，那是另一回事。马老和我们推手，常常是边说边推："你看，这个劲打你脚后跟了。我这个手指一点，是要打你的肩头……"这样边推边讲，尽量让看不见也很难摸得着的东西变得清晰，能帮助学生理解。

打得千变万化，这个比较难。有的太极拳名师，名气很大，一辈子就会那么一下子，而且还是力气活，"盛名之下，其实难副"。

太极推手的变化其实很多，并不是只有个"推"。马老教我们的时候，常常要求一个变四个，四个变十六个，每个方向都得练出来，越练越丰富，多到自己无法数清。

这是"会打"。那么什么是"会挨"呢？"会挨"就是你要让对方打得正合适。

尤其是，两人互相练习的时候，其实是互相"喂劲"的过程，给要给得合适，发要发得准确。要接住对方的手，不要逃避，不要耍小聪明，不要胡乱拧挣当"大尾巴蛆"。接老师的手也是一样，你是来学习的，不是来"踢场子"的，给老师做手要清晰，老师怎么打你的，怎么发你的，要记清楚。然后，你再拿这个劲儿，去跟师兄弟练习、实践，这样的话，慢慢就能把老师的东西学来。

一般而言，学生给得越清楚，老师回得也就越清楚。千万别耍小聪明，学生给老师一个劲，老师回学生一个，学生不接，马上变一个，为了不被老师打出去，宁可变成"大尾巴蛆"。对于这样的学生，马老会说，"不会学啊！"

抱有这种学习态度和学习方法的人，还真不是少数。当年跟王子英、刘晚苍两位前辈学习的人中，这样的人就不少。《吴式太极·南湖传习录》中讲过，这里就不重复了。

有两个人，当年一起跟刘晚苍老师学习的，马老跟他们就推不到一块。大冬天的，推不了两分钟，两个人都满头大汗。马老说，俩人就跟玩命一样，一个是，我就要把你整出去；另一个是，我就不让你把我整出去。

马老当年最好的伴儿是他的师弟赵德奉，两个人一起推手了几十年，从来也没有争过胜负。马老推手也是分人的，有的人，马老和他"一辈子不推手"。当然，这是夸张的说法，实际上，是因为推不到一块儿，所以才不会和他们推手。

这是为什么呢？因为这样的人，通常人高马大有力气，却不懂，不会学，不会练，他们的推手和太极拳是两码事。

马老说，有一年大年初一，大家给刘老师拜年，在地坛集合，也玩一玩，就遇到了一个这样的人。"他老想着摔我。我是软的，他一使，我一放松，吧唧，他趴下了。趴下三回，以后就再也互相不推手了。"

其实，我也被师兄们"嫌弃"过，因为自己力气大，耍胳膊根儿。谁都不是一上来就会的，有一个学习的过程。若是上来就会，就不需要老师了。

跟师兄弟推不到一块儿，那叫不会玩儿。如果跟老师也推不到一块儿，那就是不会学。马老说，有的人跟刘老师学推手也"玩儿命"。马老就说过他们，"老师这么大岁数，咱们是来跟人家学，你这么弄，不像个学生的样子。再说你什么岁数，老师什么岁数，别这样。"他们也听，但是只能听一会儿，跟老师推不到三下，就故态复萌，又跟老师干上了。

有的人性格就是这样，照相都能把老师给挤到一边儿去。什么样的性格，练什么样的拳。这样的性格，就练不出来我们吴式拳的柔和。刘晚苍老师也说，像他们那个劲儿，没法练。曾经当面批评过他们。刘老师说，"人家（马长勋）来了，有20个人也推，30个人也推，你看，有人跟你推吗？都没人跟你玩儿，你怎么练出来啊！"

所以，能打会挨，才能学好拳。

强调一下，能打会挨，要避免三种错误倾向。

第一，做"虚手"。老师刚比划一下，你还没听到劲，就跑了，就跳出去了，这叫白费功夫。两个人都练不了，别人看着，也觉得假，因为确实假。

第二，手法变来变去。老师给你喂劲，你不是老实接着，而是"抖机灵"，马上换个劲儿，好像比老师都高明。这是在和老师比谁高明，不是在学习。

第三，把推手等同于实战。我们跟马老学拳，从来没有实战这个词。我们一脉相传，老辈人没有提过实战技击，我们也没有。但是现在网上资料很混乱，有人甚至把王茂斋先生也弄成搞"实战"的了，实在难以理解。一个买卖人，一个教北京市市长练拳的人，跟谁去实战呢？

马老常说一句话，练拳是为了修身养性、祛病延年。你把全北京都打了，你把全中国都打了，你装了罐儿了，还要不要跟人打？

"装了罐儿了"指进了骨灰盆。我想，这样还能打，那一定是闹鬼了。

# 推个手，你蹦啥？

太极推手之所以有很大争议，甚至引发一些人的反感，很大原因在于被发出去的一方，不仅被发出去很远，而且是蹦蹦跳跳出去的。

有人说了：

——你蹦啥？

——就蹦，咋地？

——你让我蹦个试试！

——试试就试试！

接下来就离打架不远了。但要是真打起来，还真的就"蹦"不起来了。

于是很多人都说太极推手"假"，外行说假，"假行家"也说假："老师骗学生，老师和学生合起来骗观众。"所以，当年某领导曾发话，推手不许蹦。对于这种严重违反科学规律的要求，有人害怕，就遵守；有人不害怕，就不管你这一套。你说你的，我蹦我的。

不蹦的结果有两个，一是俩人打着轮，无限循环；二是要分出高低胜负，于是你不让我，我不让你，咬牙顶牛，拧眉瞪眼，抡胳膊上腿……这样一来，等于把水平降到普通群众的程度。然后，不懂行的人说，这是真的，你看把这俩人累得……

这样一来，真实是真实了，但也把推手给毁了。大家一看，原来这就是推手啊，不就是俩人顶牛吗？原来那些传说中的高人，就是这样推手的啊！这谁不会啊？还用学吗？

就像一位朋友说的，我是练摔跤的，想学学推手，结果呢，看他们推手还不如摔跤有意思呢，我学它干嘛呢？

是啊，要真是这样，鬼才学呢！

其实，不管你喜欢不喜欢，推手还真不能不蹦蹦跳跳，这是没有办法的事。

不管真也好，假也好，我们就是要蹦，而且你越说，我蹦得越高兴。你说你的，我练我的。听蝲蝲蛄叫，就不种庄稼了？

当然，蹦不是随便蹦，蹦得不对，难免被人家批评。

为什么要蹦呢？

首先，这是"合手"的要求。推手是练习，不是分胜负，也不是决生死。当中心被拿住，重心不稳的时候，不管是死皮赖脸用力"顶大牛"，还是来回拧持当"大尾巴蛆"，都失去了推手练习的意义。

当然，如果是一个歹徒，要弄死你，你当然不必退让，不仅不退让，你还可以用任何你能想到的方法、技巧、手段、部位、器械去反击：打他，踢他，摔他，拿他，缠住他，咬他的耳朵，插他的眼睛，裸绞他的脖子……

但是，对不起，我们是推手，是练习，所以，既然已经"失势"，就不要耍赖，就要"跳出圈外"。

那么，第二个问题来了。退就退，为什么要蹦呢？

第一，最起码的，要保持平衡。这时的"蹦蹦跳跳"，并不是倒下，而是自己跳出去，只是"跳出圈外"。

我们从物理学的角度来说，推手并不神秘，离不开作用力与反作用力。如果我用胳膊的力推你的胳膊时你的胳膊后退，我用肩膀的力靠你的肩膀时你肩膀往后撤，都可以把这个力化解，因为这些力都是局部的。但是，如果我用整劲"打"的是你的脚，尤其是后脚跟，你就必须得跳起来，蹦出去，才能把这个力卸掉，才能保持平衡，不摔倒。

我们推手时为什么能蹦，就是因为我们练的是松出来的一个整劲，表面上看起来是手在"推"，其实手也好，肩也罢，都只是一个工具，真正发力的点在脚底，从我的脚底打到你的脚底时，你要想保持平衡，就得跳起来，蹦出去。

当然，有人马步扎得稳，就是"不退"，刚才说了，那是"不合"，没法练。

第二，"蹦"是退下，不是"败势"。身体不会说假话，那些硬撑着不退的人，脚可能没动，但腰已经"折了"，"势子"已经"败"了，如果对方有本事，而且手狠，那么硬撑着不退的人受到的伤害就不是退出去那么简单了，可能就要严重受伤了。

其实不光是太极推手，很多讲究"实战"的武术中，真正的行家都明白这一点，也就是保持"守势"而不是"败势"。人可以退，但身法不能丢。

第三，蹦出去是为了把对方的劲卸掉。这种劲，看不见、摸不着，但如果"留"在身上，就像医生在手术的时候，在病人身上忘了一团棉球，虽然病人一时半会儿不会有感觉，但时间长了，一定会闹出病来。功夫到了一定程度，听劲的功夫足够灵敏了，就能感受得到。这就是大家为什么要往外蹦的原因，因为谁也不想在自己身上留块"棉球"。而且，力的作用是相互的，该蹦的时候不蹦，力量卸不干净，发人的一方也会有一部分力量滞留在体内。这种东西"聚则成形，散则为气"，如果不能很好地疏导，也是一个健康隐患。所以，你要是该蹦的时候不蹦，发人的也不舒服，人家也就不愿意跟你玩了。

如果两个人"合"得好，蹦出去的人把力量卸干净了，这时候两个人刚好同时深吸一口气，这是"补"。马老称之为"卸力补气法"。

此中有真意，莫作等闲观。

2016 年，马老在日本武术太极拳联盟示范推手

我们说推手是"三舒服"，推的人舒服，被推的人舒服，看的人也舒服。有人觉得不可思议，两人推手，跟看的人有什么关系呢？其实道理很简单：看喜剧片，观众就会开心；看恐怖片，观众就会紧张；看悲剧，观众就会伤心。看推手也一样，看干净利落、轻松潇洒的推手，也会让人心情愉快、心气舒畅；看紧张的推手，观众也跟着较劲。大家在一个"气场"，会互相影响。

第四，蹦，有理论根据。古谱有云："被打欲跌须雀跃，巧挤逃时要合身。"雀跃，就是我们看到的蹦蹦跳跳着出去。不仅要雀跃，而且要"合身"。什么是合身？合身就是咱们上文讲的"合手"的要领之一。双方推手，被发的一方，在跳跃出去的同时，要保持住自己给对方的这个劲儿。也就是说，你的劲，你的喂手，不仅要给够了，而且要保持住，让对方打上。你要能完整地"接住"，否则劲儿就散了，两个人就合不上了，也就练不成了。

这里有个要领，不能撅屁股。一撅屁股，劲儿就断成两截了，行话叫"腰断两截"。要保持身形，要溜臀，要上下合一。但不是自己努着劲，而是真正松开。把身体真正松开之后，它自然而然就是这样的。这和人为地夹着尾巴"溜臀"，有天壤之别。

"被打欲跌须雀跃，巧挤逃时要合身"是《打手身法歌》中的两句。全文七言六句，内容如下。

被打欲跌须雀踊，巧挤逃时要合身。

拔背涵胸含太极，裹裆护肫跴五行。

学者悟透其中意，一身妙法豁然能。

"踊"即"跃"，"跴"是"踩"的异体字，意义并无不同；"涵胸"即含胸。有争议的是"护肫"。肫为禽类的胃，如鸡肫即我们常说的鸡胗，在这里借指人的腹部。在笔者的实际体验中，溜臀与护肫刚好一致。有的版本写作"护臀""护臂"，个人认为，不如"护肫"贴切。

这首歌诀，有人把它放在王宗岳《打手歌》之后，认为是王宗岳所作，但一般认为是后人所作。但不管是不是王宗岳的作品，这首歌诀的内容都是非常重要的，"依法不依人"，有道理，就坚持。

至少，我们是这么练的。

马老经常说，太极拳是一种"艺术"。对于这个说法，我一直很难接受，因为自己是"文人"出身，对"艺术"并没有什么特殊的好感。一提到"艺术"，首先想到的就是唱歌跳舞，把太极拳和他们放在一起，我总觉得是一种自找麻烦的行为。

不过，马老这么说了几十年，我也听了二十来年，听习惯了也就自然了。听得多了，大致也明白了马老的意思，马老说太极拳是一种"艺术"，大概是为了和市面上流行的"技术"，也就是"技击之术"，做一个区分。

也就是说，是"艺术"，还是"技术"（技击之术），这是一个"路线"问题。

以前，把太极拳称为"艺术"，绝对是一个褒义词，练太极拳，推手养生，这绝对是一种高雅的行为，是正人君子走的高雅路线。

在马老学拳的时代，马老接触的老前辈，特别是吴式太极拳第三代传人，他们大都把太极拳作为一种娱乐和养生的方法，一般不会拿太极拳来作为养家糊口的手段。在王茂斋这一支，除个别人在一开始学拳的时候就说要靠教拳谋生以外，其他人几乎都不以教拳谋生。张继之先生在街道看自行车，刘晚苍先生给人打短工，都不以教拳为生。所以，我们这一支，在外面专业教拳的不多。

不仅很少教拳，我们还有自己的规矩。马老说，以前，门里有规矩，不许看家护院，不许打把式卖艺，不许打擂台，等等。这样一来，我们这一支，也很少往"技击"的方向上发展。

在团结湖公园的时候，曾经有一个从外地来的年轻人，和马老聊得很投机。后来，说到技击，年轻人非要让马老"打"他："您把我打吐血都没关系，我就想尝尝。"结果马老气得二话不说，拿着包就走。年轻人很尴尬。我追过去，问马老怎么回事，马老说，怎么会有这么奇怪的人呢，还有找打的……

其实，我很理解那个年轻人的想法，也很理解马老的想法。年轻人故事书看多了，传奇故事听多了，想知道这个传说中的太极拳到底是怎么回事，是不是真的那么厉害，死了都愿意。我觉得，很多想学太极推手而又没有真实体验过的人，都会有这种想法。

但马老没有。在马老的成长环境中，就没有这个概念。马老说："我从 22 岁开始练太极拳，接触这么多老前辈，没有一个人谈什么实战、技击这些东西，都是作为一种消遣，玩的是个味儿，找的是个劲儿，图的是个乐儿。"

所以，马老从来不打学生，马老教过这么多人，从来没听说有谁和马老推手受过伤。相反，马老对现在网络视频中那些动不动就摔学生、打学生的内容十分反感。为了体现实战、技击、真实，有的老师把学生一摔一溜滚，似乎越狠越能体现自己有功夫。马老说，这样不仅不安全，也不符合拳经。

就在昨天（2020 年 7 月 5 日），我在微信公众号上发了三篇文章，有不少读者来信反馈。其中，一位曾经在我这里买过签名书的读者给我发来微信："要是我在北京，肯定拜您为师，请您教我推手，教我太极拳。环境所限，上次四本书买好送人二本（按，此处指《吴式太极·南湖传习录》），其中一位很开心，要把自己学到的教我，把我的手肘关节弄脱臼了。现在家里人为了我的安全，都不让我打太极拳了，所以只能朋友圈发感慨而已。老师打扰了，谢谢。"

老实说，看到这条信息，我很惊讶，也很生气。我说，你还学吗？我教你。但是，这位小同学显然是怕了，他说："老师，谢谢！我自己也已经怕了，本来好好的身体，去年练推手，手就断了，家人也管住我了。现在彻底想通了，不麻烦老师了。谢谢！"

这个事让我彻底想明白了，"艺术"就"艺术"吧，把太极拳看成艺术，至少是安全的、健康的，不会出现学个推手把胳膊弄断的情况。要是推手都这个样子，不学也罢。

我们不否认，太极拳是一种武术，有武的内涵。但在这个时代，过于强调实战、技击，其实并没有太大的意义。冷兵器时代已经过去，即使是散打、格斗，也不是实战，也只不过是在一定的规则约束条件下的一种娱乐方式，或者说是一种商业运行模式。你以为是去"实战"，其实是背后运作的人拿你挣钱。

真正的实战很简单，你去特种兵那里学就是了，根本不用这么麻烦。体能、速度、力量、技巧、敢下手、有运气，你就能赢。赢了，才能生存。

实战不是太极拳的长项。

但如果谈到养生、健身、对慢性病的辅助治疗，格斗类武术肯定要甘拜下风。

更不用说适应性，没有一种运动有太极拳这样广泛的适应性，即便是老人、小孩、体弱者，只要能动，就都能练。

所以，为什么要用自己的短处和人家的长处去比较呢？真是想不开啊。

同样的一个东西，不同的人有不同的用法。

太极拳，在旧社会的达官贵人手里，就是健身娱乐的手段，在穷人手里，是吃饭的工具，这是生存境遇问题。环境变了，人的思想也会发生变化。

现在生活富足，思想自由，有人要养生，有人要实战，都有道理。大家路线不同，学的、练的，其实都不是一回事，没有必要搅合在一起，更不必互相诋毁。

你技你的击，我养我的生，井水不犯河水，这多么和谐。

一百年来，太极拳从"密宗"变成了"显学"，从社会上层走向了全民健身。现在，太极拳已经成了中国的标志之一。我们在输出太极文化的时候，更应该团结一致，互相补台；同时也应该扬长避短，更多地发挥太极拳的健身作用。

那么，是不是就不可以研究太极拳的技击作用呢？当然不是。只是，那需要投入专业力量，去选拔运动员，去培养教练员，去研究教学手段。培养出来的，应该是真太极，而不是名字叫太极，但本质却是其他的格斗技巧。那样的话，太极拳真的就被弄"变异"了。

西方有句谚语，如果一个东西看起来像鸭子，走起来像鸭子，叫起来像鸭子，那它就是鸭子。我们反过来用，如果一种技击方式，推手不像太极拳，比赛不像太极拳，那它一定不是太极拳。

话说回来，就算它是太极拳，那也一定是少数人的事。

作为金字塔的底层，我们还是走好自己的路吧。

# 第三章 知己知彼

知人者智，
知己者明。
胜人者有力，
胜己者强。

——【春秋】老子《道德经》第三十三章

# 不要『抬杠』

　　这里说的"抬杠"，不是抬杠子，也不是和别人争论。争论是没有意义的。每个人都有自己的观点，我们不准备说服谁。

　　这里说的"抬杠"，是推手中的一种表现。如果你经常去公园，就能看到各种各样的推手，其中就包括这种抬杠型的。你说这样能把人推动，抬杠型的人他就不动："我就不动，你推个试试。"

　　推手练的是听劲懂劲，练的是灵性，所以需要拿人练，而不是举杠铃、推小车。推手讲究用劲儿越小越好，越小才能越灵。两个人对练就是俩人"拉锯"，拉不了锯，就练"出去"。

　　那些抬杠的，大致有几种类型。第一种是特别有劲的，我很结实，我不让你推，你想推我？我想还把你推出去呢；第二种是桩站得特别稳，腿脚特别有劲的，专门练"推不动"，理论是你推不动我，我才好推你；第三种是四面八方都撑着劲，像一座黑铁塔；还有一种是大尾巴蛆，翻翻滚滚，来回拧持。

　　如果碰到这几种情况，我们建议就不要和他推了。这样推下去，就是争胜负、比力气了。和这样的对手练，那只能越练越"聋"。我们为的是养生，强调的是太极拳理，在用法上是用意不用力，在内不在外，舍己从人，力从人借。离开这些要求去推手，都是"手慢让手快，有力打无力"。这些"自然之能"，用不着我们费那么大功夫练。用马老的话说："你去听京剧，听的是味道，不是听谁嗓门大。像这路手，不和他推，否则越推越'聋'。"

举个例子，就说我自己。我以前也是比较有力气的那种，虽然每次都说松，自己也觉得松，但实际上还是在耍力气。有时候自己知道，有时候自己不知道。

团结湖有位师兄，有一阵子是拒绝和我推手的。后来有人告诉我："上次他跟你推了手，好不容易练出来的松柔就没了，被你给带偏了，好几个月都过不来。"

这真的是实话。尤其是刚开始练习，刚刚练出来一点东西时，千万不要和别人"抬杠"，看见"大力神"赶紧绕道走，不摸不推不交流，因为一点好处都没有，一点用处都没有。等练出来了，不会被别人"带偏"了，再去适应各种推手也不晚，那是后话。

所以，我们推手，一定要"合手"，不仅要合，甚至要把自己当傻子，当成一个"球"，陪着别人练。

对方推你，不管他给你的劲对不对，你都不要"抬杠"，要像个皮球一样，乖乖地出去，松着出去，默默地体会对方的劲，哪个地方对，哪个地方不对，自己应该怎么处理。这么想着，练着，忽然你就可能发现，自己这个"球"能够把对方弹出去了。你的听劲入门了，感觉灵敏了，时间变宽裕了，不用和他较劲，在一个合适的时机，你一放松，他就出去了。

这种练法是"自私"的。

为什么说这种练法"自私"呢？因为你实际上是在拿对方练，对方练得对，你出去了；对方练得不对，你也出去了。对方并不知道自己哪个对了，哪个错了。你没有告诉对方，没有反馈，你只是在练自己。这种练法，对于那种比较蛮横、爱发人、不听劝的对手比较合适，对于过于客气的，或者好为人师、滔滔不绝的伙伴就不太适合。

我就怕那种说起来没完的，因为他说的也不一定对，只练嘴，不练手。

马老的学生有一个特点，就是大家都过于客气，都让对方推自己。如果自己发了几次，就会赶紧给对方做手，让对方"找回来"。所以，在我们这儿，想找一个爱发人的，还不太容易呢。

能顺顺当当出去，慢慢就会去掉胜负心。

此外，我们在推手的时候，也会遇到质疑。不明真相的群众会说，你这是真的还是假的啊？我怎么看着这么假呢？

这也不必抬杠，因为你不是为他练的。子曰："古之学者为己，今之学者为人。"我们是为自己而修，修自己，别人怎么看，有什么关系呢？真真假假，有什么关系呢？

能把这些当作"浮云"，就没有了虚荣心。

有时候，我们好心做好事，把自己的心法教给别人，可能会被误解，甚至被诋毁。有一次，马老在北京奥林匹克公园，看见一群老人练太极拳。马老说你们这个练法，腿可受不了，一定要注点意。对方不屑地说，我们腿好着呢，一点也不疼，我们老师就这么教的。马老不说话了，就在旁边坐着看，练了没一半，这些人揉着腿出来了。

这也是不抬杠，你说对就对，谁疼谁知道。

能不怕别人误解，做好事不怕"碰瓷"，这是功德心。

不抬杠，不但可以好好推手，还可以去掉胜负心、虚荣心，培养功德心，何乐而不为呢？

　　"听劲"是推手的第一步功夫，不会听劲，就是"聋"。不听劲的推手难免就会变成耍胳膊根儿，比力气和招数，和"太极"两个字不沾边。

　　"听劲"的"听"，不是真的用耳朵去听。我们可以把它看成一种"通感"的修辞手法，像用耳朵捕捉声音那样去捕捉对手的身法动静、中心变化、劲力走向，等等。当然，也不一定是修辞手法，因为"七窍相通，窍窍光明"，到了一定程度，也可以"六根互用"，这里暂且不提。

　　我们听劲用的"介质"，不是耳朵，而是皮肤毛发筋骨肢节，通过身体的接触去听。随着功夫的深入，身体与精神都松得更透，感觉就逐渐可以摆脱肉体的束缚，"无听之以耳，而听之以心，无听之以心，而听之以气"（《庄子·人间世》）。

　　但是，这是后话，刚开始的时候，必须要接触。即使你觉得自己已经很牛了，最好也不要脱离接触，否则就成了所谓的"大师"了。现在，"大师"是个贬义词。

　　听劲，是了解对方的手段，是"知彼"的功夫。

会听劲，才能"懂劲"，懂劲了，才会"自己安排好"，这是"知己"的功夫。

我们通过单搭手、双搭手、打轮等手段，在两个人肢体的接触中，去体会、体察对方的意图、动静。对方的劲来了，比较明显的，有肢体的变化；不明显的，几乎没有肢体的变化。但是，随着听劲功夫的深入，对方刚有了进攻的意识，你就可以感觉到。只有先感觉到，才可以制敌机先，就能做到拳论上说的"彼不动，己不动，彼微动，己先动"。没有听劲懂劲，这句话就成了空话。

听劲分两种，一种是等对方的劲儿，另一种是主动问劲儿。

第一种情况，对方的劲来了，我听着。刚开始的时候，很不容易，所以，两个人要配合，给劲的人要给得慢，让对方慢慢地体会，如果体会不出来，甚至需要提醒对方。你看，我这打到你的脚后跟了，你应该怎么办。

第二种情况，听劲的功夫已经提高了，推手也比较熟练了，这个时候，本来是乙方的，可以不必等待对方喂劲，而是去逗出对方的劲儿来，然后再用巧妙的办法，去处理它，而不是用力顶回去、推回去。这仍然是一种练习方法，这一种比上一种难一些。所以，我们强调两个人要"合手"练习。两个人合手练习，听劲都未必能听得很准确，不合手的话，就是愣揪、愣拽。

所以，我们强调，"推手"虽然有个"推"字，但不是盲目地"推"，两个人练习的时候，一定要先"问"出对方的劲儿来。

刚开始的时候，给劲的一方给的劲儿要明显，否则对方听不出来。随着听劲的一方听劲功夫渐长，给的劲儿要小一些，要增加变化、增加难度。这个过程，就像乒乓球教练给学员喂球一样，学员需要很长时间的练习，才能逐渐"上身"。

马老常说，"推手和号脉差不多"。这是强调听劲的细微变化，过去听劲讲究分、厘、毫、丝，要掌握"分寸"，一寸等于十分，推手的劲儿，由寸重到分重，越练越细，到一定程度，只要挨着肉皮就知道劲儿，就能"听懂你"。一个真正的太极拳高手，一定是个"最懂你的人"。

"太极推手不用手"。因为手的感觉比较灵敏，所以生活中我们习惯用手，推手刚开始一般也都会用手。但是这也有个弊病，刚开始，没有身法的时候，用手用习惯了，就很难改了。这个问题，我们以后会专题讨论。在这里，我们只强调，搭手时，手只要接触就可以了，手别动，别使劲，擎住对方，不闪，不使。使什么呢？使身法。

为了改掉我们"爱动手"的习惯，马老没少想办法，但是真的很难啊。有一次，马老干脆叫我用绳子把自己捆起来，让其他人推我，我就只能用身法化解。这也不好练。

肩膀也要学会"听"。别人的手一挨你的衣服，你的肩就迎上去了，腰腿站住位置，肩头接住了劲儿，放到脚底下，然后只要身法一动，他就"走"了。注意，仍然是整动，"自然"地动，没有"推人"意思的动，这样的"动"，才好使。

不仅是肩头，身体的其他部位，同样要学会听劲。全身都"有"了，那就是"全身无处不弹簧"。有这个心，就可以照这个目标去练。

到了这个程度，听劲就到了一个新的阶段，"以神遇而不以目视"。这话出自《庄子·养生主》，说的是"庖丁解牛"的故事。庖丁自述："臣之所好者，道也，进乎技矣。始臣之解牛之时，所见无非牛者。三年之后，未尝见全牛也。方今之时，以神遇而不以目视，官知止而神欲行。依乎天理，批大郤，导大窾，因其固然……"

我们这里做一个粗浅的比喻，庖丁解牛时的心态，是松静自然的，其手法完全是在"听劲"，听着刀锋在牛的骨节肯綮之间游走，避开骨头和筋节，而在其缝隙中"游刃有余"，于不知不觉间，一头牛"豁然而解"。

"以神遇而不以目视，官知止而神欲行"就是一句重要的口诀。在推手的时候，同样适用。

到了这个阶段，不用接触，对方的一举一动，都在自己的控制之内。马老说，过去王子英先生、张继之先生、刘晚苍先生，他们推手的时候，不管对手怎么凶猛，扑过来，他们上来一拍，一下子就能把人拍出去，干净利落脆，绝对不拖泥带水。

这不是靠力气，而是靠听劲，他在放松，把对手拍出去的是对手自己的劲儿。他们就能这么听劲，而且就能听得那么准、用得那么巧。

我们在练习的时候，既不要畏难，也不要好高骛远，把身心都松下来，静下来，去听、去感知、去培养自己的灵性。

喂手

　　所谓"喂"，就是把食物送到别人的嘴里。不会自己进食、无法自己进食或者有某种特殊需求的情况下，需要喂。最明显的，小孩子需要"喂"，有时候为了哄孩子，也需要喂，但喂不是目的，是为了让小孩子尽快地学会自己进食。

　　推手也需要"喂"，在对方还不会推手的时候，要把被攻击的姿势、劲路做好，让对方推，这叫"喂手"。在"合手"练习的过程中，"喂手"更强调一种教导、引导和服务。

　　老师教学生，要给学生喂手。会喂手、肯喂手的老师，教学效果就比较好，当然，这样老师会很辛苦。老师会喂，学生也得会吃，会学着自己吃，这样进步就快。如果老师给一个，学生吃一个，自己不主动去学，那样也学不会。

　　喂手，最主要的目的不是要让学生学会某一个具体技巧，当然技巧也是要学的，也是要喂的，但最主要的目的，是让学生慢慢懂得什么叫太极劲。所以，在刚开始的时候，要注意学习对劲力的体会，然后再注意细节。这是一个从整体到细节的过程 —— 从认识到什么是太极劲，然后继续深入，进入细节部分，包括什么叫力由脊发、劲由内换、主宰于腰……

学生懂了以后，老师发学生，学生要蹦蹦跳跳，"巧挤逃时要合身"，化解老师给的力，用"卸力补气法"，边推手边养生。走的时候，一定要保持整劲，松着出去，一丈也好，两丈也好，站住以后，跟推人的老师，俩人都是一个深呼吸。

难就难在一个"整"上了，这个整也不是一个实的整，而是一个在放松状态下的周身虚合的整。这个周身虚合的整，术语称之为"虚整"，在虚整状态下才能出太极劲。

为什么特别强调这一点呢？因为刚开始的时候，学生的劲很"不好"，多是笨劲、断劲，不是顶就是跑，要么就是冷不丁搡一下。给学生喂劲的老师或者师兄弟必须承受这个劲，这样学生才能练。学生如果不按规矩来，对方就会很不舒服。假如学生的力卸不净，学生这口气"憋"在什么地方，那个推人的老师，他也会"憋"在什么地方。这样等于伤害了两个人。长时间这么锻炼，谁都受不了。学生没有这个功夫，体会不到这种伤害，自己觉得出一身汗还挺好，但对方比较灵敏，就能感受到这种伤害，长久以往，谁还跟这样的人推呢？

学太极拳时，不要管外人怎么说。外人不知道其中奥妙，就说是假的，骗人的，好像过去练太极拳的人都是傻子似的。练太极拳要经得住非议，这也是一种修炼，炼心性。

对此，不仅要做到不生气，还要做到不生心。"时人若觅长生药，对景无心是大还"。虽然我们达不到那么高的程度，至少，可以去掉胜负心，这很重要。

大家学太极拳，都希望跟最好的老师学。但最好的老师，不一定是最合适的老师。老师水平太高，手太轻，你不一定听得到，想学却"找不着大门"。

比如我和马老推手，老师给我喂手，我也推得很爽，但是就是学不会。不是不想学，而是不知道从哪里学起。"瞻之在前，忽焉在后……虽欲从之，末由也已。"而且，老师岁数大，让老师这么辛苦，自己心里也会过意不去。

所以，还是要有个好的伴儿。自己学得差不多了，师兄弟之间互相喂手。我的体会是，刚开始的时候，最好有固定的伴儿，因为大家的劲儿都不一样，你一个劲儿还没适应，过几天又换了一个，学起来就比较难，容易乱。这就像学乒乓球，要有一个固定的教练各种角度给球，但动作要一个一个练，一个动作练熟了，再练下一个。

教练一定要给学生"乒乓球"，若他给学生扔石头蛋子，学生就练不了。教练要是胡乱给，每个都不一样，看起来是全教给了学生，学生却往往都学不会。这里头都是门道。是江湖，也是技巧。

喂手，等于师兄弟之间反复"排练"，别管真的假的，练的时间长了，成了条件反射，就上了身，假的也就成了真的，这也是一种"借假修真"。

教练给球、学生接球，这不是"实战"，而是训练，但这种方式的训练效果有目共睹。那么，乒乓球之类的体育项目都能训练，怎么一到推手就不能"训练"了呢？我想，这也不能都怪别人，不能都怪外行。太极圈内，有些人牛皮吹得太大，吹得自己都信了，难免会被人质疑，被人挑战。

所以，我们不管这个，我们就是训练。

有了自然反应，再增加难度，换个角度，换个部位，掤捋挤按都练会了，再把它们综合起来，一点点玩出花样。就像教练也分启蒙教练和高级教练，在不同阶段，进行不同训练，一步步提高，从各种角度，提高难度，练学生的反应。我们太极拳没有那么多教练，两个人互相练，练着练着就能互相提高、互相成就。当然，实在不行，两个人实在"合不来"，该换伴儿就赶紧换，不要犹豫。

我们特别强调刚开始的时候训练的正确性，因为一旦形成了错误的条件反射，就像形成了一个坏习惯，可能一辈子都改不过来。所以，喂手的人，责任重大。

喂手，既要有技术，也要有教学方法。既要心细，又要胆大，不要畏首畏尾。喂手要做得干脆，喂得"肉"，对方练出来的就不干脆。喂手劲力要适当，既不能当石头球，也不能当棉花球，这样双方才能都练出来。

喂手要注意节奏。有时候需要快着点，目的是不让对方懈怠；有时候需要慢着点，目的是让对方听准。这个火候要掌握好。

喂手也有层次高低。比如，我教的，只能算是一年级水平。我给的劲比较明显，我的学生也是初学，给少了，他们就成了"旱鸭子听打雷"了。骏哥夫妇跟我推手的时候，也给我喂手。但这个时候，他们就不一定给劲了，有时候就是站在那里摆个姿势。这对我来说，等于提高了难度等级。骏哥夫妇和其他一些师兄比我功夫好、听得细，我身上但凡有一点紧张、有一点没有松下去，他们都能听得出来。这种喂手的方法，我还在学习中，一时还做不来。

马老常说："会喂手了，就会推手了。你连手都不会喂，那你还推什么手啊！谁喂手喂得好，谁就提高得快。"

老子说："知人者智，自知者明。"知人固然不易，知己更难。推手的时候，也是一样。

我们通过推手，去训练听劲，去了解对方、感知对方，同样，我们也需要感知自己，让自己的身法和手法都符合太极之理，这个过程就是一个知彼和知己的过程。

"知己"的困难之处，在于我们不仅要在推手的过程中了解和感知对方的动向，还要在这个过程中把自己的身心安排好，要松下来。松下来，才能顺畅。

接手的时候，不顶对方的劲儿，把对方的劲接到腰上、放到脚下。注意，在这个过程中，身法不能丢，一丢就完了。这个过程也可以称为"化""引进"等。这个时候，自己就像一个弹簧，被越压越紧，到了一定程度，一放松，一个虚整劲，就可以把对方弹出去。注意，这时候，身法一样不能丢，丢了，也完了。而且，请注意，是放松，弹出去，而不是用力把对方推出去。一用力，同样完了。身法一丢，就会处于一个很尴尬的境地，一用力，就被对方感知了，是推不动对方的。

　　上面描述的就是一个简单的劲力"回路"。把握自己的回路，了解自己的身体，控制自己的身体，这就是"知己"的过程。能把握、会操作，就可以称为"懂劲"。当然，"懂劲"有不同的层次、不同的理解，这是其中的一个阶段，也可以说，是一个最初步的阶段。

　　"懂劲"之后，悟后起修，默识揣摩，才可以登堂入室，正式进入"太极推手"的阶段。

　　一般的推手训练，劲力是比较明显和粗糙的，这个过程还比较容易。但是，如果进入"细微"的阶段，"知己"就难了。

　　举个例子，把对手"拿"起来。这个动作，也叫"粘"，杨家老谱上说："粘者，提上拔高之谓也。"我们来描述一下：两个人接手，我把手单摆浮搁放在对方的手臂上，然后给一点劲，听到对方的动静之后，我把劲撤掉，手往上一抬，对方就会随着我的手，整个人都起来了。看起来很"神奇"。

　　如果这个劲撤得干净，对方就站不稳。

　　如果这个时候再给他补一手，对手就会被"打"出去好远。

　　但是，这是一个很难练的手法。马老和马骏师兄都教过我，我一般都说，算了吧，这个太难了，以后再练吧。被"逼着"练过几次，刚开始完全是丈二和尚，摸不着头脑。后来，逐渐摸到点门道，成功率也不高。这个需要有人陪练，练多了，才能熟练掌握。

　　在练这个劲的时候，最明显的感觉是，自己做得对不对，自己不知道。

　　练别的劲，也可能不知道对错，但练这种劲，一开始，几乎可以肯定地说，自己的对错，自己是不知道的，需要别人指出来。

　　把别人"拿"起来了，"发"出去了，怎么出去的，自己不知道。我对了吗？这是练者经常会问的一句话。对手出去了，怎么出去的，有力没力，对手清楚，但是自己却一脸懵。

　　——"不错，这个劲不错！"

　　——"真的吗？我自己可啥都不知道。"

——"你不用知道，挺好。"

这是我和一位师兄练习时候的真实对话。

这个时候，伙伴至为关键，他不能骗你，也要听得准。他说你做的对了，你要记住自己的这个感觉，记住这样是对的。

当然，这只是一步功夫，随着听劲功夫的提高，不用对方提醒，自己就知道对错了，"知己知彼，百战不殆"。

太极拳难练，一个很重要的原因是没有伴儿。

马老常说，他自己推手之所以能练出来，除了有那么多老先生热心传授，还有一个好伴儿，就是他的师弟赵德奉。赵师叔当时在丰台上班，马老住交道口，距离很远，但赵师叔不嫌远，不怕累，下了班就到马老家来推手。马老当时住的小屋只有 15 平方米，去掉炕和桌子，就一块空地儿，也不影响他们推手。

现代交通是方便了，但大家显然住得更远了，交通更拥堵了。曾经北京的朋友们也来我这儿的公园推手，但很快就都不来了，原因就是太远了，交通也不方便。因为交通不方便，我也不爱出去。马老说，你的邻居没有要学的吗？我只能说，真的没有，来找我的，都是从外地赶来的，都不能常推手。

所以，要想练好推手，先找个"知己"吧。

# 站桩的实验

理论需要实践检验，需要实验验证。马老提出的新教学方法，能不能成功，需要通过教学来验证。我把自己的实践写出来，除了自己练习，也是想在教学方法上进行实验。

马老的思路是先从推手开始，然后盘拳和站桩。而我的思路是这样的：既然推手是为了懂劲，那么我在具体实践中，没必要拘泥于具体的方法，只要能让学生快速懂劲，用什么方法都是可以的。

要懂劲，必须要推手，但是我教的学生都是外地的，在没见面的时候怎么办？我的办法是先从站桩开始。

我教站桩有几个目的：一是练习松静；二是考验耐心，如果连站几天桩都坚持不下来，那么就不用学了；三是为了和将来的推手进行"无缝衔接"。

当他们真正来北京的时候，一接触太极拳就是学推手，通过学推手，体会什么是我们说的"太极劲"，怎么和站桩结合起来。这个时候，他们就会明白，为什么要站桩，为什么我们那么要求。至于套路，因为时间短，没有必要学习。懂了劲，按照要求练，很快就能明白我们究竟要练什么东西。

为此，我动了不少脑筋。比如我把历年来从马老这里零散学来的站桩方法做了一个总结，分出层次和教学次第。首先站无极桩，这是基础，也是根本；然后是根起根落，训练气机在身体内部的升降。这一步很关键，无极桩是"体"，这一步是"用"。等学推手的时候，就会发现，有了这一步做基础，推手就顺畅多了。推手，不过就是气机升降的运用而已。

我的实践证明，这个调整效果非常好。2019 年端午小长假的三天内，两位同学在很短的时间达到了初步的"懂劲"。两个人的教学成果，得到了马老的认可。（见附录）

我们站的无极桩也好，其他桩法也好，都很简单，没有那么多复杂的身法要求。比如无极桩，简单说，就是自然站立、自然呼吸、自然放松。当然有一些身法的要求，但并不重要，也不强求。一般都是根据每个人的不同情况，提点要求，不用"规范化"。因为一旦"规范化"了，大家就会追求这些细枝末节。我们要求的是放松，追求的是舒适，不是那些细节。站桩的时候，不能主次颠倒。

我们站桩，就是舒适为主，不扎马步，不抱球，不深蹲。

不同的练法有不同的作用，我们练的"功夫"是一种"纯太极劲"，它只能从松静之中出来，越吃力，越练不出来。有的站法，站出一身肌肉，但和我们这个"太极劲"没有关系。

我们也不强调"实战"，我们强调"养生"。我们站桩以舒适、自然为主，全身放松，包括呼吸都要放松，站得周身非常舒服，呼吸很自然。这样，就能够安静下来，起到健身的作用。太极拳是道家功，我们的指导原则是老子说的："致虚极，守静笃""虚其心，实其腹；弱其志，强其骨。"在松静之中，生长出一种新的东西，我们姑且称之为"太极劲"。

但是，读者总是有很多的疑问。比如一个典型的问题是，站桩的时候，脚的重心放在哪里？有的读者问是在脚的五分之几、四分之几，等等。马老的回答是，你怎么舒服怎么来。我的经验是，最好平均分散开来。分散也是一种放松的结果，因为我觉得分散开来最舒服。

还有的人习惯于"守窍"，总要问意念守在哪里。其实整个太极拳都是在"动中守窍"，它的高明之处就在于借助动作，不守而守，自然而然达到"守窍"的效果。但是站桩的时候没有动作，大家的心就不知道往哪里搁。记得有位前辈说过："学习武术，必须站桩，站桩守窍是不对的，不守窍也是不对的。"我们在站桩的过程中，并没有一个固定的"窍"，我们在站桩中观察、体察身体的变化，整个身体都是我们的"窍"。

还有一种情况，站桩时，明明身体不舒服了，也不敢动，其实没有必要。人是活的，桩也是活的，桩不能站"死"了，活人更不能让桩把自己站"死"了，不舒服就调整一下。我们站这个桩，追求的就是放松和舒服。

当然，这是我们的要求，对其他门派、其他练法，未必通用，读者可以自行选择。

如果去问马老，马老可能说得更简单。马老对我说："站桩就一个字——松。别的什么都不管，什么呼吸啊，裹裆溜臀啊，开裆圆胯啊，多了去了，你把自己的零件都拆了算了……"但是，马老也强调，教站桩要慎重，因为个别人会产生幻听幻视，然后把责任归咎于站桩。这就是不明理。其实站桩就等于站着休息，没听说谁因为休息出毛病的。所以，我们强调，练功也好，站桩也好，盘拳也好，一定要明理，要看拳论，也要看我们讲过的那些道理。

关于站桩的理论，我在《吴式太极·南湖传习录》和我微信公众号的"番外篇""事问集"中写过不少，也回答过不少问题，这里就不再赘述。

刚开始站桩的时候，其实并不能完全知道站桩的用处，等学了推手，才会忽然发现，原来我们教的这些无极桩啊、升降啊、横摆啊，都有用，都可以和推手结合起来。这个时候，再回去站桩也好，盘拳也好，就会有不同的认识了。

因为找个推手的伴儿不容易，所以没有人推手的时候，就可以用站桩或者盘拳来养着"手"。

自自然然往那儿一站，站着、站着，你会发现你真的放松了，那些传说中的"身法"就上身了。

比如，我们站桩的时候，背要直，臀要溜。但是，我们正常人的腰椎都有一个死弯，如果你非要强行地含胸拔背、裹裆护肫，你还怎么放松呢？没有了放松，就等于买椟还珠，把最重要的东西给丢了。"纲举目张"，你只要真的松开了，你会发现，你的呼吸方式从胸式呼吸自然变成了腹式呼吸，你的各个关节都松开了，背自然就"直"了。这个时候，有的人外形也许还没有那么明显的变化，但若上下内外真的都通顺了，身体外形一定会随之发生变化。就像打坐的时候，有的人盘不起来，腿跷得老高，都快挨着脖子了，不用管它，忽然有一天，气脉通了，它一下子自己就降下来了。

刚开始训练站桩，要求松静。有的人在公园练惯了，习惯性地去听音乐。但刚开始练站桩的时候，我一般不让学生去听音乐。等到了一定程度，我才会让他们去边站桩边看看电视，看新闻也行，看电影也行。因为要训练一心二用，随时随地保持这种状态。

就像我在学开车的时候，刚开始全神贯注，不敢分心。但我的那个陪练很有经验，偏要和我聊天，让我听音乐。他同样是为了让我放松，让我不要紧张，练出自然反应。

等练到了这一步，我们在任何状态下，就都可以进入站桩的状态。这样，我们的练功时间就"变长"了，练功生活化了。

同样，在推手的时候，也可以站桩。比如，你把人推出去到他再回来，中间有一个空档，你就可以利用这个时间，放松站桩。这样，无论怎么推，你都可以一直在站桩。

这是"养"的诀窍。

# 打轮与基本功

进入推手学习阶段，一般来说，都要先练基本功，我们的基本功就是"打轮"。

"打轮"是我们吴式拳的叫法，杨式拳一般叫四正手。杨式拳的四正手很规矩，"掤捋挤按"这四手都很清晰。但吴式拳的四正手更像一个圆，"掤捋挤按"没有那么明显，叫"打轮"名副其实。有时候，我们会把更基础的单搭手、双搭手也叫"打轮"。因为它们的运动轨迹也都是一个圆。我们这里说打轮，就是这种广义的打轮。

打轮的具体练法，这里就不讲了，前文已经说过不少。有兴趣的话可以到公园里去学，练法大同小异，通过语言很难讲清楚。我们主要讲怎么把我们说的这些要领贯穿、融汇在这个"轮"里面。

打轮是练习听劲懂劲的一个手段。打轮不是比输赢，不是两个人用胳膊较劲，也不是练习招法，我们打轮有两个目的，一个是练习放松，另一个是练习身法。

打轮要有规矩，不是两个人"乱抡"。所以，按照我们以前说的要领，要区分甲乙方，要合手，要培养我们的灵性和上下协调性，培养两个人的合劲儿。甲方主动打，乙方被动随，然后两个人互换。这样才能练出粘连黏随。如果两个人都在那里瞎扑棱，你使劲我也使劲，就会越练越"聋"。

以单搭手为例，双方就像是一对"齿轮"，你是进攻方，我随着你走，咱俩都能练出东西来，都练整体、整劲。反过来，我推你，你也松松地随着，我停你就停，我只要一走，你就随着，这样慢慢地就明白了什么叫粘连黏随，然后能听劲儿了，你就能在走化中还回来。

不按规矩练，甲乙不分，你使劲我也使劲，你不使劲我也不使劲，就没法练听劲。如果上来就用力气、分输赢，只能练得胳膊越来越粗，十年、二十年也出不了门。

这个道理明白以后，才可以开手练"劲儿"。练"劲儿"，要一个一个地练。比如，两个人实验"掤"，甲掤乙，乙就给甲喂着点劲，让他合适，然后再反过来练，两个人互换。这样，把身法练得有点意思了，合格了，甲发乙，乙化了甲一点力，然后再把这个劲返回来。这样能发能化，一来一往，两方面都练，不是单方面发人，就像打麻将有了点彩头，就更有兴趣了。当然，这两个人必须得合作，借假练真，培养身上的灵性，不能强打硬要。

推手最忌找胜负，大家是在练习，不是比谁功夫高。马老常说我们："少找胜负！你俩顶了半天，出一身汗，练什么了？"

马老说，你们两人要都喜欢推手，就在一块儿"找劲儿"。过去老先生们之间，没有说："来，咱俩推推。"都是说："来，咱听听劲儿。"或者，"摸摸劲儿。"没有胜负观念。俩人要再熟悉一点，干脆说："来，玩会儿。"现在一说推手，都是俩眼一瞪，大步叉子一站，这还叫推手吗？

推手要去掉胜负心，还要能做到不抓不拿不推不搡不摔，做到力从人借，力由脊发，这才叫太极拳。马老说："反关节，那叫擒拿；摔人，那是掼跤。我在刘家、王家推手这么多年，一次都没有倒过，不是我有功夫，人家老先生根本就不摔人。哪像现在，推手的时候冷不丁腿就上去了、大背跨都上去了？"

所以，我们一开始，从打轮开始，就要两个人合手练身法，练听劲儿，练放松，练软弹，这就是"基本功"，这是最基本的，也是最重要的。

一方面规规矩矩打轮，不许胡来；另一方面，练练站桩和盘拳，双管齐下。马老认为，这样练习两三年时间，再说劲儿就行。领会快的，三四年就练出来了，也就是说懂劲了，会练了。通过我的实验，我觉得这个结论是很科学也很严谨的。

很多人不会推手，于是就去找原因，准确地说是去"猜原因"。猜来猜去，猜出一个理由——"基本功"没练好。

但是，什么是基本功呢？

既然打不过人家，就去练"打"。于是，打沙袋、力量训练都成了某些太极拳训练的基本功。

但我们不一样。

在我们看来，放松就是基本功，推手、打轮就是基本功中的基本功。何必在这些基本功之外再弄一个基本功呢？放松本身就是方法，何必在方法之上再弄一个方法呢？

郭德纲说，谦哥桌子上摆了两本书，一本《新华字典》，一本《怎样查字典》。你会觉得很可笑。可是，为什么不觉得在基本功之上再找一个基本功也是很可笑的事呢？

　　"打轮"只是训练方法中的一个，是比较重点的一个，但不是全部。通过打轮，对太极拳的八种手法"掤捋挤按采挒肘靠"建立初步的认识，然后逐渐增加训练难度。

　　这就像乒乓球训练中教练的喂球，基本的接发球掌握了，就要变换角度，增加难度。

　　增加难度无非有三种：变换手法、增加步法、既变换手法又增加步法。

　　刚开始练习，从单搭手到四正手，都是一个固定的套路，双方的运动路线是相对固定的，找劲儿就在轮里找。双方分出甲乙，互相攻防，表现在手上，但手只是表现而已，实际练的是身法。

　　《打手歌》说："掤捋挤按须认真，上下相随人难进。任他巨力来打我，牵动四两拨千斤。引进落空合即出，粘连黏随不顶丢。"所以，掤捋挤按采挒肘靠，这些手法只是手段，要练习的是身法，是上下相随、引进落空、粘连黏随、不丢不顶，等等。这些东西本质上都是身法，虽然表现为手法，也不离开手法，但没有身法，这些手法什么都不是。

　　这就是为什么过去练习单搭手的时候，老师们会把学生的手绑起来。明明是手法，是两个人手上的攻防，却要用猴皮筋或者手绢把两个人的手腕绑在一起。这是为了不让你用手法，让你黏着劲儿走。通过放松，前进后退，练习步法和身法。

从单搭手到双搭手再到四正手，从平圆、立圆到转"∞"字，这些方法在练习的时候，两个人的手都是黏在一起的。但是，随时也都可以离开，离开了就是开手、散手。

吴式太极拳习惯于开手，练熟了以后，一搭手就可以用。吴式拳开手练习，手法很多很灵活，可以说千变万化、无穷无尽。但是，要注意一点，和练其他拳的，不要轻易用开手，他们会认为你是在动手，是在"实战"。

我和师兄弟练，和自己的同学们练，习惯于"一个劲儿""一个劲儿"地练。比如练掤、挤，就练一个动作，练熟了，一个动作分出四个，上下左右，这么慢慢地让自己灵活起来。马老要求更高，一个劲儿分出四个，然后这四个劲儿，每一个劲儿再分出四个……这样无穷无尽地分下去。坦率而言，我还到不了那一步。但道理便是如此，有条件的，可以按照这个高标准来要求自己。

手法变化了，步法也可以变化。步法的前进后退并不一定表现在脚上，我们吴式拳推手强调用定步推手，脚步一动就算输。但这不是说没有步法，我们的步法，在脚步不动的情况下，表现在身体前后的移动、重心的变化上。

但是，也不绝对。传统的练习程序中也有活步推手。活步推手包括进三退三、五步二人抢（进三退二）、圆形推手、大捋，等等。

进三退三、五步二人抢（进三退二）是在固定的移动步法的基础上练习掤捋挤按四正手，所以也叫四正推手，相当于一个对练套路。大捋推手，也叫四隅推手，因为在练习过程中，步法的方位是四个隅角（东南、东北、西南、西北四个斜方向），而且集中训练采挒肘靠四个"隅手"。之所以叫"大捋"，一种说法是，这种推手在形式上有大幅度的捋手，故名。这种推手法，几乎是杨式太极拳的标志，所以也称"杨式大捋"。

吴式太极拳还有一种圆形推手。这种推手方法，在四正手的基础上加入了腿部的攻击和防守，用这种方法推手时，为了保持平衡，就会形成两个人"走圈"的现象。

关于活步推手，杨家老谱有《太极圈歌》，可供参考。

退圈容易进圈难，不离腰顶后与前。

所难中土不离位，退易进难仔细研。

此为动功非站定，倚身进退并比肩。

能如水磨催急缓，云龙风虎象周全。

要用天盘从此觅，久而久之出天然。

需要注意的是，活步是有规矩的，不是我们在公园里、视频里经常看到的那样，两个人推着手，一个人突然上一步，把对方搡出去、推出去、撞出去，那不是"活步"，也不能叫推手，只能叫推搡。我们不能这么练，这么练，还是在练力气，而不是在练身法。

关于这个问题，马老曾专门向姚继祖先生请教过。那是 20 世纪 90 年代，有一次在永年开国际交流会，马老遇见了姚继祖先生（事见《吴式太极·南湖传习录》），晚上专门去姚老住处请教。马老说，其他拳基本都是定步推手，武式拳为什么是活步呢？姚老说，活步是有规矩的，进三退三，脚底下走着，上头还是掤捋挤按，走步也是听着劲走，不能胡来。两个人也是粘连黏随听着劲走。你这一出力了，要发人，对方听到了，脚底下不乱动，在进三退三的情况下，发力拿人。虽然是活步，但跟定步推手意思是一样的。

马老说，姚老先生的劲非常轻灵，听劲听得非常准，在进三退三的过程中，你稍微一问劲，人家马上就能返回来。但这都是身法的力，不是蛮力、僵力。

马老经常回忆和姚老的几次会面，感激之情，溢于言表。虽然和姚老在一起的时间很短，但收获却很大。马老常说："谁的东西就是谁的，咱跟谁学的，就得把老先生提出来，不能一扭脸就说是我的，我怎么着怎么着，这不道德。当年姚先生给我讲这个，我才明白活步推手里头不是招数，也是听劲，也是借力使力，是太极劲，不是胳膊力。"

以上介绍的都是传统的程序，在实际训练中，我们练习活步的比较少，包括大捋和圆形推手。现在有些人把大捋看得很重要，也很神秘，但是从网上的视频上看，走对的几乎没有。因为大捋是有步法的，懂的人不表演，不懂的人就瞎走。不仅是大捋，有很多老先生在表演的时候，都是表演一半儿，手法是对的，步法看起来也是正常的，但实际上，该走的步法，没有给你使出来。所以，有一阵子，马老都怀疑大捋是不是已经失传了。

我小时候就听过一句话："手到脚不到，惹得行家哈哈笑。"现在想想，不觉能出一身冷汗。

我和马老一样，对这些"死趟子"兴趣都不大。马老说："我练了60多年拳，练过几天大捋啊？"

马老学过很多套路，现在的人可能都视为珍宝，马老其实早就不练了。包括杨澄甫先生编的一个套路，三十七势，两个人上下手对练，到了南方后，改成了四十四势。马老学过，也没有练下去。李文杰先生教的那套"王家关起门来练功夫的套路"，很多人想学，我也曾经想学，马老也早就不练了。

我们的练法，看似简单，但我们把掤捋挤按采挒肘靠这八手综合起来，就有了无穷无尽的变化。因为我们的推手，不是两只手做同一件事，而是既可以做一件事，也可以做两件事。

这个问题，我们以后再专门讲。

"掤捋挤按须认真"，必须认真练，因为这些都是基本功。关于基本功，马老还提到过一个"懒牛筋"。"懒牛筋"是一根类似于牛筋那样的绳子，有弹性。过去老师教学生，让学生练太极劲，又不让学生练蛮劲，就让学生拿腰和腿去拨这根牛筋。虽然也练力气，但主要练的是身法。马老说，这种练法，练得膀子和腰都疼，用这种练法，虽然练出来的不全是笨劲，但是也容易较劲。现在好像也没人练这个了，我也只是听马老说过，自己并没有试过。

斗智不斗勇

"八法"是推手练习中练习基本功的一个很好的方法。在此强调两点：首先，"八法"看起来是八种手法，其实练的是身法；其次，"掤捋挤按须认真"，这是说要认真，要规矩，不要乱来。

在规矩的基础上，就要讲变化了。

刚开始练习的时候，打轮也不好练，虽然有难点就有乐趣，可是时间长了，就会感觉枯燥了。这个时候，就应该有所变化，自己去找点乐趣。在打轮的时候，两个人的劲儿合了，身体合了，就可以互相找找劲儿。比如掤，你要掤对方，对方合着劲，你要在这个过程中听劲，去听对方的中心，去找一个合适的时机，让对方的主动变成被动，这样反复实践。推手不是傻练，是充满着智慧的，所以在推手的过程中要注意锻炼我们的脑子、提升我们的智慧。

这种智慧，不是记问之学，也不是知识的积累，而是一种"灵性"。这种灵性，要靠我们在推手中加以培养。在推手中，通过"问答"，培养这种轻灵和灵性，也就是宋书铭《功用歌》里说的"轻灵活泼求懂劲"。

推手讲究的是以弱胜强，以小力胜大力。所以，推手不是比谁力气大，也不是比谁功夫高。从某一个角度讲，在推手中，两个人斗的是智慧，而不是斗"勇"。

要"斗智"，就要"智斗"；要"智斗"，就要知己知彼；要知己知彼，就要了解对方；要了解对方，就要粘连黏随；要粘连黏随，就要两个人配合，如果两个人都不出力，都不动，那就没法互相练。

这个道理搞清楚了，两个人在练的时候，就要比提升智慧和灵性。一个问，一个答，然后在这中间找变化。比如你问了一个"按"，对方答时，用了个什么劲儿，把你按的这个劲儿发出去，或者拿动了，这就是智慧。在一问一答之中，刚开始是提高你的智慧和反应能力，最终是培养你的灵性。有了这个灵性，就有了最终的智慧，就可以"不勉而中，不思而得"，直接产生自然反应。

这个劲儿练熟了，再换一个，掤捋挤按采挒肘靠这"八法"慢慢就全都练会了。同时，不仅要练手，还要操练全身，肩、肘、手、胸、背、腿都要练。互相问答，互相走化，培养全身的灵性。

这个过程，就是从规矩到变化，从单一到复杂，从简单到智慧，从局部到全身的过程。这样练习，进步就快。

把这个道理搞清楚了，就会附带明白一个道理，那就是为什么吴式拳，至少是我们的吴式拳，在盘拳、推手的时候，要采用"小步眼"。因为我们不角力，不斗力，我们要的是轻灵，而不是僵滞。

俗话说："打人如走路。"拉开架势准备打架的，基本都是电影里的反派，等着挨打的那种。要明白自然站立的好处，就要明白脚腰手的关系，这个我们以后再讲。这里，我们先至少明白一点，缩小了步眼，至少有两个明显的好处：一个是减少体力消耗，另一个是保证我们的关节不受损、少受损。年轻人对这些往往不在意，损伤也不明显，但随着年龄的增长，这些伤痛就会显现出来，都会加倍还给你。

我们不仅要求推手的时候步眼要小，盘拳的时候也一样要求步眼要小。推手的时候迈个大步子，身上就僵滞，不灵活了，盘拳也一样。无论是推手还是盘拳，周身必须要协调，做到上下相随。步眼一大，身法必然发滞。举个最简单的例子，迈一个大步，再上另一条腿的时候，就必然会吃力。

我们练太极拳要练得轻松自如、圆活舒适。在舒适、轻松的状态下，才能斗智不斗勇，才能有更好的心态，才能获得身心的安乐。

# 文化人的困境

　　马老常说，太极拳是聪明人练的拳，是文化人练的拳。其实，"文化人"只是学的知识比较多。知识多，并不代表有悟性。有时候，恰恰相反，知识、逻辑反而会成为一种"所知障"。

　　熟悉马老的人都知道，马老"手巧"。从路边捡回来的几根竹子，被他裁成了好几段，做成了精美的手杖；想按摩后背，又不想麻烦别人，自己在门框上做了一个按摩器，高低还可以调节；岁数大了，腿脚不太方便，看见别人要扔滑板车，花 20 块钱买回来，自己焊上一个车座，成了独特的代步工具，去日本的时候，在机场还引来一群人围观……我至今都保存着马老送我的"三节棍"，三段竹子可以自由组合，两段接起来可以练剑，三段都接起来，长度正好可以练枪和棍，带着上公园非常方便。

　　这种"手巧"不仅需要很强的动手能力，而且还需要想象力和设计能力。在我看来，这就是马老的聪明。马老出生于农村，新中国成立前到北京当学徒，先是在五金行，后来五金行合并到北京汽车制造厂。在厂里，一般人都要从学徒工做起，但马老没有机会当学徒工。但是，后来马老靠自学成了"八级工"，那些正式当学徒的，倒未必达到这个水平。这就是马老的"钻研"精神。问别人，别人不理，马老就自己琢磨。"八级工"可是那个时代，技术工人的最高水平。

钻研技术是这样，钻研推手也是这样。马老几乎没有别的爱好。和马老聊天，马老只要接你的话，聊天内容马上就变成了推手。也就是说，不管你说什么，他想的都是推手。正是这种"专一"成就了马老。而我们普通人，尤其是有点文化的人，往往想"玩"的太多，又要学太极拳，又要玩摄影，既要读书，又要写影评……太"综合"的结果，就是精力过于分散，可能啥都弄不好。"工巧文章与词赋，多能碍却修行路"。

文化人还有一个虽不明显，但却根深蒂固的障碍，那就是来自逻辑思维的障碍。

我从小学习比较好，但学拳、练体育特别慢。别的孩子很快能学会的动作，我怎么都学不会。于是，就会被小伙伴们嫌弃。所以，我也一直觉得自己在这方面比较笨。但后来我发现，也未必如此。

我在本书开头讲过，有一次，亲戚买了一本介绍南拳的书，他看不懂，就扔给了我。我发现他也就是看看里面的图画，这怎么能学会呢？于是，我就耐着性子把文字对照图片都看了一遍，然后神奇地发现，我会打这个拳了。从此，我就发现学拳其实很简单。再后来，我发现，这和学车一样，有人只需要凭感觉，我却需要搞明白其中的原理，比如为什么要"油离配合"，想明白之后，学车就很容易了。

其实，这就是一个逻辑思维与形象思维的问题。我们通过教育形成的思维是逻辑思维，而没有经过教育系统培训的人用的是形象思维。在学拳的时候，尤其是学太极拳、太极推手这类很难用语言描述的功夫，逻辑思维往往用不上，甚至是一种障碍。这是形象思维、模糊思维的优势。这就像，好看、美，这是一种形象思维、模糊思维，带有很强的主观性。一个多年未见的朋友、恋人，即使容貌已经发生了改变，甚至只是一个背影，你可能一眼就能认出来，不需要辨识，这就是模糊思维、心灵感应，这种思维方式和逻辑思维是对立的。

比如在学习推手的时候，有些事情我就总想想明白，但却无论如何也想不明白。比如，腰和脚的关系，在发力的瞬间总要有一个先后，到底从哪里发？我问了很多次，也没有一个肯定的结果。后来我也不问了，反正就是那么一下，要点就是，"那么一下"。

有这种"癖好"的知识分子，在学推手之前，要想弄明白为什么不用劲却能把人拿起来、发出去，恐怕很难，因为这不符合物理定律。你只有用身体去体验、多次体验，功夫上了身，才能比较好的理解。因为，我们推的对象是人，不是铁疙瘩。铁疙瘩，你不推，它不会动。但人不同，他感到危险和失重的时候，他会着急、会跳出去。当然，我们教拳的时候，要尽量弄懂拳论，尽量把道理跟人家讲清楚，教学相长，互相都会提高。

所以，马老说，你们大学生，学问好，学得快。这话听着心里其实是五味杂陈的。马老又说，你们要动脑子。这大概就是传说中的"补刀"吧。

马老特别希望太极拳、太极推手能发挥自己的优势，为知识分子的健康做出贡献。

马老认为，知识分子需要一种适合自己的锻炼方式。这种方式，不是在健身房里练肌肉和器械，更不是搞实战、技击。这种方式，需要有艺术性、趣味性，既要高雅，又要养生。

这些知识分子平时很忙，学拳练拳都需要时间，但是真正懂了太极拳、太极推手，就会明白，练太极并不需要这些专家每天去盘拳，每天去推手。马老希望，他们能通过站桩、推手、盘拳，明白太极的原理，然后把学到的原理、感觉、感知，运用到工作和生活当中，也就是"太极生活化"。

# 第四章 舍己从人

本是舍己从人，多误舍近求远，所谓差之毫厘，谬之千里。

——【明】王宗岳《太极拳论》

# 定步推手

我们推手，强调要定步，脚步一动，就算输了。

吴式太极拳本来就给人以特别柔和的感觉，加上推手也是定步，这就更加给人一种这是"文化人练的拳"的感觉。这句话，不同的人说，不同的人听，有不同的感受。

有的人是不屑，意思是你们不能"打人"，不能"实战"。但是，我们听起来，却很高兴，没错，我们练的就是个文化。马老说，现在人们一提到"武"，想到的就是"打"，这是不对的，至少是不全面的。过去在农村，一个家族把年轻的孩子组织起来，不是学文就是学武，学不了文的就学武，因为文武都是一种文化，都是避免年轻孩子"不学好"。学武不是学打架，现在动辄就把武术和打人联系起来，恐怕不符合"止戈为武"的初衷。

在各种武术中，太极拳是最"文"的一种。太极推手也一样，虽然是"动手"，但非常文雅而有分寸，是一种"养"而不是"伤"。但是，自从有了摄像机，我们可以记录前辈影像的时候，就出现了一个问题，很多神话被打破了。有些名家在推手的时候，完全没有大师风范，经常是一个上步插裆，把对方"撞"出去、"怼"出去。这好像和传说中的太极推手风马牛不相及。还有的名家，即使是和学生表演推手，定步也定不住，这恐怕也是一个问题。

为什么会有这种疑问呢？因为我们对这个"定步"要求很严格。

我们练推手，不是练力气，也不是练胳膊。在内里，我们练的是听劲懂劲；在外形，我们练的是身法。只有采用定步推手，不让你动，才能把你的身法逼出来。

吴式拳第三代传人对定步推手尤其重视。王子英前辈曾说，定步推手，才能逼出身法，有了身法，推手才能逐步纯粹。

所以，那种上步插裆的练法，我们是绝对禁止的。即使如此，在定步推手中，练身法也很难，因为我们习惯于"动手动脚"，为此，马老还曾经让我用绳子把自己捆起来，然后再和别人"推手"。

其次，定步是合理的、平等的。师爷刘晚苍说："你若上步，占人便宜；你若撒步，对人不敬。"更不用说老师和学生推手的时候，学生本来就不敢动手，你再来个上步插裆，学生"无路可走"，就只有被"怼"出去的份儿了。

两个人推手就像下象棋，斗智不斗力，大家都是十六个子，你跳马我出车，一环套一环，一步咬一步，看谁的技艺高。和那种"不讲理"的人推手，就像下棋的时候碰到一个专门"对子"的，你吃我我不要了，我就跟你换。这样下棋也能玩，但玩得"野蛮"，没有味道，我们不喜欢。

那种较劲的、使大力气的，我们也不喜欢和他们玩。这就像打扑克，抓了 4 个 K，4 个 A，大小鬼，闭着眼睛都能赢。这牌玩得就没有技巧性，没有味道了。

两个人定步推手，站在"圈里"，两个人就是一个太极。双方的进退转换，就像阴阳鱼的游动，一阴一阳，阴阳相济。在相对平衡的情况下，找它的阴阳虚实变化。那种上步插裆的练法，是把人推出去了，但不符合阴阳的变化，一个人上步另一个人就可以撒步，那就变成了你追我跑满场飞，就不像个样子了。尤其是老师摔学生，上步接一个大背跨，这既不是太极拳的东西，也不符合太极拳的理。

定步推手，就是要在双方对等的情况下，不丢不顶，顺人之势，借人之力，训练技巧，提高听劲的能力。

这是我们的要求。

是定步还是活步，这个问题一直有争议，这种争议甚至影响到了太极推手比赛规则的制定。马老的主张当然是定步，但有人认为定步推手会限制运动员"技术的发挥"。

这种想法也许是好的，也是可以理解的。但前提是运动员有"技术"，如果没有技术呢？就成了我们经常看到的那个样子，顶牛、摔跤、对抗……

作为当年推手比赛规则制定的参与者之一，马老一直关注着推手比赛的发展，而且经常和我们说自己的看法。不过，我对这件事兴趣不大，我说了也不管用，我也不参加，甚至根本不看，所以，这类话题，大部分被我轻易就放过了。

但是，马老关于推手发展的一个设想，还是触动了我。我觉得，这个设想，和我们的教学方法一样，都是一个很好的革新与实验思路。

马老设想的核心是，太极推手要搞"表演赛"，不搞"对抗赛"。

所谓"表演赛"，就是不管你真的假的，就看你表演得像不像，是不是符合王宗岳《太极拳论》的要求。

就这个问题，马老还曾经给相关领导提过意见：喜欢技击的，就研究技击；喜欢养生的，就研究养生。喜欢技击的，可以搞对抗赛；拿推手当艺术搞养生的，可以搞表演赛。

关于规则，首先要防止"顶牛"，也要防止某些大师搞"隔山打牛"。要定步，要接手，要粘连黏随，要看手法、身法、步法，总之是要往正规上"规"，往王宗岳《太极拳论》上靠。谁像王宗岳的要求，谁就得分，不像就不得分。在这里，规则的制定是关键。如果规定允许活步，就很容易变成摔跤；要求定步，就能逼着运动员练身法。比赛的时候，需要5个裁判，四个犄角各1个，再加1个裁判长。两个人表演，裁判打分。要有中国特色，体现太极拳的智慧和文化，不要照搬西方模式。

这样一来，不管你是师徒，还是父子、夫妻，都可以参赛。因为这种比赛要看是不是走得合，是不是符合拳论，不看真假。真做手也好，装做手也好，先不去批评，在实践中一点点走向正规。不管真的假的，练得多了，借假修真，就成了真的。

比赛的目的，不是比输赢，不是比谁强谁弱，而是宣传和推广，让大家了解和模仿。如果观众喜欢，就可以照着练。

对抗性的比赛，如实战和搏击，大家看的是个刺激，但看完了也就完了，并不可能去推广。太极拳、太极推手的适应性很强，如果喜欢，大家都可以练。

马老设想，这种表演赛模式可以先在北京或者其他地方进行试验，总结经验，不断改进，成功了再推广到全国，甚至走向世界。这样，对全民健身很有好处，也能更好地推广太极文化。

马老对太极推手的现状很担心，因为现在都搞实战，都搞对抗。这也是一个宣传，但效果可能是负面的。那些听说过但没有练过太极拳的人一看，推手原来就是这个样子啊！连揪带拽，连反关节带摔人，会让大家认为，原来书上说的那些四两拨千斤、柔弱胜刚强都是假的啊！与其拐弯抹角学搏击，干嘛不干脆直接去学搏击？

马老的担心是有道理的。20 世纪六七十年代，东单、西单、北海、官园四个体育场，每年的夏天，每星期都有武术表演，一毛钱一张票，座位都是大木头板子垫砖头。但那个时候观众非常多，太极拳专场表演，特别受欢迎，体育场连站着的地儿都没有。那个时候，就连杨禹廷那样有名的大家，都只能搬个小板凳去看。老师教学生，一般也就是一个师父带十个八个徒弟，这种表演，一场观众都有一两千人，大家都去学习、去模仿，所以当时各大公园推手的人相当多。

马老回忆说，20 世纪六七十年代，教、练推手的人很多，地坛四个犄角加上二道坛墙之外，推手的"摊位"有十几个。刘晚苍老师就在西南角，每个礼拜都有四五十位拳友。当时社会上有一句话："学推手，上地坛。"但是，1980 年以后，制定了推手规则，把表演性质的推手取消了，太极专场也没有了。"过去比赛完了，还有个表演，后来比赛完了，表演也吹了。我最后一次表演，是 1979 年的南宁武术观摩会……后来在沈阳制定推手规则，回到北京试验规则，试验完了全国推广。这么弄了几十年，群众也不喜欢，弄成了'四不像'：摔跤不是摔跤、柔道不是柔道、推手不是推手。效果是'三不满意'：运动员不满意，观众不满意，领导不满意……"

马老经常被邀请去日本，在日本发现一个现象。日本空手道、柔道等有对抗性的比赛，但也有"演武"大会，属于表演性质。"演武"大会的观众比那些对抗性比赛的观众要多很多，几乎座无虚席，非常受欢迎。马老说，这说明"表演"也是有市场的，关键是看组织者的意愿和能力。

虽然身在草野，但马老始终关注、关心、操心着推手比赛的发展。只是，所提建议没有结果。

不过，也不是完全没有结果。日本武术太极拳联盟（JWTF）吸取了马老的想法，正在筹备类似的比赛。这大概也是"墙内开花墙外香"吧。

太极拳的身法

定步推手是为了逼你练出身法，那么，什么是太极拳的身法呢？

一般而言，我们经常听到的"含胸拔背、沉肩坠肘……"被称为太极拳的身法，但真的是这样吗？这些身法是怎么用的呢？

我们先来看看这些说法是从哪里来的。

在拳论中，我们以王宗岳《太极拳论》为根本，武禹襄拳论的主体部分是对王宗岳《太极拳论》的解释，其余部分是自己的心得、经验总结，李亦畬的拳论则是对武禹襄拳论的解释和自己的经验总结。这三个人的拳论是非常重要也非常著名的，而且一脉相承。

在王宗岳的拳论中，是没有"含胸拔背、沉肩坠肘"这些说法的。"含胸拔背"等身法出自武禹襄的《身法八要》："含胸、拔背、裹裆、护肫、提顶、吊裆、松肩、沉肘。"而郝月如先生则在此基础上，总结出"十三条身法"。

李亦畬是武禹襄的外甥，郝为真学艺于李亦畬，郝月如是郝为真之子，既受家教，又在李亦畬开设的私塾读书。在武禹襄、李亦畬的基础上，郝月如总结出的十三条身法是：含胸、拔背、裹裆、护肫、提顶、吊裆、松肩、沉肘、腾挪、闪战、尾闾正中、气沉丹田、虚实分清。

此外，杨澄甫先生总结有《太极拳十要》：虚灵顶劲、含胸拔背、松腰、分虚实、沉肩坠肘、用意不用力、上下相随、内外相合、相连不断、动中求静。

虽然文字表述上有差异，但核心内容都包括了我们熟知的沉肩坠肘、含胸拔背，等等。现在这些相关说法变得越来越复杂，我们就不多举例子了。

我们干什么事都讲究简单。我们认为，大道至简至易，太极拳也没有那么复杂。所以，这些身法我们很少讲。马老常说，太极拳本质上就一个虚实，或者说一个阴阳，我们总结的就是三个字：松、整、灵。这三个字就够了。

至于这些身法，在我们看来，并不是要人为去练，或者说"保持"的，平时要保持的就是松静自然，这些身法是随着动作的需要而产生的变化，自然就成为沉肩坠肘、含胸拔背，等等，不是需要我们人为地去"做"。

我们认为，武禹襄提出的八条身法，都是在"用"的时候自然呈现出来的，并不是让人老是保持那个样子不变。

比如沉肩坠肘，别人托你的肘的时候，你坠肘，你能把他拿起来；别人挑你胳膊的时候，你沉肩，也能把他拿起来。含胸拔背、裹裆护肫，这些都是在走化和进攻时候的身法变化。关于这些身法的用法，需要在推手中去慢慢体会，并不是那么容易掌握的。关于这些内容，我们以后会反复提到。

需要说明的是，这些是在推手的特定情况下，才能用到的身法，如果我们统统把它们装到套路里去练，不仅没用，反而是头上安头、自找麻烦。比如你做一个搂膝拗步，同时还要含着胸、拔着背、沉着肩、坠着肘、裹着裆……你还能练吗？你能做得到吗？反正我是做不到。

俗话说，"一心不能二用"。"心神"和光一样，聚集起来才更有能量，散射的光不刺眼，聚集起来可以烧穿金石。就算能一心多用，但这样发散地"用心"，就像手电筒的光散射了一样，没有了能量，起不到作用。如果打坐时一心多用，就会发现，没有了"火"。

再对比一下，太乙门铁松派也有一个"太极桩"，有七条心法，但是这七条心法并不是一起使用的。当做第二条心法的时候，就不管第一条，也不管第三条，就这么一条一条地过。如果一起练，那叫"毁人不倦"。

当然，这仅仅代表我们的看法。

我们以王宗岳《太极拳论》为圭臬，王宗岳的拳论说的是太极拳的道理和"用法"，也就是推手。推手讲究的就是三个身法，松、整、灵，再加一个方法，就是——听。

不松、不整、不灵，就没法听劲；不松、不整、不灵，就没法发劲。比如说松，你松松呆着，我托你的肘、肩，一挨你，你身形保持不动，全身整体往下一坐，我就起来了。这里就包括了松、整和灵，也包括了听劲。发人的时候，也是一样，它是内外合一、一动无不动、周身鼓荡形成的一个整力。但这个整力是松出来的，能灵活运用，就是"灵"。不过，能做到这些的前提是"听"。

我们盘拳的时候，不讲身法，只讲放松，如果说非要有身法，那就是轻灵圆活、松慢连匀、中正安舒、安然自在、舒舒服服，这样盘拳才有味道。

盘拳的时候，要以腰带手练，身法是走化的时候用的，是自然的，不要放在盘拳中去。否则，怎么放松呢？

我们认为，最好是推手研究好了，懂劲了，上身了，再练拳。刚开始学拳套子，就强调这些身法、步法，后来会发现，到推手的时候，一样儿都用不上。拳是拳，手是手，两张皮合不起来，盘拳盘得再好，一推手还是顶牛。

那么，怎么练身法呢？

其实，我们一直在说的都是身法。包括已经说的和将要说的，都是在讲身法的重要性和训练身法的方法。

这次把"怎么练身法"单独提炼出来，其实也只是这些内容的一个部分而已。

因为，我们在推手中需要注意的事项，几乎都是身法。

太极推手不用手，用的都是身法。

两支胳膊较劲的推手，行话叫"拐磨子"，那样是练不出来身法的，倒是能练出一身力气。那不是我们追求的。我们练的是内劲，是一个寸劲儿。劲由内换，凡是带着外形的都不好使。有了身法，身上哪儿都是这个劲。这个劲的特点就是松、整、灵。需要说明的是，整是虚整，表现为"脆"，而不是笨重。

我们强调松、整、灵，含胸拔背这些身法不是不能用，而是要自然地用，要和松、整、灵结合起来用。比如：

含胸，对方推你的胸，你自然就得含，你含完了才能发回去，先化后进。

沉肩，对方挑你胳膊的时候，你周身放松，一沉肩，一转腰，就能拿动对方。说简单点，人家挑你胳膊了，你往下一松就行。

坠肘，对方托你肘的时候，你不用"坠"，松着就行。你的肘不要用力压他，也不要躲，你就往下松腰，一转，对方就起来了。

拔背，对方按你的背部，你背部也能发人，比如起势中那个舒展、海底针，都有这个意思。

吸腰，对方推你肚子，你要吸腰溜臀，实际就是松腰，千万不能顶力。到了一定程度，用身法，周身一鼓，对方就出去了。但是要注意，这并不是单纯用肚子那个气去鼓荡，没有身法、没有整劲，光用气不行，容易受伤。这两个要配合得相当密切和自然才行。

溜臀，对方推过来，你自然就要溜臀。撅着屁股，上下不通，怎么推呢？

如果把这些都弄明白了，再盘架子是不是就有内涵、有味道了？真弄明白了，就会发现这些都离不开听劲，用的时候，都离不开松、整、灵。不松，不好使；不整，不好使；不灵，同样不好使。

眼神也是身法不可或缺的组成部分，要用眼神把自己的身形矫正起来，也就是说，看的要"是地方"。有的人眼神太死，林墨根老师批评这种情况说："脚底下有泡屎都不知道看。"有的人眼神散乱，发飘。这些都会影响身法。

眼神的运用，在盘拳和推手的时候是不一样的。关于这个问题，我曾经问过马骏师兄，他说得很有意思：盘拳的时候，眼神要活；推手的时候，要专注一方。盘拳的时候，有的人老是盯着手，这叫"呆"；有的人眼神和手没关系，这叫"掰"。我们盘拳，眼神既不能"呆"也不能"掰"。眼神和手的关系，叫"迎来送往"。

盘拳的时候，眼神有的时候要走在前头，有的时候要走在后头，具体要根据每一个动作而定。

推手的时候，气的通畅和眼神的通畅要合拍。眼神是"开门"，开开门，气才能通畅，才能把人"送"出去。

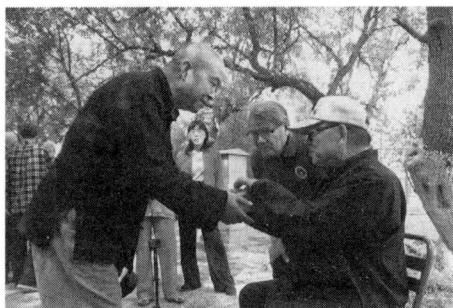

2017 年，马老在公园指导推手
（组图）

要练身法，就得敢于"舍"，不要恐惧。马老在给我们讲解的时候，经常把自己"舍"给我们："你随便推我，怎么推都行，我胳膊是松的，你推来推去，我都听着呢，听准了，周身一放松，你就走了。一定要敢于'舍'，敢舍，才能有身法，才能省劲。推手越省劲越好。这是个艺术，有了身法，怎么走都行，想快就快，想慢就慢。"

是的，有了"身法"，才有"手法"，否则"手法"不好用。

马老说，身法有了，甚至无所谓听劲不听劲，有了身法，练拳时练的就是身法了。有了身法，再加上胳膊的抖擞，才有可能把人发出一两丈去。

我们推手，接触的是手，但用的是身法。接触的手，越轻越好，要让对方推着就跟推窗帘一样，摸不着中心。手松松的，不要怕对方进，"引进"才能"落空"。两个人一推手，就茬在一起，用手堵着对方，就怕对自己构成"威胁"，还怎么引进落空呢？

要点就是不丢不顶。停在这里，我不顶劲儿，但我也不闪躲。发的时候，手不动，使身法。我们常说，要向腰腿求，而不是向手求。向腰腿求，就是向"身法"求，要用身法。

发人，是要让他的劲回到他身上去，但是为什么有的人发人时劲回不去呢？就是胳膊惹的祸。你把对方的劲堵住了，也把自己的劲堵住了，所以，要松。对方一推，你这胳膊松开了，没了。这个时候你再松腰，一松，劲儿就回去了。为什么呢？你腰一松，空了对方一下，这个时候是对方最脆弱的时候，也是他想回去的时候，在这个瞬间把劲儿返回去，等于送了他一下。这样，才可以不用力而让对方出去。

要注意，是胳膊放松，不是有意识地"跑"。既然是舍己从人，你得先舍。在对方觉得占便宜的时候，把他的劲返回去。

刚开始的时候，两个人可以走得"大"一些，明显一些，甚至"假"一些都行，用这个练身法。慢慢地，动作幅度越走越小，越小越巧；越练越轻，越轻听得越准。

等你身上练得都空了，你就不怕了。对方有劲也白搭，因为你不和他对抗，他有力使不上，他也挨不着你的中心，只能在外围转悠，白费劲。

但是，刚开始的时候，你不能和那些"大力神"推手，推来推去你就和他一样了，你就被他带偏了，把你拉低到和他一个水平去了，你就练"聋"了。

## 恐惧心和胜负心

要练好身法，还要克服恐惧心。

这种恐惧，不是指我们不敢推手，而是指在推手中反应出来的，一种微妙的、细微的、深层次的恐惧心理。

我们在练推手的时候，常常会不自觉地"茬"上，自己知道要放松，老师在旁边看着说"你放松啊"，可自己就是放松不了。为什么放松不了呢？这其中作祟的，就是这种恐惧心。

在悬崖边走，我们会恐惧，这种恐惧会导致我们真的掉下去。同样一条很窄的路，如果在平地上，我们就不会恐惧。不会恐惧，就很少会犯错。导致我们犯错误的，就是环境造成的恐惧心理。

站桩也好，盘拳也好，我们觉得已经学会放松了，但是一推手，情况变了，结果马上就不一样了。

推手要求要放松，要敢接对方，而且要放松地去接，要把自己"舍"给对方，这就会造成心理紧张，不受控制地紧张。于是，不敢接，不敢给。身体上勉强去做了，但心里没给、没舍，还是做不好，胳膊会不由自主地用劲，感觉把对方"堵"在外面，自己才安全。

在我有限的推手经验中，能做到这一步的人，只有马老。不管你快也好，慢也好，有劲也好，没劲也罢，他要打算化你，就一点劲都没有。你可以抓他的胳膊，拿他的关节，他都随着你，用他的话说，就是"跟没事人一样"。但是，拿着拿着，你就失了中，不知不觉间就变得被动。当然，他如果是打算发，你是一点闪躲、对抗的机会也没有。如果仅仅是师徒间，这种从容还可以理解，但马老是从来如此。这种放松才是真正的放松，五脏六腑、神经、心理都放松了，没有恐惧，甚至没有了自我。马老说，这就是放松的结果。到了这一步，才能运用自如。

当然，马老也是一步一步练过来的，时刻想着放松，把自己完全交给对方。越练越松，越松"本事"越大，"本事"越大，胆子就越大，胆子越大，就越没有恐惧，没有恐惧，才能更放松。

与恐惧心相关联的，还有胜负心。

从某种意义上说，这两者之间是有一定的因果关系的。

恐惧心的产生，一是潜意识中感到自己的身体、重心、平衡受到了威胁，二是怕输。恐惧心是潜意识中固有的，胜负心是后天意识中养成的。

大家知道，两个人练习，真正的威胁并不存在，但只要一搭手，难免有怕输的心理，输了怕丢面子。

很多人不承认，说自己早已看淡了胜负输赢。其实未必。举个最简单的例子，你在打拳的时候，有人看和没人看心态不一样，陌生的人看和熟悉的人看心态不一样，普通人看和领导看心态更不一样。心态不一样，拳打得就不一样。这也是一种微妙的胜负心，也就是怕输的心理、怕丢面子的心理在作怪。

只要胜负心一起来，它的一个小伙伴马上就过来，那就是"本能力"，或者叫"拙力""笨力"等，名字和外号不少，本质都一样。

我们到公园看推手就能看到，用力气去推手的并不少，但那还不是最严重的，因为你要是看了推手比赛，就知道"胜负心"带来的后果了，擒拿、角力、摔跤……全都来了，粘连黏随、力从人借这些太极拳的东西统统没有了。这也不奇怪，有些太极拳馆，干脆不再练打轮、听劲，而是练散打了。我很疑惑，这样的话，就算能打赢，但是这拳还叫太极拳吗？

不光是太极拳，其他武术、摔跤，也是一个道理。平时练的技术很熟练，"活儿"很漂亮，一到台上就只会"王八拳"。前文说过，中国式摔跤很漂亮，一比赛也没法看了，也成了力气活。马老小时候经常看宝善林的徒弟摔跤，那是真好看，借力使力，干净利落，但是一比赛就没有看头了，绝大部分运动员都是脑瓜子顶着，揪着胳膊使劲，一点看头也没有。

推手要树立一个观念，两个人是在"练习"，练粘连黏随、互相问答、听劲懂劲，不要搞输赢。一搞输赢，就影响进步。本来就没有技术，还要争输赢，一方硬推硬搡，一方硬顶硬抗，这就脱离了太极拳的轨道。

马老常说："你们在一起推手，到一块就找劲儿，练敏感性，千万别研究输赢。赢了管什么呀？是太极劲赢的吗？"

所以，当两个人"茬"在一起的时候，我们不仅要检查自己的身法是不是正确，是不是放松，还要往深层次检查自己的心理。

心理因素克服了，推手就真的进步了。

什么是"舍",舍就是舍己从人,而不是舍近求远。

在推手中,"舍"就是把自己给别人,没有恐惧心,没有胜负心。如果我们拔高一点,就是"无我相、无人相、无众生相"。虽然层次没那么高,但"一切贤圣,以无为法而有差异",都是无为法,都是舍,道理是一样的,只不过层次上有差异。真做到了"无我相、无人相、无众生相、无寿者相",那是大乘佛法的境界,离此四相,再修一切善法,即证菩提。

在推手中,能离了前三相,再学点技术,就一定能有所成就。

"舍"是"松"的心态,"松"是"舍"的技术。你推我的时候,我的手回来了,一点也不跟你顶,这是"舍"。但是就在这个时候,我的腰调整好了,你再来力,我就能发。这其中有个节奏,要点就是不能"堵",不能"堵"就是"舍",把手、胳膊等都舍给对方,这就是舍己从人。化的时候,顺着对方。要发的时候,一边舍,一边进腰,身法合适了,就可以发。当然,发的时候不是用手,而是用身法。推的时候，是撒手、进腰，再往下下腰，见着力再推对方。这个过程要自然，别"松过了"，要是"松过了"，就没腰了，就完了。

我们的"舍"是有限度的，不是佛家的"以身饲虎"，我们让胳膊不让腰，不能丢中。胳膊不要了，让他推，他推的时候，你就进腰。两支胳膊越松越好，用马老的话说："就像俩袄袖子一样。"舍的是这个"袄袖子"。

在双方练习的时候，为什么被推的人不吃亏，就是这个道理。

正常情况下，你推我，推来推去，我都合适了，我就可以发你。就在我往前发你的时候，你也"舍"一点点，放松一点点，一点儿就够，多了就完了。这"一点点"是让我的劲过去。我一过去，你一舍一放松，我感觉一空，刚要回来的时候，你就可以发回来了。作为"被推的"，就要找这个"棱缝儿"，然后整体一动，对方肯定会出去。

这就是"舍"的智慧，有舍才有得。

舍己从人是太极拳的原则。太极拳不是让你先发制人、先下手为强，因为这个"强"，是恃强凌弱。太极拳是"柔弱胜刚强"的艺术，而要达到"柔弱胜刚强"的目的，就必须舍己从人。舍己从人才能听劲，舍弃自己的主观，听对方的变化，利用对方的力，把他的力反作用于他自己身上。

老子说："吾不敢为主而为客。"王宗岳说："因敌变化示神奇。"王宗岳的这句拳论刚好是对老子这句"兵法"的完美解释：不能主观、提前预设战场情况，而要根据客观的、对方的变化而用兵。也就是岳飞所说的："运用之妙，存乎一心。"

在推手中，听劲就是了解对方的一种方法，相当于用兵中的"斥候"。有了听劲，才能根据对方的变化而变化，有理有利有节，不盲目进攻，也不盲目后退，更不能提前想好什么招式。

王宗岳说："本是舍己从人，多误舍近求远。"放松是近，力上加功是远；舍己从人是近，主观臆断是远。力量、招法都是有形有相的东西，不能随着别人的变化而变化，都是"远"。舍己从人，听劲懂劲，全身放松，换力越干净，越能从心所欲。

这些内容，王宗岳《太极拳论》上其实讲得很清楚明白。不按拳论练，在网上到处打听秘籍，也是舍近求远。

舍己从人还有一个诀窍，就是"在自己身上使劲"。太极拳"打点不打人"，不往别人身上使劲，就在自己身上使。比如有人搬着你的脖子，很危险了，你不要和他抗，你就在自己身上使劲，用整劲一转，看起来就像用脖子画个圈，对方自己就站不住。但这也是一步功夫，做不到"舍"，做不到松和整，就不能做到"在自己身上使劲"，"画个圈"就不好使。

# 屁股决定脑袋

"屁股决定脑袋"，这句话一般是说，你屁股坐的位置，决定了你的思维方式。比如，同一件事，经理和员工的看法，往往就不一致。

不过，我们这里说的是真的屁股。屁股皮糙肉厚，是身体的"重中之重"，是最沉重的部分，这个部分处理不好，无论是推手还是盘拳都做不到位、练不出效果。

因为屁股是"重中之重"，所以，怎么摆放它、怎么处理它，就是一个问题。

这里有一个争论，也就是"撅屁股"和"收屁股"的问题。这里有很多说法，各家的定义也不一样。一般而言，"泛臀"指臀部外翻、外移，也就是撅屁股；溜臀、敛臀则相反，把臀部往回收一下，适当"藏"起来。当然，大家对这些名词也许有别的理解，这里不做争论。

如果我们不看说的，只看做的，就会发现，网上大量的视频，尤其是竞赛套路的视频，都是撅着屁股练拳。在我们看来，这是太极拳的一大"病"——"屁股一撅，腰断两截"。一趟拳下来，上下不通，气下不去，身上也松不开。

推手也一个道理。撅着个屁股，上下两截不能贯通，劲上不去也下不来，气也同样上不去下不来，既化不了劲，也发不了人。即使能把人弄出去，那也是用的拙力、笨力，弄不好还会伤着自己的腰椎。

所以，太极拳也好，推手也好，必须得含胸、溜臀。但是，人体就是有那么一个弯啊，如果强制把脊椎掰直，那不是违反人体的生理规律了吗？

这里必须强调两点：第一，不是在任何情况下，都要保持含胸溜臀；第二，不是强制性地含胸溜臀。

马老曾经让我注意观察拉车的牛马，可惜在北京现在见到牛马的机会不多，好在我小时候在农村长大，见过不少。马老说，骡、马、牛，它很轻松的时候，或者拉轻松东西的时候，身上是很自然的，该有多少弯儿就有多少弯儿，但一拉上载，车上有分量了，或者当它用力拉车上坡时候，它的腰就起变化了。去观察就会发现，它的腰就"直"起来了，好像一条绷直的线，甚至像一张弓。人也是一样。人是站立的，若要推一个很重的小推车，撅着屁股能推吗？撅着就使不上力了。愣推当然也行，但那样会伤腰。会推的人，自然地就会含胸溜臀，上下一条线，好像一张弓，这样才能使上劲。

我们推手也是一样，平时是自然的，但在接对方的力的时候，腰部就起了变化，包括呼吸。很多人强调逆呼吸，其实逆呼吸是在发力的一瞬间自然发生的。练不练，它都是这样。

所以，马老强调，平时练习的时候不要复杂化，也不要神秘化，就按老拳论，越简单、越简化越好。

这就牵扯到第二个问题，简单化。简单化就是松松静静地去练，自自然然地去练。含胸也好、溜臀也好，不要强制性地去"掰"它，否则恐怕会练出问题。

练功要抓住核心，解决主要矛盾。核心就是"松"，解决了这个问题，真松开了，身体上下自然就是直的，自然就会形成溜臀。强制溜臀，只要脑子一走神，它还是会撅着。真松了，它自然就松开了。松出来的"溜臀"，才是自然的溜臀，才是真正的溜臀，才是有用的溜臀。

其他的要求也是一样，比如含胸拔背，等等，松不开，都做不到。勉强去做，也是用力。

明白了这个道理，也就会明白，盘拳不是为了让别人看着"好看"，没有必要让别人舒服、自己受罪，势子低了"好看"，但伤自己的筋骨，还练不出太极拳的内劲儿。

都说"松"，你真的相信吗？你真的会松松地练拳吗？

我们提倡看老拳论，可是我们通常会根据自己喜好去选择性地理解拳论。比如"腹内松静气腾然"，"腹内松静"是条件，"气腾然"是结果，不练松静，却去追求"气腾然"，那不是缘木求鱼吗？"绵里裹铁"，"铁"是"绵"里头产生的，不是练出来的，是"绵"的一部分，不去练"绵"，却去练"铁"，皮之不存，毛将焉附？

# 第五章 允执厥中

人心惟危，
道心惟微，
惟精惟一，
允执厥中。

——《尚书·大禹谟》

# 盘拳

我们这个教学思路，把推手放在了最突出的位置上。但是，并不是所有的人都愿意学习推手，也不是所有的人都有条件学习推手，更不是所有的人都能找到一个合适的"伴儿"练习推手。如果不想学推手，只想学个套路锻炼一下身体，并不想往更高一层探索，那么怎么办呢?

我们的方法很简单，松松地盘拳就行了。

不要管那些身法，不要在意那些要求，松松地、柔柔地去练拳就行了。要给自己找乐子，不必给自己找麻烦。所谓"无极拳，太极手"，就保持站桩的那个松静状态去盘拳就可以了。

不过，刚开始学习架子的时候，要尽量了解自己盘的这趟架子的特点，盘的时候要体现这个特点。比如张继之先生的拳架子就很有特点，到处都是小牵动。

李文杰先生有两趟架子，其中一套是吴鉴泉先生关起门来练功夫的架子，里头都是寸劲，到处是小劲，技击上的东西多。特点有两个，一个是，手一出去，要么奔眼珠子，要么奔咽喉;另一个特点是手脚一起动，比如云手。

马老说，这趟架子不好练，吃功夫。吴先生去外面教拳的时候，没人学这个，他也就不练了。他就是自己在家玩，后来正式教拳，就不练这趟架子了。

如果要学这趟架子，就得了解这趟架子的特点，要练得像样。这是第一步，先学样。

再深入一步，就要了解拳架的内涵。

但是，只有通过推手，操出东西来，才能了解每个动作背后的内涵是什么。了解之后，盘拳才有意思。马老说，他见过的功夫最好的前辈是王子英先生，"他的架子，你按哪儿，哪儿就能发你。他不用就没有，要用的话，一碰就有，哪儿都能发你。"马老做过示范，比如"提手上势"，手都提到头顶了，还能发人吗？能，只要一挨着，就能发。第二是张继之先生，细致、轻灵。李文杰最文明，他不推人，一搭手，谁赢谁输就都知道了。

所以，真要会盘拳，真要了解拳架子的内涵，还是要先了解推手，然后在盘拳的时候，才会知道一个势子有什么劲，这个劲怎么用，这个劲和腰的关系，以及一些细节，等等。这些内容，只盘架子，是不可能了解的。所以，推手，也是两个人的互相验证，验证彼此练的是不是太极拳。

盘拳的时候，要记得不要把"含胸拔背、沉肩坠肘"等这些身法糅进去，这些都是推手的东西，盘拳的时候就放松、自然地去练，不需要那么"标准"，也不需要姿势那么低，更不需要配合呼吸。

如果你是通过推手有了身法，架子就可以怎么放松怎么练、怎么舒服怎么练。这个时候，就不需要说杨禹廷先生架子这样，张继之先生架子那样，王子英先生架子那样。你的手高一点，低一点，都没关系。

没有身法也没有关系，记住，大原则就是松，越不使劲越好。一定要放松，照着"行云流水"四个字慢慢体会。

同时，盘拳的时候，要记住拳论里头最重要的一句话，"刻刻留心在腰间"，也就是命门这一部位，让它带着胳膊走，包括迈步，也都让腰带着走。马老说，这是最重要的一句话。把腰看成一个小圆球，注意力集中在腰这儿就可以了，只要一动，都是这里在起作用。盘拳盘这个地儿，推手也注意这个地儿。能做到"刻刻留心在腰间"，自然就出来"腹内松静气腾然"。当然，"刻刻留心在腰间"也只是一步功夫，到了一定程度，完全都是整体、都是自然。

盘拳不要太快，但也不要刻意求慢，要自然。网上有个 2 分钟左右的杨禹廷先生练拳的视频，只有一个揽雀尾，练得就不慢，看着就是那么自然。

"万不得有一定之架子"，这话不是我说的，这句话来自杨家老谱《八五十三势长拳解》。

谱曰："自己用功，一势一式，用成之后，合之为'长'；滔滔不断，周而复始，所以名'长拳'也。万不得有一定之架子，恐日久入于滑拳也，又恐入于硬拳也，决不可失其绵软……"

一个势子一个势子地练，练熟了、练成了，自己把它们连起来，可以滔滔不绝、周而复始地练。这种练法，和鲍全福老师教马老练拳的方法一样。一次教一个势子，教得多了，串起来一部分。马老说，这叫一个"小总成"，最后来一个"大总成"，这趟拳就出来了。

杨家老谱里说得很清楚，只要把每一个势子都练好，套路可以随意组合。否则，每天都按照一个固定的架子练，天长日久，练来练去就成了"滑拳"。所谓滑拳，就是按照习惯动作"划拉"下来，没有内涵，没有"用心"，失去了内涵，架子就成了一个空壳。如果失去绵软，就会成为"硬拳"，那是另一个错误路线。

套路，都是由一个一个动作连缀而成，本来是人为编撰的，但我们常常会把自己创造的东西供起来膜拜，形成一个不可更改的"规矩"。从根上讲，形意拳的劈崩钻炮横，八卦掌的老八掌，太极拳的八门五步，都是"根"，我们老家叫"捶根"，所有的套路都是从这里衍生出来的。

同时，我们还有另一种心理，人都想有个"依靠"，有一个可以把握的东西，就像有人总喜欢在手里盘俩核桃一样。单个的动作很单调，如果有了一个固定的华丽的套路，就好像手里有了一个可以把握的东西，进而大家都会追求这个东西，攀比自己手里的这个东西。如果这个东西，这个核桃、这个串珠、这个套路是某个大师留下来的，大家就会更加珍惜，认为其不可损毁，不可更改。

这样一来，就忘记了练拳的"初心"，舍本逐末，作茧自缚。

练套路、盘架子、推手、站桩，其实都是为了得到"太极劲"，明太极之理，悟太极之道，而不是"数他人珍宝"。

所以，在我们看来，拳架子就像一个承载工具。如果"太极劲"是一颗明珠，那么拳架子就是装这个明珠的盒子，而且只是很多盒子中的一个。我们要的是那个明珠，这个盒子有了更好，如果没有，我们换个盒子仍然可以装。

所以，通过推手，明白了太极劲，学会了听劲懂劲，明白了太极之理，就可以用拳架子养着手，也可以自己随意组合架子，甚至完全可以不去盘架子。身上有了东西，不会练拳都没关系，只要把姿势摆对了，自然就有反应。

"道家功法不轻传，说来不值半文钱"，这是过去老先生们对马老说的话。

太极拳往复杂了说，要结合上八卦、五行、经络、穴位，可以非常复杂。往简单了说，无非就是升降与开合。编成了套路，也无非就是升降、开合、转腰。

所以，马老特别给那些学不会套路的人提供了一个"解决方案"。比如，马老教给自己家人的在空中写大字、揉太极球。这就是最简单的练

2014 年，笔者表演太极刀

法，但是要按我们说的放松、呼吸自然等要求去练。以腰为轴，带动手臂，平面写、立体写，左边揉、右边揉，都可以。写字的时候，可以自己设计，比如"健康平安""国泰民安"，等等。一个好词，也是给自己一个善良的、良好的信息和心理暗示。

同时，马老总是不厌其烦地告诉我们，盘拳，就按拳论去练，用意不用力，以练完了舒适为准。不要配合呼吸，势子不要太低，不要把动作看作是机械的：肩怎么样，肘怎么样，手怎么样，不要人为地复杂化……如果我们想再往深里研究太极拳，方法不是练器械，而是练推手，而且只能是练推手。如果没有条件推手，那就好好养生，慢慢去悟。

马老讲过一个故事。

过去有个人叫赵中道，这位前辈教"太极尺"和"太极球"。"太极尺"，木头制作，就是一个木头棒子。过去有钱人用黄花梨木定做，用手拿着，掉不下去就行。"太极球"是用玉石做的，一般还要定做一个黄花梨木或者紫檀木的小桌子，边上有个沿儿，里头铺上绒布，上面放上两个玉球。他专教有钱人家的老爷太太揉球、练太极尺。要是拉洋车的，给多少钱也不教你。他和杨禹廷是好朋友，就这么练，很高寿，据说活了 119 岁。

赵中道先生去世很多年以后，有一个人，得到了一本赵中道的书，还借给马老看过，和马老有过交往，后来听说被人们称为赵中道的学生了。

赵中道的东西其实就很简单。大道至简至易，简单才好用。

王宗岳说太极拳就像长江大海，滔滔不绝。孙禄堂说："得来万法皆无用，身形应当似水流。"马老说："太极拳就像行云流水。"什么意思呢？行云，就像云彩一样飘，看得着摸不着。流水也一样，水哗哗流，你别搁东西，搁东西就给你冲走。

非要给大江大海固定在一个套路里，那大河就变成了水渠，大海就变成了水塘，水就失去了活力，有其名而无其实。把云彩装进盒子里，恐怕也装不进去。把鲜活的太极拳固定在一个一个架子里，太极拳也会失去活力。

　　每个人的口味是不一样的，有人爱吃甜的，有人爱吃辣的。我们觉得拳架子不重要，也有人对拳架子视若珍宝。有人还专门去学各种稀有的、罕见的拳架子，所以，也就有人爱编各种拳架子。

　　比如我在《吴式太极·南湖传习录》中提到的李文杰先生学的那套拳架子，以及马老学的武式、杨式架子，这些都和外头练的不一样。不少人私信过来，希望我能给他们一些资料。我很奇怪，我们明明说了这些架子不重要，为何大家还这么喜欢"买椟还珠"呢？

　　还有人问过我吴式拳的"方架子"，我还特意去问过马老。马老说，从严格意义上讲，就没有这个"方架子"。所谓"方架子"，实际上是吴鉴泉当年给学员教拳的时候，为了方便学员记忆采取的一种教学方法。因为吴式拳老是"画圆"，不好记，也不方便教学，吴先生就给这些动作标记了1、2、3、4，就是为了好记，不知道怎么回事，现在变成了特殊的"方架子"了。

　　我们也编过套路，但都不是什么特殊的架子。

比如马老在东单教拳的时候，有人反映一趟拳打下来时间太长，马老就挑选主要的动作，编了一个"十三势"，后来又编了一个半长不短的"三十四势"，一个比较长的"六十六势"。这些架子动作有多有少，只是在动作衔接上有所变化，并没有改动吴式太极拳的内涵，更没有"独创一派"。多练几个动作，练全了，就是完整的"八十三势"，练少点，就是"六十六势"，再练少点，也只是时间上的差别，一点也没有改变吴式拳原有的内涵。

马老的恩师是刘晚苍，师爷是王子英，这两个人功夫好，人品高尚，从来没有"自成一派"的念头。包括王家"南吴北王"的称呼，也不是王家人自己叫出来的，是后人出于对王家在北方普及吴式太极拳贡献的尊重而叫起来的。

对拳架是如此，对拳理也是如此。我们说了这么多，都离不开老拳论，尤其是王宗岳的《太极拳论》。我们很"保守"，不会轻信那些没有根据的说法。比如杨露禅告诉全佑，"守住中定往开打"，这就是吴式拳的根本。现在有一种说法，说杨露禅传给全佑的是"圈里推人，圈外打人"。对于这类传言，我们不听，也不信。

我们觉得，拳架可以有多种，但理论应该是一个，是统一的，至少大家公认的是王宗岳的《太极拳论》。吴、杨一家，孙、武一家，都把王宗岳《太极拳论》作为圭臬。大家的架子风格不同，简单说，杨、吴就是一个方、一个圆，大架小架老大老二，都是杨露禅先生教的。所谓方、圆，也是相对而言的。武家是书香门第，不以教拳为业，传给郝家，郝家又传孙禄堂，演变成孙式。实际就是杨家和武家两家的东西，大家对拳论的理解不同，环境不同，所以风格也就不同。

郝月如说："太极拳不在样式而在气势，不在外面而在内。"太极拳如果核心在样式，就不会改变这么多东西，换这么多样式。因为如果样式这么重要，这四家差别这么大，早就"各奔东西"了。但实际上，这四家的内涵是相同的。比如同样是掤捋挤按，同样的搂膝拗步，虽然这四家的练法不一样，但是原理是一个，是统一的，也都能练出高人。这就说明，形式背后的那个内涵才是最重要的。

如果我们把老拳论都抛开，只想突出自己，没有继承，就去"创新"，搞新理论、编新套路，恐怕太极拳的内涵就会越丢越多。没有继承，就会一代不如一代，最后把太极拳的特色弄没了，就和其他武术门类没有区别了。

从我们这一支看，王子英先生保住了王家的东西，马老希望把它传下来，不要在我们这里丢失了。当然，这个"保住了""传下来"的，不是多少个架子，而是真正的内涵。

# 为「二十四式」说句话

　　我们说，不要乱编架子。有那个精力，不如去学习老拳论；有那个聪明，不如去把太极拳的核心内涵领悟出来、传播出去。

　　同时，我们还希望，与其在太极拳这个圈内互相贬低，不如互相鼓励；与其互相拆台，不如互相帮衬。

　　这其中最明显的，莫过于对"二十四式简化太极拳"（以下简称"二十四式"）的贬低。大众最常用的说法是"太极操"，仿佛练"二十四式"的都在做广播操。我想，这也是有原因的。各门各派，如果互相攻击，难免会引起对方的激烈反应，而"二十四式"是个"公器"，并没有一个特定的"所有人"，所以，就成了各路英豪口诛笔伐的"靶子"。

　　我们想为"二十四式"说句公道话。

　　"二十四式"不是没有问题。但口诛笔伐的那些人，如果拿镜子对照一下自己，自己的架子是不是比"二十四式"问题更严重呢？

　　"二十四式"其实是很有来头的。

　　1952 年 6 月 10 日，毛泽东为中华全国体育总会成立大会题词："发展体育运动，增强人民体质"。根据这一精神，1956 年，国家体委（现国家体育总局）组织部分专家，在传统杨式太极拳的基础上，按由简入繁、循序渐进、易学易记的原则，去掉繁难和重复动作，选取了二十四个式子，编成了《简化太极拳》。"二十四式"套路的主编是郝家俊先生和李天骥先生，架子的原型是杨式太极拳。套路编排还是很有水平的，非常适合普及推广。1960 年，毛泽东在工作人员送审的党中央《关于卫生工作的指示草稿》中加了下面这段话："凡能做到的，都要提倡做体操，打球类，跑跑步，爬山，游水，打太极拳及各种各色的体育运动。"[1]1971 年，这段话在《人民日报》刊登，太极拳迅速发展和普及。其中普及程度最广的，就是"二十四式"。

如今，不管国内、国际的相关活动，还是相关影视作品，出镜最多的，还是"二十四式"。不管我们愿意不愿意、承认不承认，"二十四式"在一定程度上代表了太极拳。一说到太极拳，很多人首先想到的，恐怕就是关于"二十四式"的"民间口诀"："一个大西瓜，一刀劈两半，你一半呀我一半……"（野马分鬃）

所以，在一定程度上，贬低"二十四式"就等于贬低我们自己，因为在外人看来，我们都是太极拳，整体决定部分。

当然，任何事情都不可能完美无缺，"二十四式"也一样，其中最有代表性的就是"伤膝盖"。但是这可不是"二十四式"所独有的，几乎各家各派都有这样的问题，只不过大家都忍着痛不说，所有的问题都推在了"二十四式"身上。"太极膝"已经成了和"网球肘""鼠标手"等并列的"职业病"。

"二十四式"的确会对膝盖造成伤害，这其中有两个原因，一个是动作设计的问题，另一个是姿势太低造成的。

动作设计问题体现在一个细节上，就是上步前"掰脚"。据马老回忆，当初动作设计的初衷是以健身为主，为了让大家好接受、容易学习，就改了步眼，往回有个坐势，掰脚，另一条腿上来点一下，休息一下，再上步。马老认为，这个动作设计得不好。如此一来，弓腿的时候掰脚、

---

[1]　李新芝、张玉贞：《毛泽东题词题字珍闻》，台海出版社，2016 年，第 270 页。

拧膝盖，关节就有点错位，这个时候膝盖承重。太极拳动作又慢，导致膝盖承重时间长。练久了，难免会对膝盖造成伤害。

后来，马老的一位朋友成了权威。马老就给他提过一个建议，希望在推广的时候，能灵活一点，把脚扣一点，别掰那么厉害，不要拧膝盖。但这位朋友不同意，说，谁要是给我改了这个脚，再参赛我就扣他的分儿。

人家是权威，这就没办法了。但是马老还是希望能正视一下太极拳推广中的问题，加以改进。据了解，日本人把膝盖练伤的最多，因为日本人练"二十四式"的人比较多，而且他们比较认死理儿，按规矩做，不敢改。可见，一个错误的"规矩"，会害人不浅。

伤膝盖的另一个原因是姿势太低。这里原因很多，有人追求动作美观，有人觉得姿势低了"出功夫"。再有就是导向问题，在比赛中，姿势越低，好像就越美观，越有功夫，得分就越高。"楚王好细腰，宫中多饿死。"所以，运动员越比姿势越低。太极拳追求的是健身和养生，不是高难度。追求高难度的是体操，那是竞技体育，搞竞技体育的运动员几乎都是一身伤病。

但是，我们说，练架子不是核心，姿势低了没用，有谁会信呢？

其实，"二十四式"只是一个壳，一个容器。它就像一个瓶子，放进去水，它就是水壶；放进去奶，它就是奶瓶。把它的"毛刺"打磨光滑，放进去美酒，它就是精美的酒壶。不要去纠结于外在的架子，一个正常的瓶子，它的价值取决于它所装的"内涵"。当然，如果非要"抬杠"，那些生来就是为观赏用的"高档瓶子"除外。

太极拳推广中的问题，大家都知道，但都不说，说了也都是"抬杠"，都是指责别人。人一旦成了名，仿佛自己说的话就是金科玉律，不会错。宁可换了"铁膝盖"，也不能承认自己练错了。

我们很多人其实也是受害者，包括马老。马老说，自己年轻的时候，也去赶时髦，练低势子、"三尖相照"，结果把膝盖练坏了。我们师兄弟中，不听师父的话，耍小聪明，把自己膝盖练伤的也不少，这其中也包括我。

我们已经错了，希望大家别再跟着错。我们走的弯路，希望大家别再走。

这也是我们这本书的"初心"。

　　吴式太极拳能够自成一派，那是因为得到了杨露禅先生的"东西"。全佑先生送恩师杨露禅回乡，扶着骡车一直走到卢沟桥。杨师深感其诚，对徒步送行的全佑先生说："回去好好练，守住中定往开打。"全佑先生由此顿悟，体会到了太极拳的精髓。

　　这个过程，很像禅宗的"机锋转语"。并不是这句话本身有什么特别之处，而是说话的时机特别重要。在全佑先生就差一把火候的时候，杨露禅先生的这句话，就是开启他顿悟之门的钥匙。

　　"机锋转语"只有在特定的情况下、对特定的对象才有"顿悟"的作用。而作为后人，我们则需要对这句话深入研究，特别是把它和吴式太极拳，尤其是体现吴式拳特点的推手进行对比，才能发现其中的"真意"。

　　在《吴式太极·南湖传习录》中，我们讲过，"守住中定往开打"，或者说"站住中定往开里打"，在盘拳的过程中，就是"守住中定"往开里"练"。这里重点说推手，兼顾盘拳。

　　首先，要守住"中正安舒"的感觉。我们守住这个感觉，就好像道家打坐中的"守窍"。太极拳是动功，是太极行功，我们守的不是一个地方，是一个状态、一个感觉。

这个状态就是老前辈们总结的十二个字：中正安舒，轻灵圆活，松慢连匀。

万事万物，都离不开"中"，都有个"中"，也都会自己"守中"。比如一棵树，虽然植物都有向光性，但是它并不是只向南生长，它也要保持平衡，保持中心的稳定。一棵树苗在种植的时候长歪了，它会努力修正自己，尽量长得"中正"。如果这棵树，一边长了虫子，"偏沉"了，它的树冠就会自行修正，去找它的那个"中"。

中和正，有关联又有侧重。正，包括形正、心正、意正、气正、神正、手法正等。"中"侧重外形，"正"侧重内在。"中正"，不是像个电线杆子戳在地上。太极拳是动功，在不断变动。无论盘拳还是推手，我们的形体要守中，就要像一个圆球一样，保持重心的稳定。一个球体，放在地上，不管怎么转，怎么拍，它一定是着力点、中心、发力点，三点一线。

不过，我们"守中"，要用"安舒"来检验，也就是我们说的"以舒适为准"。因为我们毕竟不是"球"，身体不是圆的，我们是不是中正，对应的感受就是，是不是"安舒"。安然自在，舒舒服服，就是"中正"的状态、放松的状态，并不是"收下颌""后脖子靠着祆领子"之类。"收下颌""后脖子靠着祆领子"，这是在"掰"自己，我们再"掰"自己，也不能把自己弄成一个电线杆子，也不能把自己吃成一个球体，我们的"中正安舒"，要的是那种安然的、舒服的、中正的状态。

轻、慢，才能体会身体的气和经络血脉。体会它们，要让动作和它们同步，所以太极拳也不是一味强调慢，同样要"适中""守中"，要随人所动，动急则急应，动缓则缓随。轻灵圆活、松慢连匀、中正安舒、安然自在、舒舒服服，做到了这些，才是"守中"，盘拳才有味道。

推手的时候呢，也是一样的。马老讲"推手不要欺人"，什么意思呢？要中正安舒，自自在在。不要去用身形、体重"欺"对方，实际上，一去欺人，就丢中了。两人推手，往那儿一站，一松到底，人跟空的一样，搭上手，单摆浮搁，才不丢中，才好用。

其次，太极推手讲究不丢中：让手不让腰，丢形不丢中。

在推手中，这是首先要注意的法则。丢了中，基本上就没有机会了，除非你当"大尾巴蛆"，或者用断手、冷手。

在推手练习的过程中，一定要注意腰的运用，因为"腰为主宰"，在很多情况下，腰为一身之"中"。关于腰腿的用法，我们以后还要详细讨论。

我们说过，在推手时，要"舍"，舍胳膊进腰，"舍不得鞋子（方言，"鞋"，音同"孩"）套不来狼"，舍不得胳膊进不了腰。进好了腰，整体一动，对方就被发出去了。

马老常说："遇到问题，松着想办法，千万别较劲。"在这儿，就是"要哪儿给哪儿"，不换手、不跑手。比如被别人挑胳膊时，一般的反应是不让挑，用胳膊压它，而我们在推手时要求，不要压、不用劲，放松，然后顺着对方的劲、挨着对方的劲儿，一转腰，对方就站不住了。这个过程，我不丢中，对方失中。

要守住自己的"中"，刚开始可以用这个笨法子，不管遇见什么手，推我的时候，我的腰要往前移。我们经常说不是用手"接"，是用腰"接"。等熟练了，站着不动也能进腰，发人的动作也就几乎小得看不到了。

注意，这个时候容易犯两个错误，一是鼓肚子，二是弓腰驼背。一鼓肚子腰就塌了。弓腰不好看，容易养成毛病，气也不顺。

关于腰腿的关系，我们还要专门讨论，这里只是先简单提一下。

再次，推手的原则：中不碰中，碰中两不变。

不管是多高的手，都是一样。拿你的中去碰对方的中，就像两个火车相撞，都没有好处。谁的力气大，谁的体重大，谁就占点便宜。

这种两败俱伤的练法，显然我们是不干的。

谁都怕跌倒，本能地会有反应。对于练推手的人来说，自己的"中"

受到了威胁，就会感觉到危险，就不让人推。那么怎么办呢？

要推对方"中"的侧面。就像我们想推动一个大轮子，去推中间的车轴，是推不动它的，就算把轮子搬走，它也不转。但若我们去推这个轮子的侧面，它就转起来了。推手也是一样，我们不推对方的中，听准了之后，去推它的侧面，去找虚的那个点。"打点不打人""在自己身上使劲"，都和这个相关。

最后，老前辈说的"中定"的真义，不是"推不动"，而是"推不着"。

马老说，功夫到了"化境"，就能把所有的僵力、胜负心，全都化掉，松静自然，回到无极。

我不知道这个"无极"是什么状态，但我们和马老推手的时候，他如果不发我们，可以随便我们怎么推。你推也好，拿也好，撅也好，他都顺着你，你找不到他的"中心"。如果你威胁到他的"中"，还没来得及使劲，自己就被发出去了。比如推他的肘，把他的肘推得都背到后面去了。马老说，这个时候，如果他有一点点力，就会被推出去。把身体完全松开，才能做到这个"推不着"，这个时候，你就会发现，自己都在对方控制之中，对方想什么时候打你，就什么时候打你。以前，看别人推手乱晃，我也不知好歹，跟着瞎学，于是跟马老一搭手就瞎晃悠。马老一笑，拿手一点，我就跳起来了。马老说："你这么瞎晃悠一点用都没有。"不过，要是换了别人，再用手点我，我也不会有反应。这一点，看着简单，那都是松的功夫。

这只是我们推手中的一些趣事。马老说，他的功夫和老前辈们相比，差得很远，只能说是对王子英、张继之这些前辈的模仿。不过，要是没有马老的"模仿"，我们去哪里学呢？

## 「守中」与「两端」

　　"中"是中国传统文化的核心。有人把"守中""中庸"解释为折中，这不仅不准确，而且会把整个"中"给带偏，带上"老好人"的标签，从而贬低儒家文化，进而贬低中国传统文化。其实，这种"好好先生"正是孔子所极端痛恨的，孔子直接斥之为："乡愿，德之贼也！"乡愿，就是不分是非、同于流俗、言行不一、伪善欺世、处处讨好、不得罪乡里的"老好人"。

　　"中"，作为一个文化概念，最早见于尧帝传位于舜帝时的嘱托："人心惟危，道心惟微，惟精惟一，允执厥中。"这就是中国传统文化中著名的"十六字心传"。这十六个字，是传统文化中修身、修道、治国、理政的核心要义。

　　我们这里不讲修道也不讲理政，我们只讲一般的道理。"允执厥中"，即好好把握，用最合适的火候、最合适的力道、最合适的方法，不多不少，不左不右，这就是中。简单说，就是最合适、最适用，不走极端。

　　用到我们的太极拳上，就是太极图阴阳鱼中间的

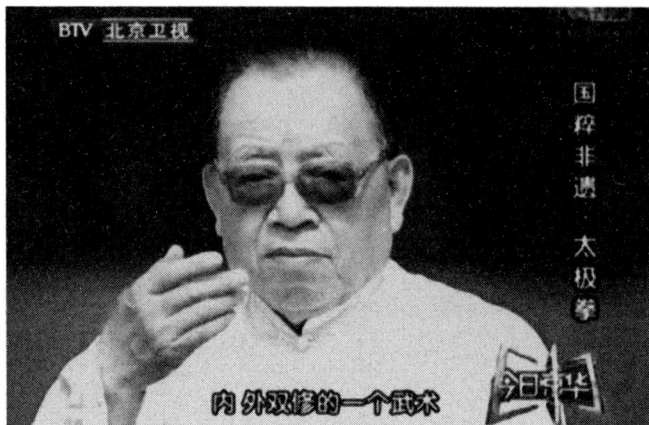

太极拳"非遗"
宣传片中的马老

那条线，若有若无，不轻不重，不左不右。多一分则重，减一分则轻，这就是用劲的法则。听劲要准确，要能擎住对方，不多一毫，不减一分。在盘拳的时候，也是一样，以腰带手，松松静静，不多用一分力，也不多用一分意，这样才能进入虚静空灵的状态。

从某种程度上来说，"中"的境界，也就是道的境界、道的体现。就算不能达到这个境界，也要去无限接近这个境界。这个过程，不仅是盘拳推手的过程，也是修行的过程、证道的过程。

这是对自身而言，要"守中"。

与"守中"相对应的是"异端""两端"，也就是两个极端。

子曰："攻乎异端，斯害也已。""异端""两端"，都是指两个极端。任何极端的做法，都违背"中庸"的思想，违背了"守中""用中"的原则。

两个极端，在太极拳修炼中，可以有很多种表现。比如有的人完全否定太极拳的技击作用，有的人过于强调实战。我们的做法是，太极拳有一定的技击作用，但这不是它的优势，不是它最突出的作用，那只是它作用的一部分，是"道之余绪"。

有人说，那么你们吴式拳追求松柔，不用力，是不是也是极端呢？其实，我们用的是"中"，恰到好处。松和柔，是练习的途径。

从理论上来说，既然"极柔软然后极坚刚"是可行的，那么"极坚刚"之后是不是也可以"极柔软"呢？理论上也是有可能的。这就像从石家庄去北京，应该顺着京广线往北，但是如果非要往南，只要能一直走，绕地球一圈，也能到北京。不过，"道路千万条，安全第一条"。那条路很多人走过，路太远、太难走、容易走不通。明明有一条最安全、最快捷的路，为什么非要自找麻烦呢？太极拳的路，就是"反者道之动，弱者道之用"，往回练、往松柔的方向练，何必舍近而求远？

从现实看，我们觉得，重点需要避免的，是目前很盛行的两个极端。一个是大搞实战和对抗，一个是脱离接触，玩"虚"的。这两个，我们都不干。

实战和对抗，只能是专业运动员或者年轻人在一定的条件下去训练才能实现的，否则，很难和其他专业搏击运动员相抗衡。太极拳讲究的是"四两拨千斤"，这不好练，没有这个技术就去对抗，其结果只能是采用力量和招数，"以己之短，攻彼之长"。所以，我们看到一部分太极拳练习者，名义上学的是太极拳，实际上是在训练散打、搏击，在实际对抗的时候，运用的还是散打、搏击的技巧。既然如此，何必再顶着太极拳的名头呢？

另一个极端，就是脱离接触，推手不接手，玩"意念"推手，或者像网上的视频那样，刚一接触就"树倒猢狲散"。这也是我们所反对的。我们反对它是有理由的。推手，要符合一个"理"。太极拳的理是听劲懂劲，粘连黏随，随人所动，顺人之势……推手时两人都不挨着，怎么听劲？怎么粘连黏随？

那么类似这种不挨就能发人的情况是不是有呢？有，但不多。那得双方走得"合"，一般是师徒之间的一种"玩儿"。我们在推手的过程中偶尔会出现这种情况，但这不是主流，我们也不提倡这样"玩儿"。

推手，就踏踏实实，按照拳论，粘连黏随，听劲懂劲，这么着慢慢练，才能找到"门"。"门"还没有找到，就在外头撒野，那是把豆芽当成了大树。这么练，就是浪费时间，磨砖作镜。

当然，这仅仅是我们的一点看法。

# 凌空劲

　　我们说，太极推手是一种"玩儿"，但"玩儿"得太虚了，就成了所谓"凌空劲"。我们很少触及这个问题，也不"玩"这玩意儿，但这个话题，似乎还绕不开。

　　我们先厘清一个概念：太极拳的"凌空劲"和武术中的"劈空掌"，看起来有点相似，但是还有点不一样。

　　"凌空劲"主要表现为对人的控制，双方手没有接触，似乎也能达到接手的效果。"劈空掌"则表现为一种破坏性的力量，虽然没有接触，但"掌力""内力"已经给对方的身体造成了伤害。

　　"劈空掌"这种东西，武侠小说中比较多见。那现实中有没有呢？据我所知，是有的，这种内力也是可以传递的。但一般而言，有这种功夫的人，是不会让你看到的。

　　我练过一阵子"太乙神捶"，只练了第一步，后面还有很多步，但我没有练下去。这第一步，其实就是放松击打。因为太乙门讲究打穴，所以要在非常放松的情况下，对一个"点目标"进行击打。但是训练时只是找个目标"瞄准"，实际并不挨着，还有一段距离。

我当时居住的小区院里有很多槐树，槐树下有小槐树苗，我就经常对着槐树苗的叶子练习。练了一阵，当练到一定功夫之后，我忽然发现，被我击打的那个槐树苗的叶子在被打了一会儿之后，蔫儿了。一开始并没在意，后来发现每天都是如此。再后来，我换了个目标，对着牵牛花的叶子练习，不一会儿，这片叶子也蔫儿了。我想，大概这是"内劲"透过去了吧。

其实，人在放松的时候，劲是往外发送的；紧张、握拳，劲是往回收的。我的"太乙神捶"只练了第一步，为什么没有往下练呢？因为太难了！就算练成了，也是"屠龙之技"，如今是和谐社会，无用武之地。

"太乙神捶"虽然我没练成，但放松的好处却是体会到了。如果我真的练下去，也许这种"内劲"可以穿透更远的距离，有更强的能力。这种内劲，确实是有很强的破坏力的。当然，也不一定是破坏，得看是怎么用的。

这种"劈空掌"，属于"功夫"。据说南怀瑾先生年轻时到处云游，寻访剑仙，见过更厉害的功法。我们一般见不到，就不提了。

还有一种"劈空掌"。习者与人相距很远，但举手之间，就能把人打出很远。同时，被打出去的人真的会感觉有一股看不见的力量撞上身来，无力抵抗，身不由己地被这种看不见的力量推出老远。但周潜川先生曾经深入研究过这种功夫，在他看来，这种功夫，只是一种练内家拳的老师父们拿来炫耀的气功本领，是一种招揽徒弟的方法，有"心理暗示"的因素在。

周先生还讲过很多破法。其主要的做法就是对对方的暗示不理不睬，对方问"你感觉到了吗"或者当感觉到力量的时候，不理不睬，大声说或者心里说："没有，没有，一点也没有。"这样一来，对方的这种"心理暗示"就不好使了。

这种破法是一种"封闭自己"的做法，如果在对方采用气功治病的时候，你也这么做，那么确实也没有作用，等于人家给你好处，你不要。

还有一种高手，推手的时候带"点穴"。我认识一位老师，就有这个本领。周潜川先生说："万一撞上比较高明的人，懂得高深点穴手法的能手，他用手法点着你时，你顺着他的手势，倒吸一口气，把关窍闭着，他也把你莫奈何。"如果大家真的碰到了，可以试试，我没试过，好使不好使，我也不知道。

以上说的这些"劈空掌"，其实还是有"功夫"的。但是，我们经常看到的，太极推手中那种不挨就倒的"凌空劲"，我却感觉，一点意思也没有。那种"功夫"，只对徒弟有用，对别人一点用也没有。练了半天，也没练出听劲，也没练出松柔，就练会了"跑"。

也有些整天玩"凌空劲"的爱好者，马老也跟他们玩过，很感慨。为啥呢？道理讲得头头是道，但是一搭手，就不是那么回事了，还是用力气，还是顶牛。

"那些东西我都会玩儿，但是不能玩。"马老曾经这么跟我说。马老也不让我们这么"玩儿"。推手就老老实实搭手练听劲，练松柔，练虚整。

"'凌空劲'伤气又伤神，也提高不了灵敏性。不要练那个，影响进步。"马老是这么告诉我们的，但不是所有人都听得进去。

# 第六章 为道日损

# 轻重浮沉

　　杨家老谱中有一篇《太极轻重浮沉解》，单纯从字面意思上看，并不艰涩，但难就难在，用文字去形容一个看不见而只能摸得着、只能去体会的东西，就很困难了。

　　现在资料很丰富，关于对这篇文章的解释也很多，但我的感觉是越看越糊涂。所以，现在我就把别人的解释都抛开，结合自己的体会和师门前辈的传授，谈谈自己的看法。

　　这篇拳论讲的是四种劲，也可以说是四种手法的关系：轻、重、浮、沉。

　　先说字面意思。

　　轻者，轻也，就是不重、分量小，在这里指轻灵、不用力。与"轻"相关联的是"浮"，轻了，就容易"浮"。浮，有浮在水面上、沉不下去的意思，也有不稳定的意思。轻是对的，浮就错了，因为浮是一种"假松"，是做作出来的，不是松出来的自然的轻。

　　与"浮"相对应的是"沉"，指没入水中，也有陷落、落下之意，这里指劲力向下。与"沉"相关联的是"重"，指分量大。

老谱中对"重"有一个解释，但这个解释反而不好理解。"双重为病，干于填实。"双重为病，就是两个人顶上了。干，指树干、主体部分，如果主体部分都被力夯实了，实实在在填满了，就笨重了。两个人都用力，就"卡死"在那里了。

这里牵扯到对"双重"的理解。我们在《吴式太极·南湖传习录》中已经讲过了，这里简单重复一下。双重不是两只手、两只脚同时用力，而是两个人都使劲，就是"顶""实打实"。

老谱上说，双重为病，双沉不为病，双浮为病，双轻不为病，半轻半重不为病，偏轻偏重为病……

双重，俩人顶牛，为病手。沉和重不同，我们一会儿单说。双浮，两个人都不使劲，也就没法听劲。这和双轻不同，双轻是两个人都轻灵。半轻半重与偏轻偏重不太好理解。老谱上说："半者，半有着落也，所以不为病；偏者，偏无着落也，所以为病。偏无着落，必失方圆；半有着落，岂出方圆？"简单说，就是"半"是对的，"偏"是错的。因为"半"表示不完全，但已经有了，只是还不够完美。半轻半重，表示有轻有重，虽然还有重，但"轻"已经有了着落，说明功夫不到，但不是"病"。偏轻偏重，指有意识地偏轻偏重。偏轻就是我们常说的"假松"，偏重就是还不会放松。

这篇拳论字数不多，但很难看懂，有些观点和我们的体会也不完全一样。我们对这篇拳论的解释和其他门派的解释也不一样。

我总觉得这篇拳论说得过于复杂，越复杂越难以理解。

对于轻重浮沉，我们有一种更简洁的说法："双轻不浮是高手，双沉不重太极手，半轻半重太极手。"

推手中，两个人都很轻灵，轻灵中有东西，不是浮皮潦草，不是假象，这是高手。轻也好，沉也好，都必须是松出来的，自然的，不是假象。假象的轻，就是"浮"；假象的"沉"，就是"重"。假象，就是人为的，做作的。

两个人都很"沉"，但不重，或者半轻半重，已经开始轻了，但不够轻，还有点重，这种"半轻半重"是自然的，不是"忽轻忽重"，这也是"太极手"，符合太极拳的理。

因此，在我们的概念中，要轻不要浮，要沉不要重。其要点在于是不是"自然"。

在我们看来，"轻"和"沉"都是自然的，不是做作出来的，是通过不断地练习，在放松的状态下自然"生长"出来的。如果是做出来的，就是假象。假象的"轻"就是"浮"；假象的"沉"，不是先天的、自然的"沉"，就是"重"。"半轻半重"也是自然的，不是有意做作的，有意做作的是"忽轻忽重"。"半轻半重"也不是"五阴五阳"，这是两个不同的概念，不要被文字所欺骗。

我们经常碰到的一种病手是"忽轻忽重"，这是假装的轻，假装的重。一搭手，他说，你看我这个多轻啊，你一按，梆硬，这是做作出来的"忽轻忽重"，不是半轻半重。

因此，在我们看来，是"病"不是"病"，不能只看表征，要看内在的实质。自然的、松出来的，就是对的，是"不病"。

有一个故事。有一次马老去王子英前辈家，温铭三师叔也在场。温先生提出一个问题，说外面有一种说法叫做"逢什么什么必沉"，这是什么意思。

王子英前辈说，别管这些乱七八糟的说法，就是松开。然后，王子英先生让马老走过去，他把胳膊一伸，搭在马老的肩头，说，你蹲下点，再往起站。后来马老跟我说："那个时候，我不到 30 岁，身体有劲着呢。结果我往起站，怎么站也站不起来。我说，您怎么那么大力气，我站不起来。王先生说，我要使劲就坏了。你看，我一使劲，我就出去了。这是松出来的，完全不动，周身一放松的沉，这才是先天之沉。"

过了几天，马老又去刘晚苍老师家串门。"刘老师问，上你师爷那里去了吗？我说去了。给你说什么了？给我讲这个轻和沉，他那个胳膊跟扁担似的，我怎么使劲也站不起来。刘老师一乐，说，来来来，我给你说说怎么回事。我又蹲那儿，刘老师说往起站，我说实在站不起来，站不动。忽然，我也不知道怎么来的一股劲，吧唧，我坐地上了。刘老师说，知道怎么回事了吗？我说明白了、明白了。他说，就是别使劲，松，别动。"

过后我思量很久，"站不动"这句话越想越有意思，越想越传神。但当时，自己却是一脸懵。

当时，马老看我不明白，还举了另外一个例子。他说，"你拿着手机，把它托起来，手机沉不沉？"我说不沉。马老说，"你完全松开，用最小的力托着看看，这时候你能感觉重量增加了很多倍。反过来，我要托你的时候，你不动，往下放松，也是一样的。托你的人，他自己就起来了。你沉，我就起来。但是，记住这个接触点，还要留住，不能跑，不能丢。用身法下沉。不能用力，用力就没有这个效果。"

我也亲身体会很多次马老的"沉"，那种沉不是重，马老的体重也没有多重，我完全可以把马老抱起来。但是，我托着马老的肘往上托的时候，说他是像大山一样瓷实吗？也不是，就是感觉"沉"，不仅纹丝不动，而且托着托着自己就起来了。

这就是松出来的"沉"。

一个特别复杂的"拳论"，在我们看来，就这么简单明了。

## 阴阳相济

　　说到"半轻半重"，就牵扯到另一个概念"阴阳相济"。

　　阴与阳，是古人对世界的二分法的体现，万事万物都具备了正反两个方面的因素，有正就有负，有上就有下，有生就有死……对立统一的两个方面，统称为阴与阳。比如轻与重、刚与柔，也是一对阴阳。

　　阴阳相济，在这里，"济"是互相补充、互相补益的意思。在任何一个事物中，阴与阳都是互相补充、互相补益的，共同构成一个整体。阳消阴长，阴消阳长，循环不已。比如我们人体，阴虚了，火就旺；阳虚了，寒就重。

　　我们回到太极拳。王宗岳《太极拳论》上说："阴阳相济，方为懂劲。"显然，阴阳相济是说的推手，推手是双方的事情，两个人是一个整体，你攻我化，我攻你化。对方来劲了，能做到"不丢不顶"，不跑，也不去和对方"顶劲儿"，这就叫"懂劲"了，也就是懂得怎么控制、运用、练习自己的"劲儿"了。

　　有读者注意到，我们只说"阴阳相济"，不说"刚柔相济"。这是为什么呢？

从逻辑学的角度讲，刚与柔，也是一对阴阳，但刚柔只是阴阳的一种表现形式，阴阳包括刚柔，刚柔不能涵盖阴阳。这就是"白马非马"，也就是说，白马是马（的一部分），但不等于马。如果把"阴阳相济"愣改为"刚柔相济"，就等于限制甚至带偏了阴阳的概念，愣是把一个大概念拉小了。

从现实的角度看，"刚柔相济"把"阴阳相济"的概念也扭曲了。水齐为济，所以"济"有补充、弥补等意思，一碗水总要自己"找平"，阴少了，阳就多了。阴阳相济，是互相弥补，不是混在一块。很多人舍不得好不容易练出来的"刚"，如此"刚柔相济"，后果就是留着一半刚劲一半柔劲，而且必须是一半，仿佛一半才最好，似乎这样，就符合太极拳理了。我们管这种劲叫"二混子劲"，既不阴也不阳。

我们要求，阴阳这两个劲要分得很清楚，按照现实情况，灵活运用。该纯阴，一点阳都不要用；该纯阳，一点阴都不要用。该用劲的时候，能用"二"就不用"三"，技巧性非常强。

在我们看来，阴不离阳，阳不离阴，阴阳是一个太极，其中有阴有阳。明白了什么是阴，什么是阳，什么是阴阳相济，才能说是懂劲。阴阳相济，不是相混。在一个太极图中，阴阳相互补充，没有凹凸和缺陷，也不会出现既没有阴也没有阳的空洞。这种感觉，放在推手上，就是"气宜鼓荡，神宜内敛，无使有缺陷处，无使有凹凸处，无使有断续处"。

再往下走一层，阴阳是"阴阳二气"，阴阳是无形的气，不是有形的身。"神也者，气之精华；形也者，气之渣滓。"从这个角度上划分阴阳，身体为阴，气为阳。所以丹道修命最后要"炁化肉身"，修成纯阳之体。我们练太极拳，要炼形、炼阴，更要炼气、养气。

回到推手。这个时候，就不是用力和不用力的问题了，此时已经完全脱离了刚与柔的概念。

所以，老前辈们说："大动不如小动，小动不如不动，不动不如一动。不动纯阴也，一动纯阳也，一阴一阳谓之道。"

在具体的太极拳修炼过程中，"初级练习阴阳平衡，中级练习阴阳济济，高级练习中定。练中定，用太极"。

初级的时候，你来我往，粘连黏随，不丢不顶，就是两个人阴阳平衡，类似于上文说的"半轻半重太极手"；中级的时候阴阳济济，"济济"，即盛大貌，此时两人阴阳不仅能够互相补充，而且整齐雄美、气魄盛大；到高级阶段，只练习中定，阴阳完全包含于内，一用就是太极，一动就是整动。

为什么说"一动"，这里有两个概念。第一，"一"是整体；第二，"一"是"一阳初动"，生机无限。就像月相变化，有圆有缺，刚刚只有一条白线的时候，最灵最妙，妙不可言。

到了"中定"阶段，所有的"劲儿"都已经含而不露，混混沌沌，无有锋芒，无有棱角，无有凹凸，无有缺陷。就是"松"，外头也看不出来。

用这个道理指导我们盘拳和推手，就会明白我们为什么要求练拳的时候要放松。因为在我们看来，练拳的时候，就是纯阴。

因为在练拳的时候，外头没有对象，所以，阳就无法发挥。

但是也有不同意见，比如有的人讲，动为阳，静为阴，这不也分出阴阳了吗？听起来也不无道理，但练的时候，却是自找麻烦。这就像你手里拿一个馒头要吃，先要分出阴阳，先吃阴后吃阳……

马老教我们的就是这句话："练拳的时候，就是纯阴。"只有推手的时候，有外来的力，听到这个劲儿然后把这个力还回去，用的是阳。练拳的时候，没有外在的对象，没有困难，不用再给自己制造一个"困难"，只要完完全全、自自然然地松开去练就好。

我们吴式一门管太极拳叫太极行功，我们盘的拳是"功"，站的无极桩也是"功"。只不过，无极桩属于静功，盘拳属于动静结合。就算是推手，我们也是"推手不推人，打点不打人"，比的是听劲的灵敏、听劲的准确，听出对方来的力点，这个力点也是对方的弱点，打的是这个力点。听劲属阴，打点属阳，我们吴式太极拳讲究用阴用阳得恰到好处。

如果路线错了，学得越多，越是"往反了动"；真懂了这个原理，路线走对了，自然"愈练愈精"。

练太极拳，是"做减法"。

首先，做减法，才能专一，专一，才有力量。

我们用一个老式手电筒来比喻，同样的功率，同样的电池，同一把手电，调节前面的灯头，光圈有远有近，有点有面。要想看得清楚，就得把光聚在一起。"专一"的光线，聚焦在一个点上，才能看得清楚，看得远。再热的天，太阳光散射在我们身上，我们也可以承受，但是，如果用放大镜把光聚在一起，就能把纸张点着，而纸的燃点，超过180℃。这就是专一、专笃的力量。

人的精力、时间都是有限的，我们也需要把自己有限的时间和精力聚焦在某一件事情上，才有可能获得成功。

马老是我见过的最好的太极拳老师。马老已近九十高龄，一辈子只醉心于一件事，就是太极拳。无论什么时候，他最关心的、最喜欢的，都是太极推手。马老的听力最近不太好，你跟他说家长里短，他听不见，他也没有兴趣，无论你说什么，他回答的几乎都是太极推手。

但是，只有自己专一还不够，马老跟师学习也专一。马老跟王子英、张继之、姚继祖、郝家俊这些名人名家都学过，但跟着师父刘晚苍30多年，学习不辍。这样，既广收博览，又一门深入。

马老常说："初正则终修，干立末可持。"（《周易参同契》）刚开始就走正道，才能最后成功，抓住了主干，细枝末节的内容自然就有了。这也就是我们常说的，想要学好太极拳，一定要入对门、跟对人、走对路。因为如果走错了路，明明师父教的不符合太极拳论，学生却要"从一而终"，那就真的是"一条道走到黑"。

但是，现在最常见的问题还是"名师太多"，有的人到处"游学"，东划拉一把，西划拉一把，什么也没划拉来。有的人到处在网上阅读碎片化的信息，把自己越整越乱。还有的朋友，用自己的语言去"注解"我们的文章，对我说，你说的是这个意思吧？我说不是。他说，那是那个意思吧？我说还不是。他说，那到底是什么意思？我说，就是我原话说的那个意思。

其次，做减法，是要一门深入。

很多朋友，包括我自己，都曾经兴趣过于广泛，这也想修，那也想练，到最后学了一堆一年级的课程，哪一门也没深入。直到几年前，我自己忽然意识到，我要做减法，我没有那么多时间和精力。于是，我把精力集中用于太极拳和打坐修道，这样有动有静，互相补益。很多武功上的练法，都被我大刀阔斧地砍掉了。

古时候，信息传播不发达，得到一本秘籍、一句口诀，一门深入，获得成就的人很多。现在是信息时代，各种法本、口诀很容易就能得到，但是秘籍多了，有成就的反而少了。这就是"少则得，多则惑"。

但得本，莫愁末，一法修彻万法通。在有限的生命里，先解决最根本的问题，"行有余力，则以学文"。

"瞽者善听，聋者善视。绝利一源，用师十倍。"（《黄帝阴符经》）

再次，做减法，是减去后天本能。

"为学日益，为道日损"。

太极拳是修道的一部分，修道就要修正自己，让自己符合道的要求，要逐渐去掉后天染污，恢复先天本性。所以，太极推手，就是要去掉"后天本能"。

这里需要厘清一个概念。先天与后天，在不同的语境中，有不同的意思，要"得意而忘言"，不要执着于文字本身。

比如王宗岳《太极拳论》中有这么一段话：

> 斯技旁门甚多，虽势有区别，概不外"壮欺弱""慢让快"耳，有力打无力，手慢让手快，是皆先天自然之能，非关学力而有也。察四两拨千斤之句，显非力胜！观耄耋能御众之形，快何能为？

这里的"先天自然之能"的"先天"，和我们常说的"先天"意思是不同的。

在王宗岳的《太极拳论》中，"先天"指的是"未学太极拳之前"，也就是没有懂太极拳之前的那个状态，与懂劲之后的状态相对应。通过"先天"显示"学"的重要性。

"先天"与"后天"常常是对应而来的一对概念，比如，我们常说的"先天"，是指本来意义上的先天，从道的角度来说，宇宙未产生之前，"物"形成之前的状态，是先天，"象帝之先"；从生命的角度来说，孕育而未出生之前的状态，为我之"先天"；从个人成长的角度来说，"如婴儿之未孩"，未有后天意识染污的状态为"先天"。

所以，马老常常比喻说，我们学太极拳，练太极推手，就是回到小婴儿的那个状态。我们练的是先天气、先天意、先天神，也就是真气、真意、真神。

这个去除后天意识、习惯的过程，也就是做减法，返先天。

最简单的例子：感到危险要跑，这是后天意识，经过太极推手的训练之后，感到对方发来的力，就要做到"不丢不顶"；遇到对手擒拿，下意识就会胳膊用劲、僵硬，却刚好被人用反关节拿住，这就是后天意识，

2001 年 7 月，笔者拳照

经过太极推手的训练，逐渐可以做到顺人之势，借人之力……这种克服后天意识影响的过程，看似非常简单，其实非常艰难。这个后天习惯克服了，太极推手就成了。

马老常说，太极拳为什么难练，就是因为要克服后天上加功。角力、反关节这些就是后天上加功。本来有力量，我再加点力量，加上撅手指头就是反关节技巧。这些都是"自然之能"，练太极拳就要克服这个。马老说，"一插把"就按纯正的太极拳去练，就不走弯路。否则，练了好多年，净练力气了，白费时间。可惜的是，大家都拿这些后天的东西当宝贝，错了也不承认，更不愿意改正。

最后，太极拳是"改错拳"。

我们可以这么说，要练好太极拳，专一是前提，一门深入是条件，返先天是路径，"改错"就是方法。

怎么"改错"？不是天天去纠正一个架子对不对，那是"末"，不重要。最重要的，是消除身上各种不符合《太极拳论》的思想意识、行为习惯，不要在错上加功。错上加功，只会在错误的道路上越走越远。改错，就是敢于回头，返回先天。

这很难很难。

上文说，大家错了也不承认，更不愿意改正，因为要"改错"，首先要"认错"。有几个人是敢认错的？尤其是，如果自己在社会上已经有了一些名气，教了不少学生，更不敢说自己练错了。明明是力气活，自己也知道是力气活，也得强撑着说是太极拳。老师不敢认错，学生也不敢认错，仿佛一旦承认错误，自己那么多年就白练了。所以，宁可不认错，不承认就不错，看不见就没有。

马老以前常说我们，"你们没有真松，可你们心里其实是不信的。"我当时是不服的。现在想想，马老说得对，到现在，那种根深蒂固的后天意识仍然很顽固，总是在自己不经意的时候就冒出来。

我学了20多年，一直在改错，只不过，现在改的幅度大了一些，所以，进步也多了一些。其实，错误还占了绝大部分，未来"改错"的路，道阻且长。

改正错误，既是修身，也是修心，即是修道。

# 开悟

《吴式太极·南湖传习录》中讲过王茂斋先生"开窍"的故事。其实，开窍就是"开悟"，当然，这种开悟不是佛家明心见性的那种"大彻大悟"。太极拳修炼，是一个不断"渐悟"的过程，一个不断"开窍"的过程。"窍"越开越大，了解的东西就越来越多；"悟"越悟越多，对太极拳的掌握就越来越多。

王子英先生讲，练太极拳必须有悟性。比如这三间屋子都是太极拳，你是初学者，被老师带进去转了一圈，看得眼花缭乱，问你到底什么是太极拳，你可能什么都说不上来。这就好像我们走路，如果是别人带自己走一圈，往往我们记不得路。

王子英先生说，这么走马观花看一遍，你回去自己练，很可能是练不出东西的。哪天你自己想要进去，却没有钥匙，进不去门，在外面把窗户纸捅一个小洞往里一看，看见一点，哦，原来这就是太极拳啊。其实，你只是看见了一点点。但是，当你按你看到的这一点点练，就有点意思了。改天你再去捅一个窟窿，又看见一点。慢慢的，你看得多了，一个完整的太极拳就出来了。王子英先生说的，就是一个形象的"开窍"的过程。

马老也会经常讲起他"开窍"的故事。《吴式太极·南湖传习录》中提到过一些，这里做一些补充。

马老年轻的时候，有一次到西城，骑车走到西什库教堂附近的胡同，碰到一个赶车的。那时候胡同里还没有柏油马路，路面坑坑洼洼，因为刚下过雨，坑里还有积水。有一辆拉煤的骡车，陷在了坑里拉出不来。赶车的很着急，抡着鞭子赶骡，骡子吭哧半天也拉不动。

马老是个热心肠，赶紧下车帮着人家推车。两个人，一个赶，一个推，但是煤车沉重，就是拉出不来。

正在着急的时候，来了一个骑车的老先生。老先生对赶车的说，别打了，你把它（骡子）打死你也上不去，你去找块砖头来。

马老在一旁纳闷，找砖头干什么呢？赶车的人这时候也真没辙了，见有人帮自己，很听话，赶紧去找了一块大砖头。老先生对赶车的说，你把这个骡子往边上领，让这个车斜过去，然后把这个砖头垫在一个轱辘底下，再往外推车辕子，往外一打，车一歪，就上去了。你直着来，越弄陷得越深。

果然，赶车的小伙子按照老先生的办法，把骡子往左一领，车子一歪的时候，把砖头填到车轱辘底下，往右一带把，马老又在后面推了一把，煤车一下子就出来了。

马老说，这件事当时就给他开了一个窍。他想，这不就是太极吗？一虚一实是太极，"曲则全"也是太极，这个车出去的路线，不就是太极图里的阴阳鱼吗？"这就给我开了一次窍，我就把它用到推手上了。这种开窍，不定得开多少回。"

还有一回。

经常和马老推手的伙伴中，有一位是马老师弟赵德奉的二哥赵德库，他是练摔跤的，劲比较大，块头也不小，所以两人一推手就"顶"。某一天在地坛公园推手，俩人推着推着，马老说，自己的脑子就像来了一个信号一样：你顶我也顶，可不就顶呗。今天我不跟你顶了，我把这个

"顶"躲开，看看能不能推你。对方再按过来的时候，"我不顶了，没了，结果他出去了。'顶了'不能怨人家，你要不使力，他的力按到哪里去呢？从那开始，他只要一顶，我就一放松，一撤，他就出去了。这是又开了一回窍。"

马老说的，"自己的脑子就像来了一个信号一样"，这句话让我想起岳云鹏。岳云鹏原来也是特别"笨"，后来突然就开窍了，相声说得越来越好。他在一次做节目的时候说，某一天他在说相声的时候，突然感觉头后面有一股风，就"开窍"了，结果当天的相声非常精彩，而且表演完还很舒服。对他说的这种"开窍"的感觉，我深有同感。

不管怎么样，"悟"是自己的事，别人替代不了。所以，马老说："练太极拳非得有悟性。我老师就给我讲，你别老模仿我，没用，我的就是我的，你练上身才是你的。你得悟，老师教不了你这个悟。"

王子英先生也这么说过，当然也是批评大伙儿。他说，"你们长脑袋了没有啊？成天这么来，我就这么说你们，怎么就不进步呢？"那些被批评的人里头，包括现在已经成了名的某位名家。"你没脑子啊，这得悟！这不是教的，也不是练的，练不出来！越练越没有！"

马老说，"这些话吧，当初我听着都刺耳朵，我心说，那我们干嘛来啊？不练？不是练的？那我们还练吗？但是后来慢慢明白了，人家老先生说得对。"

那么怎么才能早点"开悟"呢？

第一，得有这个愿望、愿力、念想。"念念不忘，必有回响。"没有这个愿望，就没人帮得了你。

说得"朴实"一点，你得天天想着这个，用马老的话说，"你得入了迷"，才有可能从量变到质变。

第二，要动脑子，不能傻练。

现在练出来的人很少，有人总结原因，说练得少。有的人说要练一万遍，还有的人说要练十万遍。马老说，不是这么回事，我练了六十多年，算算才练了两万多遍。太极拳离不开练，但绝不是靠数字的简单堆砌。

练拳要动脑子，不是动作的机械重复。马老当年就是"一天一小结"：今天我练完了为什么舒服？今天为什么脚上那么有劲儿……马老说，这都得总结。我这个胳膊，今天有点松，明天继续松，直到找到真正的松，看看到底是什么样的感觉。

第三，要有好伴儿，能陪着练。

马老的"好伴儿"就是他的师弟赵德奉。马老说："我和赵德奉从来没找过胜负。我按上了，他说师哥，你这么着我走不了。你这么着那么着，我就走了。这就是好伴儿，有了这样的好伴儿，你才能练。俩'能耐梗'练不了。"

第四，得会练，善于当"傻子"。

推手有个特点，被推的功夫长得快。因为他知道对方哪点劲打他他最难受，推人的反而不知道。对方进攻的时候，你要练听劲，去配合对方，千万别顶，他推你就走，这样就把听劲练出来了，你功夫就上身了。这么"傻来傻去"，等你练熟了，你里头稍微一转悠，对方就出去了。所以，马老说："要多当傻子，永远当傻子，你就练成吴鉴泉了。"

第五，要举一反三，默识揣摩。

我和"小伙伴们"推手，一般只能操一两个劲，再复杂的我就做不出来了。马老说，一个劲操熟了，要找变化，一个变四个，上下左右都要做出来，然后一个再变四个，就是十六个，一个再变四个，就是六十四个，如此变化无穷。这还是一个劲，掤捋挤按采挒肘靠都要练出来，身体的各个部位都要练出来……这就是举一反三，闻一知十。懂劲之后，还要默识揣摩，才能有所得，才能不断进步，逐渐达到"从心所欲"的境界。

可惜，这样的人才实在不多，所以，练太极拳的人虽然不少，但真正练出来的，却是"代不数人"。

第六，处处留心皆学问。

马老说："以万物为师，说不定哪会儿你就得着点东西。"比如，马老帮别人推车，如果不是处处留心，念念不忘太极拳，就不会联想到推手，就不能从中悟到太极拳的道理。王茂斋看别人促磨的时候开悟，也是在心心念念琢磨太极拳的时候灵光一闪。（事见《吴式太极·南湖传习录》）

在丹道修炼中，讲究"万象玄关"。万事万物，都是通往先天大道的指引、路径和"窍门"。佛家说："一切音声皆是陀罗尼。"《金刚经》云："是故如来说一切法，皆是佛法。"

第七，重德为本，积功累德。

拳论说："入门引路须口授，功夫无息法自修。"这个"自修"，不仅仅是练拳本身，同样包括修身正心、培养德行。心胸宽广、与人为善，才能虚怀若谷，汇聚涓流，积成江海。

老前辈们说："练太极拳一定要有德行和悟性，老师领进门，修行在个人，德行和悟性最终决定你水平的高与低。"远的不说，马老在西什库附近的那次开悟，也是一个小小的功德，如果马老看别人的车陷在坑里，自己扬长而去，就没有这个功德，没有这个机会。

先讲一个故事，是马老讲述的。

话说武清县有一个地主，喜欢摔跤。这位老先生长得很精神，留着白胡子，走路挺着胸脯，衣服干净得体，特别"有范儿"，但是美中不足的是，他是个"睁眼瞎"。什么意思呢？看上去眼睛跟平常人一样，但就是看不见。

老先生很有名气，也教了不少徒弟。他喜欢上街赶集、遛弯，因为看不见，所以只要出门，就得扶着一个徒弟的肩膀。

这些徒弟，有的跟他练了几十年，但怎么也赶不上老师，不管用什么法子都难不倒老师，只要一进招，就被摔趴下。后来大师兄就和师弟们琢磨，我这一揪他，觉得挺合适，可刚一吊腰，我就躺下了，师父到底是怎么练的呢？他又看不见，肯定有什么绝技没有教给咱们。大家觉得是这么个道理，商量来商量去，想出一个主意：反正师父也看不见，咱们晚上拿梯子爬到墙头上，看师父自己在练什么，偷学两招。

那个时候，练功夫的人都讲究"二五更的功夫"。二更是晚上9点到11点，亥时，也称"人定"；五更是早上3点到5点，寅时，也称"平旦"。老先生起得早，五更天，大家也就都在这个时候去偷看。到点了，只见北屋门一开，老先生到院里一站，什么动作也没有，就那么晃悠，晃了一个来钟头，回去了。大家看得莫名其妙。

第二天还是如此。一连几天，都是如此。

也难怪这些徒弟们纳闷。当时练摔跤是很吃功夫的。比如抖麻辫子、拧棒子、打草纸、天地秤，等等。抖麻辫子就是用线麻编成大辫子，一头拴在大树上，在另一头抖，练力量。拧棒子就是两只手握一个木头棍子，底下坠上沙袋子，往起拧。打草纸，是用过去那种马粪纸，带着草棍儿的那种草纸，弄500张左右，钉墙上打，打到最后，纸都没了，手上练得都是大膙子。天地秤是要挖一个土井，大马步站在边上，脖子上挎个大皮绳，底下吊大沙袋子，起来下去地练。这个和摔跤的手法有关，摔跤的时候，你的手一揪他的小领子，他的脖子一梗，把你的手夹住，你的手就撤不出来。

但是这位老先生不打拳，不耗腿，不溜腿，也不打桩，也不练这些基本功，他在院里"摸鱼"，练的是什么呢？

马老说，他练的是腰，就是拿腰带着手，练听劲，别人只要一碰他，他就有反应。因为真正的好摔跤，也是放松，也是用的整劲，和太极推手一样，都需要"向腰腿求"。

过去老前辈常说：大动不如小动，小动不如不动；形无形，意无意，无意之中是真意；有形都是假，无形方为真。真传一句话，假传万卷书。马老强调：太极推手让手不让腰，丢形不丢中；我们盘拳推手，两个胳膊就像挂在肩上，两条腿就像挂在腰上。

"手眼身法步，缺一何必下功夫"。但在"手眼身法步"五个部位之中，关键是身，身的关键是腰。

接手，进腰，把对方的劲儿按到自己的身上，胳膊要不丢不顶，绝对不能紧张。感觉自己的脚下特别踏实、沉稳，这个时候手就有准儿了。接手要轻，让对方进来，等他的劲儿到了你的腰上，你再走他。注意不要猫腰。

比如两个人推手时，要把手和胳膊舍给对方，但是在"舍"的时候，要悄悄进腰，然后连腰带手一起走。一接手就松胳膊进腰，见着劲儿了，啪的一声就回去了。这"啪的一声"，马老说，就是连胳膊带腰整体一动。

"向腰腿求，关键是腰，他推你的胳膊，嘛都没有，这个时间，你的腰就过去了。过去之后，给他点劲儿，他见着劲儿了，只要一推你，他就上当了。但是，你胳膊支着不让进，或者腰进得晚，都不行。一出劲儿就完，你得让他摸不着你。"

马老说，这个练好了，身法就会用了。要点是千万别使胳膊，要"向腰腿求"，不是向胳膊求。腰腿不失中，胳膊舍了没有关系。一接手，就松腰进腰，也就是说，在推手训练中，一挨手，腰就填过去了，这样就不是手上的劲儿了，就有弹性了。中心前移了，把对方发出去之后，自己的中心正合适。

被推的人，如果在一接手的时候，手虚着填腰，腰一进来，对方就推不了了。这就是"守住中定往开打"。但是，手上千万不能搁力，要是手上有力，腰就填不进去。为什么呢？胳膊有力了，就把人家挡在外面了，自身也就滞了。所以，得松着，让对方推你的手。

马老说："他忙活你这手的时候，你的腰就过去了。千万不要拿手支着不让人家进。胳膊放松，不要了。"我们练推手，仿佛是要把胳膊"练没了"，这不容易，但是下一步，还要把身上都练没了。想想都觉得好难啊。

怎么才能把胳膊"练没了"呢？首先是胳膊别使劲，腰还得往里走。马老说："手别动，就是腰，把用腰练成习惯，然后你的手就好用了。"

但是，胳膊没了，又不是真没了，你的胳膊还不能跑，你得接住。接上，手松着别动，别使劲，拿腰走。也就是说他发劲的时候，你的手松着，别跑，把腰填过来，这样，他的劲儿就会打到他自己身上。

膝盖这个地方很重要，必须得通。推手时，膝盖要和站桩一样，屈着一点，不要弯太多。我们推手的时候，马老在旁边看着，经常告诉我们："腿不要弯那么多，弯太多就没有用了。以舒适为准。"马老说，这也是武式太极拳的诀窍——"两股前节着力"。

推手的时候，别把养生给忘了。我们推手，是为了养生。松腰，但不要把腰弄那么低，要怎么舒服怎么来，不要用功夫力，要舒服。腿略微弯曲，跟站桩一样。要通过放松，把对方的劲引到自己脚底下去。气老在下面，呼吸自然，这样不仅能出身法，而且等于推手的时候站桩。用一下，然后放松，这叫"活桩"。把人发出去之后，膝盖还弯曲着，就等于自己在站桩，所以这样推，推一天也不累。

"两股前节着力"，这是姚继祖先生传给马老的诀窍。关于腿的问题，王子英前辈也讲过。王先生是山东人，说话有山东口音。马老回忆说，王子英先生是这么讲的："看两条腿，你这个不对的，料叉子腿。你松不开，俩腿跟直棍似的。"所谓料叉子，就是过去拌草料喂牲口用的叉子。我小时候见过，印象中是树杈做的，两个杈一个把儿，形容俩腿直不愣登一站，非常形象。

每次说到这儿，马老就非常感动。他说："就这一句话，我要是没有遇到姚继祖那么好的老先生，六辈子也不懂。我跟王先生这么多年，王先生就说，料叉子腿不对，直不愣登的不行，我弄不明白到底怎么才是对的，是姚先生这句'两股前节着力'给我讲清楚了。明白了这个，没练过拳的，摆出来，身上都有东西，何况练过的呢？"

马老还有一位老师，是练杨式太极拳的鲍全福先生。鲍老是蒙古族人，他的老师是纪子修。鲍老是当年的燕京大学（今北京大学）的大学生，年轻的时候，得了肺结核，那个年代肺结核是不治之症。鲍老后来练太极拳练好了，很长寿。他说，纪子修先生在说步法的时候讲过，"趟河""跳井""砸夯"，这都是太极拳步法的"病"。

除了步法，"腰"也容易出毛病，其中一种是"腰断两截"——撅屁股——造成上下不通，根本原因是腰没有松下来，真松下来自己就通了。还有一种是猫腰，或者弯腰驼背。马老就经常批评我："腰要竖起来，不要练成大罗锅了，不要养成毛病。"

李文杰先生说过，太极拳是喻于阴阳，分为动静。贯穿两极，融汇一炉。神也者，气之精华；体也者，气之渣滓。

不管是炼形、炼气还是炼神，上下都要贯通、贯穿，才能"融汇一炉"。腰者，"要"也，这是一个要点，是上下交通的枢纽。"向腰腿求"，关键是松腰，松腰要自然，不能做作，做作就容易出"病"，不可不慎。

力由脊发？

为了给我们把推手这个过于"简单"的事情说清楚，马老可是费了不少心思。有时候，马老还会用很多道具，帮助我们理解和训练。比如气球、乒乓球、带轱辘的木板，等等。还有一个，是我们小时候都玩过的绷弓子。这是北京土话，其实就是一把弹弓。

那天，马老又拿出了他的这个绷弓子，因为我问了一个问题，什么叫"力由脊发"。马老拿出这个绷弓子，就是为了给我一个解释。

马老说，所谓"力由脊发"，"脊"并不是脊柱的某一个部分，甚至不是脊柱，也并没有这么一个"力点"，那么这个劲是从哪儿来的呢？是周身一体，"松"出来的惯性力。这个时候，马老拿出弹弓，拉开皮筋，一"松"，皮筋就弹了出去。马老解释说，就这样，先是收缩了一下，松的时候，"开"了一下，注意是虚着"开"，不要带着力量。马老说："最难的就在这个地儿。这也是一个惯性，但这个惯性，不是硬的。"

我说，惯性也分硬的和软的吗？

马老说，跑得很快，想停停不住，这是惯性，但这是"硬性的惯性"。我们说的惯性，是一种软弹力。就像是在汽车前头搁一张弓，我这个惯性撞你的时候，是那个弓弦在撞你，不是车撞你。我们推手的时候，用的这个软弹力，是被压迫之后的反弹力，是要回到原来位置的反弹力。我们接手时，为什么要虚着收缩一下呢？就是给弹回去制造空间。

马老说，你们平时推手用的"都是汽车"，没有这个弓子，硬撞，现在要给自己在外面安上一个大弓子。这样的话，你还是原来的速度，但对方一来就被你弹回去了。这就叫化中有进，阴中有阳，阳中有阴。

听了马老的话，也许有人会问，你们说的这个绷弓子，和外面有人说的"一身备五弓"不是一回事吗？你只有一张弓，人家有五张弓……我还是那句话："我们不一样。"

在我们看来，所谓"力由脊发"就是整劲，周身形成一个虚虚的、松松的、自自然然的整劲。包括腰和脊，但又不局限于腰和脊。而且，它必须是自然的，如果是做作出来的，就真成了脊柱或者腰在使劲，那样就达不到我们想要的效果，还容易造成脊柱、腰椎损伤。

这个整劲不好练。首先要放松。体会一下，周身放松的时候，哪个地方先受力？脚。因为等全身都放松了，谁在支撑身体？只能是脚。当然我们说的是站着，要是躺着、坐着，那是另一回事。脚是受力点，但脚也要放松。如果"五趾抓地上弯弓"，那就坏了，那就松不了了。我们要练出来的"力"，都必须是自然的松和自然的力。一旦加上人为的、做作的力就不好了。

俩人推手，你推我化，你再推，推到我的中上了，我要再不用，就叫丢，所以这个时候我要用。"用"是要讲时机的，让对方感觉到他要赢了，就是这个时机。他将要挨着你的中，他自然要回去，趁这个时候，你全身放松，中往前，这就是诀窍。诀窍是诀窍，就算老师告诉你，能不能掌握，也要看你的听劲功夫。

从接手到接近自己的中，这个过程叫舍己从人。但是这个中，是说什么也不能丢的，一丢就完。马上到自己的中了，怎么办？走！这个

2017 年夏，马老在公园指导笔
者推手

"走"，不是用力，是一个"放松"，放松一下。力是从哪儿过来的呢？是
"力由脊发"，还是脚、腰、手？答案是全有，又全都没有，因为是全松
着前进，没有一个地儿用力。只要有一个地儿用力，就不好使了。

　　但是为什么强调力由脊发呢？因为脊柱确实非常关键，身法要正、
要正确。马老就总是提醒我："子鹏，脊柱别弯着，竖起来！""提溜他，
拿腰往起一竖……"

　　"向腰腿求""力由脊发"，在我们看来，都是一个整劲。脚、腰、
腿、手要协调一致，只说腰不对，只说腿也不对，这是一个整体。

　　胳膊有劲、胳膊突出了、胳膊支着，腰就进不去了。所以胳膊要全
松开。注意，松开不是退下去，而是松下去。

　　肩要先松后扣，这叫开合。马老说："这个道理就是张手和攥拳，太
极拳就这么点玩意儿。开、合、开、合，再配合上身法。"

　　脚底下的步法，现在也有很多讲究，比如川字步，不丁不八步等，
但在我们看来，不能把它框死了。步法要灵活，我们自身有这个调节功
能。马老经常比喻："比如我们要推车，车把一拿起来，往前使劲，你得

溜臀吧，撅着屁股还有力吗？你端一个重东西，也得含胸溜臀竖腰……"所以，我们得把这个先天的本能松着练回来。

不管遇见什么手，接手的时候，腰要往前移。因为我们是定步推手，脚是固定不动的。手一挨上，腰就贴上去了。但是，进腰不是鼓肚子，不能机械地理解为往前，要找一个合适的位置。如果你把腰挺前头去了，腰就"折了"。往那儿一站，要防止"腰断两截"，就要一松到底，整个人就跟空的一样，这样搭上手才好用。听劲、松整的功夫练好，推人的时候不用力，用的也是松腰。

推手其实不是用手，而是得"向腰腿求"，背、胯、腰、腿其实也都是要练的。背上也要"揉"，"揉"是一种练法，不是用手，是背对背练，练出功夫了，能拿背把人发出去。马老就是年轻的时候四个人前后左右把他按在中间这么着练出来的。练走化的时候，随便别人推，就是不能还手，还得能化。

马老说："前后左右，按哪儿都没东西，就跟豆腐脑似的。全松开以后，一碰，唿一下你就出去，你根本按不着我中心。按胯胯打，趴着按到脊背，照样打出去。"

就这样，练得都能化了，才能练发。练发的时候，各个部位都得能把人发出去。现在，我们倒是想这么练，但是找这样的伙伴，实在太难了。

　　"支撑八面"是每一个练太极拳的人梦寐以求的一个境界。有了这个说法，就有了各种各样的练法。

　　比如一个最常见的练法，就是守住中定。站得稳，然后身体向四面八方用力。你拍拍他，感觉四处"漏风"，到处都是劲儿。

　　但是，我想，要这么练，不还是用力气吗？这样"五马分尸"似的练法，极力往外发散，真练"好"了，人不就"散架子"了吗？

　　所以，就这个问题，我专门向马老讨教了多次。为什么是很多次呢？因为当时觉得明白了，回去一想又糊涂了。我希望自己能整理得比较清楚。

　　我们先查一下源头，"支撑八面"这句话并不见于王宗岳的拳论，而是出自武禹襄的拳论。

　　"立身中正安舒，支撑八面；行气如九曲珠，无微不到，所谓'气遍身躯不稍滞'也。"（《十三势行功要解》）

　　"立身须中正不偏，方能八面支撑。"（《太极拳解》）

　　因为是对王宗岳《十三势歌》的解释，所以武谱并没有离开王宗岳这个"总论",而是在总论的基础上,进行解释和发挥。

王宗岳拳论中讲,随曲就伸,无过不及,忽隐忽现,不偏不倚,这就是"守中"。要"守中",先得有"中"。那么,这个"中"在哪里?马老说,太极拳好比是一个圆球,三点一线,过中心有个中线,球怎么骨碌,都是一点挨地,一点在上,无论怎么滚,中间那个点距离上下的位置都不会变,那就是中心点。有了中心以后,就有了太极、两仪、四象、八卦……从中心点到整个球,就是"支撑八面"。所以,这个支撑八面是立体的,无处不到。

"支撑八面"可以换一个说法,叫"周身无处不太极"或者"无一寸不太极"。这是我们松出来的感觉,一种内氖充盈的感觉,或者说是周身灵敏性的鼓荡,这都是一个意思的不同表达方式。

马老说,话是这么说,但如果功力没有练到,很难理解这到底是一种什么"感觉"。功力练到这一步了,就非常简单,那就是一个撑满气的皮球。"支撑八面"刚开始就像足球一样,后面越练越轻、越练越灵敏,就会变得像气球一样轻、一样灵敏。

这是一种极其细致、细微的感觉,每一寸当中都有太极,任何一个接触点都包含了阴阳、虚实,周身各个部位都能化、都能发。化是阴,发是阳,这就是虚实和阴阳,也就是开与合。

马老和我试手,在方寸之间,在一个手指头的接触点,马老都可以分出阴阳虚实,避实击虚,发放随心,走化自如。这种细微之处,只能意会,无法言传。听劲、发放都在分厘毫丝之间。

还有一种看起来比较"明显"的。比如往起"提溜人",一搭手,马老把手轻轻放在我的胳膊上,手一抬,我就会被"粘"起来。我自己也试过,但成功率不高。这个需要反复练,练好了,才能像马老这样随心所欲,一搭手就把人提溜起来,不听话就扔你,再不走就摔你。马老说,把这些练好了,把太极劲儿练出来了,身体上下左右前后都有了,这就叫"八面支撑六面力"。当然,马老说,"这些手法,不合不行,合不住也不行。要粘得起，气必须随上，随不上也不行。"

那么，怎么练出这个支撑八面呢？

马老说，这句话是武禹襄先生说的，你就要研究武式拳的特点。

武式拳有个特点是"跟步"：退步以后，前脚往后退；往前弓腿一步，后脚往前跟。这么做就是为了使中心线稳固、底盘稳定又灵活，好保持这个"中"，这是武式拳的最大特点。

李亦畬先生总结得特别好，武式拳的这个核心就是"两股前节着力"，真弄懂了，就极其容易掌握。摆出来，就有八面支撑。如果不懂，练一辈子也很难找出来这种感觉。

平时我们大部分练拳的人，要求所谓"分清虚实"，但又没有搞懂怎么"分清"，结果就容易出问题，自己的中心把握不好，往往都有点"过"。比如有人给我们吴式拳增加了一个"三尖相对"，还有的拳种强调三七劲儿、二八劲儿，这些"技巧"都会造成自己中心偏移。武式拳讲究阴中有阳，阳中有阴，虚中有实，实中有虚，所以一定要保持它的"中"。有了这个"中"，才有支撑八面。一旦"中"偏移，可能支撑了两面和四面，但不可能支撑八面。少了两面、四面，"球"就撑不起来了，就不是个"球"了，做出来也是假的。做不到圆满地支撑，就一定有缺陷，就做不到武式太极拳要求的"勿使有缺陷处，勿使有凹凸处，勿使有断续处"（武禹襄《十三势说略》）。

这里必须强调一点，这个支撑八面也是松着练出来的，是自然练出来的。有的人用使力气的练法练支撑八面，想站得稳，就拼命压低势子。但是，势子越低，越找不出这个东西来。因为我们练的不是力，而是太极拳内在的鼓荡劲、软弹劲。

马老说，"支撑八面"非常重要，所以我们还应该结合我们的根儿——王宗岳《太极拳论》做深入研究。

比如王宗岳《太极拳论》开篇就说："人刚我柔谓之走，我顺人背谓之黏。动急则急应，动缓则缓随。虽变化万端，而理唯一贯。"王宗岳先生在下文又加了一句："黏即是走，走即是黏。"假如没有这个"黏"，走就是"瘪"（扁）、跑手，就不可能去了解对方。这个"黏"，就是不管对方力多大、手多快，接手这个点的黏劲儿不能离开。不是和对方顶，而是黏着他，跟着他走。跟着他，黏着他，才能了解对方。这也就是阴不离阳，阳不离阴，阴阳相济。如果对方一来手，你就跑，这也勉强叫"化"，但是人家继续追，你就不知道人家用的是什么了，因为你离开了。脱离开了，没有"黏"住对方，就不能了解对方，就不能"知人"。

马老说，我们的要求是，黏着对方，松松地黏着，不管他多快，我都不跟他顶力。借着对方的力，他推我化，这样才能始终了解对方。我顺的时候，他已经背了，我也不能断开打，还要黏着。黏出他的力点来，再用自己的虚整之力，也就是弹性力去发，才能奏效。

所以，在我们看来，支撑八面，并不是全身肌肉向四面扩展，那是分散和消耗，不是养，不是我们说的太极劲。我们说的支撑八面，就是守中状态下的虚整劲儿。练得气足了以后，碰哪儿哪儿就有，不碰就没有。

我们始终强调舍己从人，顺人之势，借人之力，"不敢为主而为客"，不是主动进攻，而是保持一个状态，不和对方顶，还不丢，这是中国文化的大智慧，也是太极拳的指导思想。

这个状态，就要求周身放松，似有劲儿似没劲儿，能做到，马上身上就有东西了。

为了说明问题，马老拿着一根棍子，边演示边说：这和圆球的道理是一样的。圆球当中有个"十"字线，我们人也有这个"十"字线。我们说"腰为主宰"，"腰"就是中心点，就是丹田区域。从这里到手，到脚，距离差不多相同。周身放松，周身似有力、似无力，两脚底下有东西了，周身就有东西了。这就有了"支撑八面"。不要顶，放松就行。发人的时候，别抗，往下一放松，人就出去了。实在不行，你往下一蹲，他就出去了，不用去撞击。硬抗是不行的，扛不住。

说到这个时候，马老总是非常怀念姚继祖先生。马老说："如果不是遇见姚先生啊，我很难提高这一步。当年初次见面，姚先生就给我点出来这个，给我做示范，给我摆动作，和我推手……这样好的人，哪里找啊！"

马老和姚继祖先生一共见了三次面，第一次只有三个人，另外一个是照顾姚先生的学生。初次见面收获就这么大，使马老对和姚继祖先生见面特别期待，但很可惜，后两次见面就没法张嘴了，因为那两次一屋子都是人。但更可惜的是，马老说，那些人问的那些问题，全都是外行话，人家老先生都没法答复。

马老说，武式拳最大的贡献，就是把如何"自己安排好""两股前节着力""支撑八面"讲得准确而清晰。无论是吴式拳还是杨式拳，都讲过这个问题，但都没有人家武式拳讲得那么清晰。

"你比如，王师爷只说料叉子腿不行，就是直了不行，太弯了不行，但没有像姚继祖先生那样讲得那么清楚。王师爷、张继之先生、刘老师身上都有这个东西，但是都没有讲出来。"

马老说，太极拳 37 个动作，每一个动作里头都包含了这种"支撑八面"。一抬手、一迈步都是这个东西。刚开始的时候，要有意识地去想，等练熟了以后，连想也不用想，就是放松。松得身上跟空的一样。对方别挨你，一挨，这个劲儿就到他脚上，你乘势往前一入，他就得出去。

李亦畬先生在《走架打手行工要言》里讲："自己安排得好，人一挨我，我不动彼丝毫，趁势而入，接定彼劲，彼自跌出。"那么什么叫"自己安排得好"？就是这个状态：周身舒舒服服，全身放松，呼吸自然，完全自然，把身法掌握住。"不动彼丝毫"，我不推你，也不拿你，"趁势而入，彼自跌出"。你推我来了，只要见着你的劲儿，我就借着你的劲儿，往前一走，我往前一走，你就得出去。这就是我们说的"支撑八面"。

那么，这个时机怎么掌握呢？这个时候就要看双方的听劲功夫了。

你推我，黏着我了，两个人就像天平一样，你这边搁 10 克的砝码，我这边也得搁 10 克砝码，但不是局部"抗"，而是周身"抗"。

在说这一段的时候，马老是和我边推手边解释的。我把这一段完完整整地记录了下来：

"俩人一搭手，我也不推你，也不动你，你推我，我就放松，我有了，你再推，你就出去了。这就是接定彼力，乘势而入，不用打对方。

"你要完全松下来，你周身完全放松，越松越好用。劲不在手上，不在胳膊上。这就叫其根在脚，发于腿，主宰于腰，形于手指。从底下起，一节一节全都松着，手上才有东西。碰上了，跟对方的劲儿一合，在合的当中，你的劲儿老在对方前面。拳论上说，黏即是走，走即是黏，彼有力，我也有力，我力在先。彼无力，我意在先。这讲的就是合。

"你有劲儿，我也有劲儿，我就守着中。我能应付着你，但我的力不是僵力，它是松着的，不撒，这跟周身安排好是一样的。

"比如，我的手搁这儿，你推吧。我不使力，但是我丝毫也没有撒，一动你就得出去。

"意在先，你全松着，但你得有点渗透。我刚一动，你全体就过来了，我就出去了。意在先，就是完全松开，不和对方顶力，这就是在先。对方只要一动，你就出去。"

马老连说带比划，努力想把这些东西清晰地表达出来。但是，他说，就算能讲明白，对于初学者来说，还是不行，必须得经过无数次训练才能真明白。如果不是我们这一个路子的，你怎么讲，怎么练，也同样不行。因为思路不一样。

我想，关于"支撑八面"这个话题，我也只能讲到这个程度了。

# 形于手指

太极推手有很多名字，比如打手、揉手、擖手，但不管叫什么，都有一个"手"字。我们说过，"太极推手不用手"，但为什么又处处离不开这个"手"呢？我想，这大概有两个原因。

第一，人的手最灵。按照"进化论"的观点，"人的双手是在劳动中从猿的手演化而来的，这一演化过程是从猿到人的重要环节。"当然，进化论也只是一种假设而已。女娲娘娘"抟土造人"，也是用手。这说明手的重要性、灵敏性。在我们看来，推手，就是要把周身练得都跟手一样灵敏、灵活。使你的胯、使你的腰，就跟使你的手一样运转自如。

第二，推手的高境界、高层次，是"形于手指"。在推手的过程中，明明是腰腿动、整体动，但这个时候几乎已经看不到了，只看到手指在动。但是，需要指出的是，若没那个功夫，也像人家一样动手指，那是白搭。

武禹襄在《十三势说略》中说："其根在脚，发于腿，主宰于腰，形于手指。由脚而腿而腰，总须完整一气，向前退后，乃得机得势，有不得机得势处，身便散乱，必至偏倚，其病必于腰腿求之，上下、前后、左右皆然。"

道理是这么说，可是，怎么才能做到呢？

要松，松着练。首先，脚松了，然后腿松开了，腰也松开了，全身都松开了，就能"形于手指"了，就能把练得的东西表现在手上了。这个时候，手指一动，全身都动，牵一发而动全身。表现是手指，但手指不是"一个人在战斗"，全身作为一个整体都在参与。手指就像排头兵，从前头看，只能看见这一个，其实，后面是一支整齐的队伍。

要想达到这一步，得先有身法。身法一练出来，手法就是个智慧。用马老的话说，十个手指就像在"弹钢琴"。但是，身法都没有时，动手指，就等于给人家抓痒痒。

先练身法，"向腰腿求"，形成一个虚整劲儿（"力由脊发""支撑八面"），松如无骨软如绵，身上就挨不得了，发人就"脆"了。这个时候，手法就可以千变万化了。一手变四手，四手变十六手，十六手变成六十四手……

当然，我们不是只练胳膊，而是要练得哪儿都这么灵。为什么我们这里要反过来倒过去的说这些呢？因为一旦说得不全面，如果只看了其中一小段话，就可能会产生歧义，会以偏概全。我们尽量避免这个情况。

当身上都松出来的时候，就到了"形于手指"的阶段了。这个时候，就只剩下里头动，再让你使力你也不会了。

形于手指，容易给人一个错觉，感觉一个指头就能把人弄起来，于是大家就会去研究这个手，好像手指上真有什么玄虚。当年张艺谋先生拍申奥宣传片，拍到太极拳的时候，也是如此，用特写去拍打拳人的手。作为电影，我们可以理解，但我们学习推手，就得明白其中的道理。

马老说："静站桩，松练拳，虚接手。用时方知手非手，周身一家，手是身，身是手。"

"静站桩，松练拳，虚接手"，这可以说是"形于手指"的入门路径。

形于手指，还有一个诀窍，就是在掌中分出阴阳，点中分出虚实。比如马老和我推手，一接手，他一只手搭着我的胳膊，一个大指往上挑，另一个手指头轻按，这两个手指头一分，我就被"发"出去了，这就是一个掌中的阴阳虚实。先制造一个点，为阳，你的注意力、劲力、精神都会被集中到这个点上，可是在这个时候，他在另一个点上"打"了一下，于是，人就跳起来了。当然，这也得是松到了这个程度才能打出来，换个人可能不好使。形于手指，并不是只有一个手指，而是一个整体。而且，两个人得"合"，因为这毕竟是一个"小劲"。

在推手中，如果对方给的劲左右两边不一样（这比较常见），这个时候要"避实击虚"；如果对方左右两边给的劲都一样，没有虚实，就需要"制造虚实"，在其中一边多少加一点劲儿，这边就"重"了，然后拿另一边。

马老说："这叫分清虚实。两只手就像弹钢琴一样，这叫'形于手指'。听劲儿就听这个，人家不给你，你就给他问一点儿。这才叫推手玩儿。"

这样的手法，我们很难做出来。只明白这个道理、记住这个手法，身上松不到那种程度，做出来的可能性很低。推手的时候，一接手，都是学问。你只有在单摆浮搁的情况下，才能走出这样的手法。身上松到了，对方手只挨你一点儿皮儿，你稍微一点他就得走。马老说："用面不如用线，用线不如用点。姚继祖先生说过，推手打点不打人。越小越细，就越微妙。"

在马老看来，这些东西看起来神乎其技，其实一点都不神秘。他说，"关键是得松透了。把松练上身，自然就有了。现在的人好高骛远，不去松，搞了好多神啊、意啊、气啊，越复杂越难有。你们推手，就松着练，往轻了练。比如你这次用了50克的劲儿，下次用10克行不行啊？就得这么去体会。"

马骏师兄天天跟着马老学习，耳濡目染，对此深有体会。他给我发来一段体会，是对马老一句话的解读。

马老的原话是："学功夫，练功夫，用功夫，化功夫，有功夫不用功夫，方是功夫。"

马骏师兄文中写到：

学功夫：就是要从基本功入手，一招一式地学习。

练功夫：基本招式会了，还得勤奋，继续努力，天天练习。

用功夫：双人对练，就是我们练太极推手，得把一招一式的基本功操出来。

化功夫：练得非常熟悉了，用得也非常清楚了，怎么"化"呢？把这些练法、心法，入脑上身，明白了如何学、如何练、如何使用，就可以称为"化功夫"，把功夫化到身上，化为自己的一部分。

有功夫不用功夫，方是功夫：功夫纯熟，召之即来，搭手就是。完全是借招借劲，到此境界方是真正的功夫。

马骏师兄说，有功夫不用功夫，表现在外形，就是动作幅度比较小。形越小，功夫越纯正。

功夫练到形于手指，就达到了一个高峰，但话说回来，仍然要"合"，不合也不行；上下必须是"通"的，不通也没用。"合"了，也"通"了，练到这个程度就有意思了，你把手空开，就能打我，我要转过来，就能打你，变化无穷，妙趣横生。

马老说："这个时候，你再看拳论，就明白王宗岳先生的意思了。'变化万端，而理为一贯'，道理就一个，但变化无穷。变化就是阴阳虚实的变化。'动急则急应，动缓则缓随''忽隐忽现'，忽隐是化，忽现就是打和发。"

# 第七章　上善若水

上善若水。

水善利万物而不争，

处众人之所恶，

故几于道。

——【春秋】老子《道德经》第八章

# 先在心，后在身

"先在心，后在身。"这句话出自武禹襄先生的《太极拳解》，原文如下：

> 身虽动，心贵静；气须敛，神宜舒。心为令，气为旗；神为主帅，身为驱使。刻刻留意，方有所得。先在心，后在身。在身，则不知手之舞之，足之蹈之，所谓"一气呵成""舍己从人""引进落空""四两拨千斤"也。

个人觉得，这段话概括了太极拳修炼的三个步骤。

第一步，"身虽动，心贵静；气须敛，神宜舒"。这相当于招熟阶段，身体在打拳，在推手走化，但心要保持松静的状态，心静则气敛，但拳意（神）要舒展开。

第二步，"心为令，气为旗；神为主帅，身为驱使"。在开始打拳或者推手的练习中，我们的心并不能很好地指挥我们的身体，就像你刚开始练习书法，你想写得横平竖直，但你想的和写出来的不是一回事，你的心还指挥不了你的手，你写出来的横也不平、竖也不直。但经过一段时间的练习，你的手开始"听话"了，你想临摹一个字帖，也临摹得像了。这就是"心为令，气为旗；神为主帅，身为驱使"。你的心发出指令，意到了气也就到了。你的心神发出指令，你的身体就像军队一样听从你的指挥了。你想突击，它就给你摆出"锥形阵"，你想发挥弓弩的威力，它就给你摆出"雁行阵"。

这一阶段，也可以理解为"懂劲"，你懂得了怎么运用你的"兵力"，身体也开始听从你的指挥。

第三步，"先在心，后在身。在身，则不知手之舞之，足之蹈之。"到了这个阶段，就相当于"神明"阶段。不仅"心"懂了，"身"上也有了东西，你的反应都成了条件反射、自然反应，所以有"不知手之舞之，足之蹈之"的说法，到了这个阶段，"一气呵成""舍己从人""引进落空""四两拨千斤"就都有了。

马老常说的一话："先在心，后在身，在身不在心。"道理也是一样的。

刚开始，我们练拳、练推手，我们身上没东西。通过老师的传授，心里开始明白了，大致知道了太极拳是怎么回事，慢慢身上也开始懂了。"先在心，后在身。"

我们强调，太极拳需要"身懂"，不是"心懂"。当然，我们这里说的"心懂"，指的是浅层的、精神上的、意识上的"懂"，不是本体意义上的"心"，这个概念要厘清。

马老说："悟必在心，会必在身。"我们学文化课，要老师口传心授，太极拳还需要进一步口传身授 —— 你必须和老师搭手推，和师兄弟搭手推，和朋友、伙伴搭手推，推来推去，你有了感觉了，把理论和实际结合在一起了，把心和身结合在一起了，你身上才能懂这个东西。身上要是不明白，仅仅是脑子清楚，不管用。你理论讲得再清楚、再透彻，身上的东西没出来，还只是一个"口头禅"，一搭手还是不灵 —— 你的手不听你的话。

所以，我们常说，太极拳不是教出来的，是悟出来的。既要教，又要练，还要悟，还要发挥自己的智慧，也就是"入门引路须口授，功夫无息法自修"。谁也代替不了你，代替不了你去"悟"。谁悟性高，谁用心多，练得多，谁就可能早点悟出来。

太极拳的身法都需要在推手中培养。比如你推我，我就要想，用什么方法，在不用拙力、僵力的情况下，把这个力再还到你身上。这其中就有一个合作，互相培养身上的灵感。推手不仅仅是"手"，从手到肩，从肩到肘，从胸到腹再到后背到腿到全身，都要使其具有太极拳的开合、发放、走化的能力，这都需要在推手中去悟、去实践、去培养。

推手中有一种现象，也是一种不明显的"不在身"的表现，这个表现就是"含糊"。

这个"含糊"就是给劲给得不清楚，发劲发得犹豫。为什么会出现这种情况呢？因为心里知道该怎么做，但不熟悉、不自信，身体还不听话，所以就会犹豫，或者会想一阵子，反映出来就是"含糊"。

我们要清楚，暂时的"含糊"是可以理解的，因为这是一个过程，但是要注意，不要形成"含糊"的习惯。"给""发"的时候都要清楚，只有这样"刻刻留意"，才能尽快迈过这个阶段，"方有所得"，逐渐接近"神明"的自由境界。

"先在心，后在身，在身不在心。"这是功夫上身的次第，但给别人的感受却往往是"先在身，后在心，心悦诚服"。

刚开始练习推手，功夫还没有上身的时候，也能把别人推出去，这有两个原因：一个原因是双方对练，两个人必须喂手、合手；另一个原因是自己用力气，对方不跟你"抬杠"，你推我，我就出去。

这个时候，对方虽然出去了，但心里是不服气的。等你真的功夫上了身，出手都是太极劲，你能把人发出去，但不是用的笨力气，这个时候人家才会"心悦诚服"：没错，我输是输给太极劲了！

马老说，当年每次去王子英先生家里学习，感觉都是"心悦诚服"。王子英前辈、刘晚苍先生、郝家俊先生都说过，太极推手，一定要让人家心悦诚服。什么叫心悦诚服？你把人家打出去了，用的是太极劲，人家服气；你给人家搡出去了，用的是笨力气，人家不服。

过去的武术家们比较讲"理"，现在的人似乎都比较"实际"，好像"把人弄出去才是硬道理"。如果真是"把人弄出去才是硬道理"，那幼儿园的小朋友，力气大的也能把力气小的推一个屁股蹲，你能说他太极拳练得好吗？某一年推手比赛中，一个有力气的工人什么都不会，还得了奖，但他根本没练过太极拳，所以，后来推手比赛增加了一个限制，至少要会打二十四式太极拳，否则，实在无法让人服气。

这种事不仅仅是发生在不会太极拳的普通人中间，在名家中间，也常有。

在马老认识的名家中，有一位 W 先生，有一位 S 先生。这位 W 先生会的拳术很多，吴式拳、形意拳、摔跤都会。但是和 S 先生推手，S 先生说他这个不是太极劲，那个不是太极劲。说的多了，W 先生脸上挂不住了，说，那你教教我，什么是太极劲。两人一搭手，W 先生一吊腰，一个大背跨，大车轮子一样"吧唧"就把 S 先生摔那儿了。W 先生说，你起来，还让你倒这儿，我让你看我的太极劲儿。

马老说，就算他把人家摔趴下了，人家还是不服气。因为他这路手法本来就不是太极劲。W 先生会的多，劲路比较杂，什么劲都有。他是给公共汽车换车带的，老实说，这个工作是个力气活，让他放松，他也松不下来。他的工作性质就是这样，时间长了，手指头都变形了。指头上的劲大得很，让他抠一下子，真受不了。

所以，过去练太极拳讲究养着"手"，不能干这种粗重的活计。不往底层群众中去传授太极拳，也是这个道理。因为即使学了，也练不出来，因为他们没有那个条件。

按说现在大家条件都好了，生活富裕了，至少不再为衣食担忧了，大机器代替了人力，需要做重体力活的行业越来越少了，大家应该更有条件练好太极拳才是。但现在却变成了一个崇尚"力量"的时代，越来越看重结果，因为看重结果而忽略了手段和过程，所以太极拳也越来越不纯粹了。

比如马老经常看各种有关太极拳的比赛，看完了就纳闷，现在的推手怎么都变成了上步插裆、"推小车"了呢？怎么都那么狠地打自己的徒弟呢？既然打徒弟这么有本事，怎么和"圈外"的人动手就不行了呢？

不能让人"心悦诚服"不光表现在技术上，也表现在人品上。某一年，在某地接待日本代表团时，马老亲眼看到两位知名武师，第一天还是客客气气和人家交流，第二天汇报工作的时候变成了日本人如何蛮横无礼，自己如何有民族气节，如何痛打日本武士……

马老告诫我们："（太极拳）有德者得之，无德虽遇而不知。""做人第一，学艺次之。有德无艺，艺尚可求；有艺无德，止步于艺。"

德艺双馨，才能真正让人"心悦诚服"。

# 变化气质

　　网上有一段录像，据说是王茂斋先生在指导王子英前辈练剑。马老看了之后，曾经非常感慨。他说："太极拳是文雅的东西，过去都是长袍短褂练太极（拳），哪有练太极（拳）的脱一个大光膀子、扎着大板儿带的？过去练武一般都是光着膀子，下穿灯笼裤，腰扎板带，脚踩靰鞋，我们老师都不允许用板带，只能用布做腰带。因为太极拳讲究放松，气要往下走。练武术的，用大板带，勒得越紧越好，他是气往上提，二起蹦子旋风脚，他老得往上提，这和我们完全不同。"

　　我们现在对"逝去的武林"的认识，常常被影视剧所误导。影视剧追求的是视听效果——动作要好看，打斗要有力度，要华美。但在现实中，可能就不是那么回事。比如战争影片，为了突出效果，常常是一排一排的人以整齐的队伍冲锋，在现实中，这无疑是一种"自杀"行为。但是，我们常用的"三三制"在战场上有效，但在银幕上，就没那么有震撼力，所以银幕上就极少看到。

　　像电影《一代宗师》中那样动不动就"拆家""拆

祠堂"的行为，只能发生在电影中，那是为了推动情节和满足视觉需要。现实中，过去推手都是着长袍短褂，就像吴鉴泉、王茂斋、王子英、杨禹廷这些前辈留给我们的照片上一样，那才是"一代宗师"应有的形象。要是推完手，大衣也撕了，棉袍也拽了，谁还跟你玩呢？事实上，马老年轻的时候去王子英前辈家里推手，人家连长衫都不脱。还有，为什么武式拳步眼那么小？武家"一门三进士"，脚步都在袍子底下走，"有辱斯文"的事，人家是不干的。

从本质上讲，我们认为，太极拳是道家的养生导引之术，后来逐渐成为文人士大夫的养生、锻炼方式，它有着强烈的文化烙印。它是一个"文化拳"，但现在大有被粗俗化、世俗化的倾向。

别的我们管不了，但我们可以管好自己，做一个"文化人"，而不是一个粗俗的人。

按照我们放松的要求，听劲懂劲的要求，舍己从人的要求，练太极拳也好，练推手也好，都能逐渐改变我们的性格。因为越着急，就越不得机、不得势，越容易陷入被动。只有慢慢地磨，才能改掉急躁、浮躁的性格。

我们要求动作要舒展大方，要美化，不要丑化，这样就能改变我们的形体和体态。

练拳要懂拳理，要懂拳理就要研读经典，尤其是道家传统经典，比如《道德经》。如果你研读拳论、拳谱，尤其是杨家老谱，就会发现这些拳论又深受宋明理学的影响。如此钻研下去，就会丰富、改变我们的精神世界。

这样内外兼修，就能逐渐改变我们的气质。"腹有诗书气自华"，相由心生，精神世界就会从外表、外貌上表现出来。

我们从老照片上就可以明显地感觉到，过去的老武术家们的精神气质和现在的武术家们不一样。同样一个拳架，吴鉴泉、杨禹廷的拳架，怎么看怎么舒服，现在的拳架，怎么看怎么别扭。王茂斋、吴鉴泉、王子英都是武人，却都是文人气质；刘晚苍先生是一个高大威猛的高手，但看上去却一脸慈祥；马老总是说自己没什么文化，但言谈举止都是一个知识丰富、睿智慈祥的老人……

马老给学员讲课（组图，分别摄于 2014 年 7 月、2016 年、2017 年）

马老说，武，在过去也是一种文化，学武不是为了打打斗斗，而是为了学文化——武的文化。马老出生于河北省枣强县的农村，那时候，村里都有拳坊。这些"拳坊"要聘请老师，开支怎么来的呢？每年麦秋、大秋的时候，那些"落场的"、不好的粮食，就被集中收集起来，或卖或存。这个收入算是集体的，这个钱就积攒起来作为给村里聘请老师的费用。那个时候教育孩子，不习文就习武。文有文的文化，武有武的文化，都是教人走正路，不走歪门邪道。

春冬两闲的时候，没有正事干，年轻人就容易滋生打牌赌博之类的不良习气，村里的家族长就把这些年轻人集中起来，学文或者学武。这是马老记忆中多年的老传统。

马老回忆说，小时候听村里老人讲，当时有个马团庄，离马老家一里地，外号叫"小梁山"。这个村教学组织得好，请的老师也比较有名望。但是，到马老该"学习"的时候就没有了，赶上"闹日本"，什么都没有了。

我想，马老后来能走上太极拳这条路，也许就是因为这颗"种子"。对"武的文化"的向往的这颗种子，已经不知不觉种在了"八识田"中，在一个合适的时机，它就开花结果。马老练拳，改变了自己的气质，把自己变成了一个太极拳的"文化人"，把吴式太极拳王家这一支的技艺、文化传承了下来，传承给了我们。

吴式拳在过去被称为"文化拳""君子拳"。我想，我们学拳也是要学文化、做君子，要用太极拳改造自己，变化气质，传承文化，不负师恩。

# 上善若水

"上善若水"，这句话对中国文化有着深远的影响。当年，一位师兄曾以此为题让我讲一次课。为此，我从道、儒、释三家的角度做了一个整理，但是并不包括太极拳。其实，这句话对太极拳的影响也非常大。

"太极拳，一名'长拳'，又名'十三势'。长拳者，如长江大海，滔滔不绝也……"这是王宗岳先生在《太极拳释名》中的话，开宗明义，指出太极拳的内在精神、气质就像"长江大海，滔滔不绝"。太极拳是"以武演道"，而水是道的体现，太极拳能体现出"上善若水"的境界，就"几于道"了。

"上善若水"出自《道德经》第八章："上善若水。水善利万物而不争，处众人之所恶，故几于道。居善地，心善渊，与善仁，言善信，政善治，事善能，动善时。夫唯不争，故无尤。"

上善者，至高的善，至高至美的境界，就像是水。水，滋润天下万物但"不争"，"人往高处去，水往低处流"。水，可以安静地待在众人所厌恶的卑下低湿的所在，所以，这种品行，接近于"道"的境界。

我们推手也是一样，我们要去掉胜负心，舍己从人，"不敢为主而为客"，才能得机得势，才能顺人之势、借人之力，才能"人不知我，我独知人"。惟其如此，才能达到老子说的："夫唯不争，故天下莫能与之争。"也才是王宗岳说的"英雄所向无敌，盖皆由此而及也"。

"动善时"，即水以静制动，但并不是不动，而是把握机会，顺势顺时而动。推手时要听劲，在走化的时候，做到像水一样随着对方动荡的趋势而动荡，跟着对方静止的状况而安详澄止；在发的时候，"彼不动，己不动；彼微动，己先动"。

水，无色无味，在方而法方，在圆而法圆，无所滞碍。在推手的时候，就要粘连黏随，随人所动。

孔子观水，说："（水之德）主量必平，似法。"水有"九德"，其一为"平"，"损有余以补不足""高者抑之，下者举之"。体现在太极拳上，就是"阴阳相济"，互相补足，永远保持一个"圆满"的状态。

马老在《吴式太极·南湖传习录》中，讲述过一个"水中练拳"的比喻。这里引述一下。

李亦畲先生重病之时，郝为真赶到了。这时候李亦畲先生已经一会儿昏迷一会儿清醒，看见郝为真到了，就说了一段话：咱们这个功，头一步，在水里练；进一步提高，在水中间练；第三步到了高层，在水皮上练。我就总结这么三步。太极拳是有始无终的，只有开始没有终了。说完，撒手西去。后来人们都说这话是郝为真说的，郝家自己把这个事澄清了，说这是李先生故去之前说的。

第一步，在水里练，脚蹬着地；第二步，脚离开地，在水中间了，从游泳角度说，是会踩水了；到了高层，到水皮上来了。这就是轻灵。脚底下有漂浮感，真正有根儿了。脚底下是漂浮着的，就像脚和地之间连着有层膜一样，没踩到地上，非常灵活，非常整。过去老先生讲"脚踩浮莲"，也是这个意思，这得身上松透了、松净了才有这个感觉。带着一点劲都不灵。

需要说明的是，李亦畲先生讲的"水中练拳"其实是一个比喻。但

道法自然一氣遊
鬆鬆靜靜最難求
得來萬法皆無用
身形應當似水流

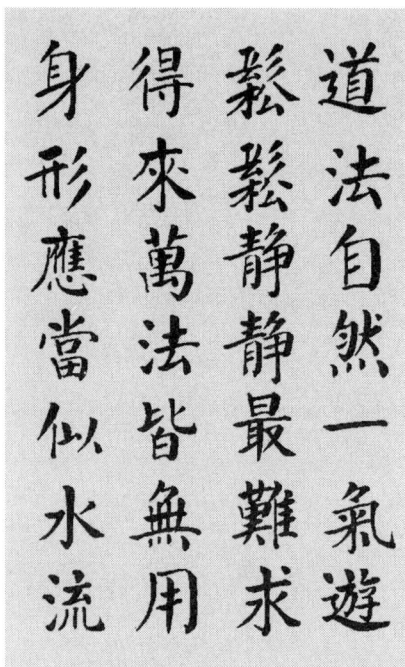

马老手书孙禄堂先生诗句

现在有人居然真的教人在水里练，我想，这么做，未免又把指头当月亮了。得其意而忘其言，得其意而忘其形，才是真"得意"。在字面意思上打转转，那是执指为月，胶柱鼓瑟，舍本逐末。

孙禄堂先生晚年有一首诗，写得非常好。

道本自然一气游，
空空静静最难求。
得来万法皆无用，
身形应当似水流。

"空空静静"，马老常常写作"松松静静"。如果说"空"是结果，那么"松"就是方法，"松"到极处就是"空"。"松松静静"，就是练拳的方法。

马老教我们盘拳，也有一句话："我在空气中练拳，不能扰动空气。"这句话，就是练拳的诀窍。我们不可能不扰动空气，那就体会扰动空气的感觉：空气分开的感觉，空气合拢的感觉。而要想体会这种感觉，追求"不扰动空气"的感觉，就必须松、静、慢、匀。在松、静、慢、匀之中，逐渐做到马老说的"浮云胳膊流水腰，双脚如同水上漂"。

松来松去，松的最高境界是"无形无相"。马老说："无形无相，才是天人合一的高质量的放松。"这个境界不太好理解，但有一个基本特征，就是推手的时候，没有"推人之相"，或者是没有"推人之念"，一切都是在自己身上下功夫，面前有人似无人，完全是一种条件反射、自然反应。

"不和外人推手"，几乎成了我们不成文的规定。在公园里，我们很少和别人掺和，如果不熟悉，我们不会主动和别人推手，有人来找我们推手，我们也经常婉拒。

为什么会这样呢？这也是不得已。

在一般人的眼中，推手其实就是力量加技巧，或者说巧劲。要么是力气大，站得稳；要么是能通过一些肢体的扭曲来制住对方，或者把对方推出去、搡出去。而实际上，我们是讲究不用劲的，和一般用力气的手"合"不来，但是我们和玩精神作用的"凌空劲"也合不来，所以能玩的人就不多。公园里一般都是"大力神"居多，一个不小心，不是自己被带偏了，就是把自己的劲整"聋"了，甚至还有可能会受伤。

我们推手，不能顶，但是要做到可不容易。人，都容易被外界影响，比如你是一个练传统武术的运动员，当你在搏击场上遇到一个练现代搏击的运动员时，你就会不自觉地被对方的节奏带着走，和对方一样来回晃，或者双手护头，用刺拳试探，等等。推手也一样，对方是个大力神，你感到受到了威胁，常常会不自觉地用力保护自己，但这样刚好给对方创造了机会。

比如对方拿你胳膊的时候，你肯定要争竞，这样对方就可以用反关节。如果你不用力，顺着他的劲走，这个反关节就不好使。比如我和一位师兄练习推手，这位师兄就是个"大力神"，我被他勾着脖子，完全不知所措。马老说，别使劲，脚别动，下腰，回头，他哪儿拿，你就哪儿说话。我按照马老说的做，他就站不住了。但是，在外头和人推手的时候，你还能指望老师在旁边保护你吗？

马老说，碰见这种"大力神"，你不敢舍，心里一害怕，和对方一顶劲，又没人家力大，你就得出去。因为你手里头没活儿啊，要有活儿，你一转他就出去了。只有顺着对方，不丢不顶，才能让对方"有力出不来"。

我问，如果对方已经上了步，靠过来了，我怎么办？马老说，你为什么会让人靠出去了？因为你用力了。你要完全没有力，他靠不出去你。要顺着他的劲儿转，贴着转。从侧面点他一下，他就站不住了。

但是，这些在危险中也"无动于衷"、丝毫不使力的做法，除了马老，我还没见过别人能做出来。对付这些"力气活"，要是能做到真不使劲，就很简单。马老说，实际很简单，不用力，手一转他就走了，别按他，别挡着，让他来。他好容易来了，你让他进。我说，现在我感觉自己马上要出去了。马老说，别怕，让他进，你觉得不行的时候，其实他也已经要出去了。关键是你别怕，你不使力，他就有力使不上。

这就叫做"难者不会，会者不难"。太极拳就有这个特点，会了之后，忽然发现原来就是那么一点东西，可是不会的时候，就会觉得很复杂。

马老说，之所以不让我们和外人推手，也是这个原因。马老当年为了练"走化"，被四个人前后左右按着，不能反击，只能走化。在刘晚苍师爷的家里，马老被"打"了一年多，浑身上下都打出了自然反应……马老说，这是"武"的练法，你们都学得晚，没有人陪你们这么练，和外面人推手，容易吃亏。

　　我记得大概是两年前，北京公园推手出现过至少两起受伤事件，有的人伤势还很严重。我们推手是为了健身，不是为了争胜负，也不是为了证明谁的功夫更好，所以就只能"自己玩"。

　　但是，有时候，自己玩，也会受伤。有一次，我和一位师兄推手，胸口被他按了一下，疼了一下，然后就没事了。第二天，就觉得那个地方越来越疼。我很奇怪，难道这个师兄是个高手，会点穴？再不然就是内功深厚，已经伤了我的骨头？当时，居所的附近就是骨科医院，我就去拍了个片子。医生拿着 X 线片看了半天，疑惑地说，你最后一根肋骨看起来好像不是那么顺滑……但是，他说的那个地方和我疼的地方不沾边。疼了十来天，一直没查出原因，我一直不知道是怎么回事。

　　再后来，一个朋友从四川来，我们在公园推手玩。我做示范，他的大拇指在我胸肌上滑了一下，我又疼了一下，一下子想到了以前那件事。这次也有点疼，但是不严重，不适感存在了好几天。但是，这次我想明白了，两次疼痛都是因为无意中我肋骨的骨缝和对方的大拇指撞了一下，撞在了很小很寸的一个点上。从此，我就注意了，无论谁和我推手，我都严格按照马老教的"六防六功"，在肩肘手三个部位推手，我不推对方的胸腹部，也绝不让对方推我的胸腹部。

　　自己人推手，都能无意中受伤，何况是没有轻重的外人呢？我们要学会保护自己。

　　不受伤是一方面，不和外人推手，也是为了减少闲话。

　　有的人爱吹牛。正常的动作演示，跟领导汇报的时候，可以变成"痛打日本武士"；到处惹事，最后吹成"一代宗师"。某一天，我在公园就见到这么一位，吹得我"肃然起敬"，但是他站起来的时候却是拄着拐，大概是太极拳练得"太好了"，膝盖都废了。

　　有的人爱说闲话。你可能无意中推了一次手，就成了别人嘴里永远的谈资。我有一位师兄，在一个公开的场合陪老前辈推手。做一个手，对方一发力，自己就赶紧跳出去。这无非是一个"玩儿"。但是人还没到家，电话就打过来了："听说你让 ×× 给打了？"不怕没好事，就怕没好人，这种闲话传来传去，传得大家都信以为真了。

还有的人，吹牛吹得大概自己都信了。马老就很郁闷，有一天告诉我说："网上有一个人，刚开始说跟我推过手，还说基本是平手，他占上风的时候多。可是，我根本就不认识，也不知道有这么个人啊。说我不如他，也无所谓，现在写来写去，传来传去，不断换人，现在把刘老师也拐进去了。说我们刘老师有一个学生，他一伸手就把人家打了一个跟头。"马老说，"这不是坟里的事吗？鬼话！有这种事吗？"

人品的事，谁也没有办法。我们只能管好自己，不和外人推手。就有这样的人，你陪着他练，他还说你不灵，学了你的东西还"踩咕"你。

何苦来哉？

　　我们练拳讲究养生、健身，不谈技击。但是，这并不等于说太极拳没有技击作用。

　　举重、推铅球有没有技击作用？有，起码打起来你力气大。跑步、跳高有没有技击作用？有，起码打不过的时候，你跑得快。

　　我们练太极拳是为了身体健康，性情柔和，不招灾不惹祸。没有争斗，就没有伤害。俗话说，"病从口入，祸从口出"。我们练太极拳变化气质，凡事谦下忍让，就能减少很多麻烦。

　　老子说："盖闻善摄生者，陆行不避兕虎，入军不被甲兵；兕无所投其角，虎无所措其爪，兵无所容其刃。夫何故？以其无死地。"当然，这里含义非常丰富。其中之一，就是"夫唯不争，故天下莫能与之争"。你就没有和人生事打架争斗的想法，就会减少参与争斗的概率。"伸手不打笑脸人"，所以，"兕无所投其角，虎无所措其爪，兵无所容其刃"。

　　这句话还有更深的含义。我们推手的时候，要想推得好，不用力，就必须去掉胜负心，全身放松。松到空的程度，随人所化，对方就没有发力点，因为你整体都是柔和的，都是顺遂的，都是顺着他的，这就是"以其无死地"。当然，这是技术，让的是手，不是"中"，当"中"受到威胁的时候，那就是"彼微动，己先动"。

但是，即使是"动"，出手也是在空灵的状态下进行的，实际上，是"在自己身上用功夫"。

《三体》中有句话："我消灭你，与你无关。"其实，推手也一样，我发你，与你无关。

太极拳的宗旨是"不争"。但真到了非争不可的时候，太极拳同样会发挥自己独特的作用。

但是，这并不是说，学了几天太极拳就可以去"技击"了。这就像，你想发明、制造卫星，你从小就要学好数学，但并不是你学了几年加减乘除就可以去制造卫星了，因为层次上还差了好多呢。但是，如果学不到那么高，到不了制造卫星的程度，是不是这些加减乘除就没用了？当然不是，你可以记账啊，算个价钱啊，等等。这些"基础数学"，在不同的层次，有不同的作用。

太极拳可以健身、可以养生、可以变化气质，也能防身自卫，提高自己的灵敏性、反应速度。这是太极拳在不同层次的应用。

如果想要"更上一层楼"，达到"制造卫星"的程度，那么你就要投入更多的时间和精力，在明师的指导下，进行专业训练。比如，你要有老师天天跟你打，打得你身上有了自然反应。当然，"打"得必须对，否则就成了练搏击。练成了搏击，能打是能打，但不是太极拳了。想要进行专业训练，还需要时间，仅仅用业余时间，是不够的。因为业余时间用得太多，得不到足够的休息，身体就会垮掉。紧接着，你还需要为你服务的医疗团队和营养师……所以，培养专业运动员、职业运动员是很难的，没有这个条件，就不要把自己的目标定得那么高。

那么太极拳练到什么程度就可以技击了呢？

王宗岳在《太极拳论》中说得很清楚："一羽不能加，蝇虫不能落。人不知我，我独知人。"到了这个时候，才可以说"英雄所向无敌"。不过到了这个时候，你就成"国宝"了，还用得着和人动手吗？

我们现在看到的太极拳，基本还停留在"壮欺弱、慢让快耳！有力打无力、手慢让手快"这个层面，严格讲，这些都不是太极拳。这种太极拳，其实只是一个"太极拳"的空壳，装的不是"太极劲"，而是搏击、散打、摔跤，等等。不是这些运动方式不好，只是既然挂着羊头，就应该卖羊肉。

我在网上看到有人表演"发力"，就去问马老，我怎么不会这个？您教教我。马老说，这样的发力，我也不会，我从来没有见过哪个老前辈练过这种又蹦又跳的"发力"。太极拳的发力，讲究"拳不走空"，而且有自己的路线，不会拿胳膊这么乱杵……当然，别人怎么练，我们也不愿意过多评论。

不过，要说"发力"，马老当年在东单体育馆教拳的时候，也教过发力。那个班多的时候60人，少的时候40人，马老把这些人分成10队进行训练。一个队里，每人发10次，然后换人，这样大家可以轮流练。马老说，过去老一辈武术家练习发力，有句术语，"够不够，三丈六"，每发一下，都得把人发出三丈开外。那是用身法，用整劲发，不是拿胳膊杵。

但是需要说明一下，这是武术的练法，对身体实际上是一种消耗，长期这样训练，容易对身体造成损伤。一般养生的练法，不需要发这么远，而是要短小柔和一些，这样对双方都有好处。

根据经验，马老说，要训练太极拳的技击，是可能的。关键是要有投入，国家或者商业集团投入财力，聘请真正懂太极拳的明师，选择好的运动员。"教练员教的是身法，不是老师跟学生练散打。都说'太极十年不出门'，不懂方法，一辈子也出不了门。出了门也不是让你满世界打架去，'打遍天下无敌手'。这个门，就是你懂劲的'门槛'。太极拳再难，还能难得过杂技吗？关键是怎么发展和培养队伍。"

不过，即使如此，这种技击方式也只适用于少数人，一般人是做不到的。相比之下，太极拳更适合走入机关、学校，走向全民健身。

现代竞技体育实际上很难说是"体育"，因为它比较注重肌肉、力量的训练，以透支健康为代价。很明显，我们看看电视转播，哪个运动员不是一身伤病？这在现代竞技体育中是常事，因为现代体育竞技讲究的是一种拼搏精神。但我们太极拳讲究的是养生，如果也练出一身伤病，那就不符合太极拳的精神了。

竞技体育也不是"实战"，而是在一定规则条件下的比赛。真正的实战，其实比的就是眼疾、手快、心狠、手辣。就像没有任何规则的"大逃杀"，敢下手，你才能幸存；心善手软，就算功夫比对方好很多，也未必能赢。

我们不提倡实战，我们讲推手，主要讲推手的健身作用、养生作用、艺术修养作用。至于技击，那是专业运动员的事。

我们的要求就是按照太极推手的规矩，粘连黏随，不丢不顶，轻灵圆活，松慢连匀，中正安舒，安然自在，舒舒服服。练听劲、借劲、省劲，养神、养气、养身。

我们在"文化人的困境"中提到了"太极生活化"的问题，这里多说几句。

所谓"太极生活化"，就是把太极拳的原理、道理应用到生活中去。太极拳不仅仅是一种拳术，还是一种文化，太极拳的文化应该融入到我们的生活中去，融入到我们的血液中去。如果仅仅是学了一趟拳，练拳的时候是太极拳的状态，不练的时候，就将太极拳抛之脑后，那就是"理论和实践脱节"。如果一天只靠半个小时、一个小时的练拳时间去练太极拳，那是练不成的。

那么，怎么才能做到"太极生活化"呢？

曹文逸真人在《灵源大道歌》中说："只道行禅坐亦禅，圣可如斯凡不然。"也就是说，"行禅坐亦禅"的境界，不是一般人能达到的，刚开始的时候，练功和生活都是脱节的。禅宗讲究"行禅坐亦禅"，但那是开悟之后的境界，历代高僧，开悟的又有几人呢？那么，我们的"太极生活化"，是不是也遥不可及呢？

不是的，我们的"太极生活化"要简单得多。

如果你功夫上了身，你也可以做到"行动坐卧走，处处是太极"。在没有那么高的功夫以前呢？你要学习放松，不仅是练拳的时候放松，站桩、推手的时候放松，在生活中时时处处都要学会放松，学会不紧张、不着急。这是一种心态，也是一种方法，而且是很容易就能掌握的方法。

我是记者出身，新闻需要时效性，而我们有"拖延症"，不到最后不交稿。其实，我的经验是，放松写，不要担心写不好。在这种放松的心态下，很快就能交稿，而且，写得并不差。我写这本书也是这样，不给自己压力，放松写，其实，该写的都写了。

工作就是这样，生气、紧张、愤怒、怨恨是一天，快乐、放松也是一天。工作再紧张，内心也可以很放松。不过，这个诀窍，我会得有点晚。

马老有一个观点，叫作"应有的疲劳和不应有的疲劳"。科学家计算一个数据，需要动脑子、动手，这是应有的疲劳。与此同时，呼吸紧张、周身较劲，甚至咬牙瞪眼、全身用力，像电影中的"运气疗伤"那样夸张，这就是不应有的疲劳。工作就是工作，紧张也是工作，放松也是工作。放松下来，工作效率更高，而且能缓解疲劳。马老希望，通过练太极拳，把人从紧张中解放出来。不只有推手、站桩和盘拳能放松精神、强身健体，拳把太极的"精神"融会贯通到生活当中，也能起到健体养生、提高工作效率的目的。

等功夫上了身，太极拳就可以成为生活中的一部分。"行亦禅，坐亦禅，语默动静体安然。"（《永嘉证道歌》）这就是《中庸》说的："道也者，不可须臾离也，可离非道也。"

功夫不上身，起码可以先把放松运用到生活当中去。能放松，身体就能慢慢修复受损的"部件"。最起码，能松开，就不紧张，不紧张，身上就通顺，就不容易疲劳。马老常说，你练到不同的程度，身上的反应是不一样的。假如练完拳，你身上非常舒服，这个舒服的保持时间是 1 小时，那你的功夫就是"1 小时"。你接着再练，再放松，一遍拳下来，你能保持这个舒服的状态 3 小时，那你的功夫就是"3 小时"……假如你能 24 小时都保持这个状态，甚至不练拳也能保持这个状态，你就算得了这个东西了。也就是我们说的"功夫上身了"。

我以前上班的时候，中午时间短，吃完午饭，大家都趴在桌子上打盹儿。但那个姿势很不舒服，于是我就到外边找个地方打拳。后来我发现，我练了拳，一个下午都不困。但是，如果我不练拳，下午准犯困。这就是放松练拳的作用。但是，需要注意的是，中午大运动量地练习，对身体健康是不利的。

我们提倡先练推手，通过推手，有了太极拳的劲儿，盘拳才有味道，养生的内涵也才更深。如果不练推手，推手的技术也不懂，那就松松地练拳，在健身方面也会有同等的效果，但是缺乏"灵气"。

架子也要灵活安排，根据身体状况、作息时间，可以练两趟或一趟，也可以练半趟。这些都可以灵活掌握，原则是以舒适自然为准，不要练得头昏脑涨、腰酸腿疼。那种靠吃苦来傻练的做法对健康是不利的。我们说过，"万不得有一定之架子"，但是，如果并不想往推手上发展，练架子还是很不错的，也可以强身健体。因为架子是一个可以"把握"的东西，就像自己买了一个价值不菲的"核桃"，总想多"盘"一会，掌握了架子之后，愿意多练是正常的。而且，传统架子锻炼的部位全面，编排也比较合理、均衡，总比自己瞎编强。

如果没时间练拳，那就站桩。我们教站桩就一个字——松。什么都不用管，什么呼吸、裹裆溜臀、开裆圆胯这些都可以不管，只要放松，放松到忘我的程度，自然就会有新的东西生长出来。

关于"太极生活化"，我个人也有一些小窍门。比如，把握两个字，一个"敬"字，一个"前"字。

先说"敬"字。子曰："居处恭，执事敬。"做事认真，对工作、对要做的事存在一种敬畏、恭敬、认真的心态。这是一种良好的心态，从"敬"入"静"，是非常自然的事。

"敬"字要和"前"字结合起来。在做任何一件比较大、比较占用时间的事情之前，都要"敬"一下，因为"敬"所以"静"，静也是一种放松，这样就很容易进入状态，很容易成功。

同时，"前"字还有妙用。比如，练功之前，想一下上次练功的状态，和上次的状态接续上。晚上睡觉前想着练功，早上起来想一下练功的状态，然后收功，这样练功的状态也容易接续上。这也是"一念承上炁，河泊通江海"的一重意思。

有朋友私下叮嘱我，马老当年有好多练拳笔记，那都是"秘籍"，你争取把它们弄过来。

我这个人实诚，就对马老说，听说您有几本以前的笔记，能不能让我看看。马老说，这可难了！笔记可不是一本，也不是几本，一大摞呢！可惜搬家搬来搬去，不知道弄哪里去了，也许被你们哪个师兄拿走了。我说，那可都是秘籍啊，您得找找。马老说，你要那个有什么用？我教你的就不是"秘籍"吗？那都是年轻时候的东西，不成熟，我教你好的你不学，那些不好的、走弯路的东西，你学它干啥……

马老不理解，但很多人都有这个习惯，喜欢"淘换"稀罕的物件儿。比如有人说，某个架子可是马老年轻时练的东西，那都是实战的真东西。言下之意，马老岁数大了，不能"实战"了，现在教的东西，基本没用了。在网上，马老年轻时在团结湖公园、日坛公园拍的几段视频特别受追捧，有的人把它们当作"真功夫"来收藏。在他们看来，他们学的，才是真东西，"有劲儿"！而我们现在学的，一个都不合格。

对此，马老也是无可奈何。每次看到这些视频，马老就说："你们看看，那个时候还是有力的，和现在是两个阶段。离开团结湖之后，我清闲了，仔细回忆老先生们的劲路和手法，这才把老先生们的东西'找回来'。我现在的手法，才是咱们吴式拳三代人的手法，是王子英、张继之这些前辈的手法，是纯太极劲。你们不学这个，为什么要去走我年轻时候走的弯路呢？"

马老在 20 世纪 80 年代初练拳时的劈叉动作

但是，这是一个非常普遍的心理，总是觉得藏着、掖着的才是好的，年轻的时候"练功夫"的东西，才是"真功夫"。马骏师兄说，他家里有不少马老在团结湖公园练拳的照片，那时马老练拳的架子很低。现在那些照片师兄都不敢拿出来，因为要拿出来就是反面教材，就怕别人当宝贝，照着照片练。

马老说，以前武术界有一句话，太害人了——"疼长麻抽"，疼就是长功夫，麻就是功夫抽回去了。马老说，自己年轻的时候，练抻筋压腿，拳势也低，经常把腿练得生疼，心里还高兴呢，这次可长功夫了！既然这样"长功夫"，那就姿势再低点，再让它疼点……疼到什么程度呢？马老回忆说，他们家原来住平房，门口有一个门槛儿，迈门槛的时候腿都不能正常抬起来，得用手帮着，腿才能慢慢迈过去。后来住了楼房，一步能迈三层。马老说："这都是骗傻小子的，我是自己把自己骗了，这不是自找倒霉吗？练的都是肌肉，和'太极劲'一点关系没有，年轻的时候不觉得，到老了，才知道腿坏了有多痛苦。"

"这是我作为过来人的经验，到了老年腿不好，多苦恼啊。要是早知道这个道理，我这个腿就比现在好得多。我就想，那些老先生们为什么不坏腿呢？人家不这么练啊。这都是年轻的时候被人误导，'赶时髦'。"

喜欢稀少的、古老的、早期的东西，这几乎是大家的共同特点。这也不能说不好，但并不是所有的东西，都是越古老越好。我们修炼是为了养生，这是一种"实用主义"，不是为了考古，不是为了"数他人珍宝"。

马老举过一个很好玩的例子。他说，过去照明用油灯，再往前油灯还没有的时候，点松油子、点火把，后来有了汽灯、电灯、LED 灯，人们要用，就要挑最好的，最方便的，所以油灯什么的，那只剩下收藏价值了。

同样，一个人年轻时候的见识能和老年时候相比吗？太极拳是传统武术中，出现最晚的一种，它凝聚了中华民族数千年的智慧，是最适合人们学习的武术。我们要学，就要学最好的。

当然，说归说，能相信我们的诚意的人不多。在一般人看来，马老不教的，那一定是最好的。

马老说，太极拳有秘籍吗？有！最大的秘籍就是王宗岳的《太极拳论》，你能把这个拳论搞明白了，你就是一等一的高手。

真佛只说家常话，只是愚人迷不知。

# 太极拳要巧练

　　既然太极拳不是靠傻练就能练出来的，那么要"练出来"，就得"巧练"。

　　巧练，不是投机取巧，也不是偷奸耍滑，"巧练"和"傻练"的中间，有时候只隔了一层窗户纸，能捅破它，就开悟了。比如《射雕英雄传》中的郭靖，人看起来傻傻的，但其实是"大智若愚"。刚开始功夫进境很慢，是因为江南七怪教的功夫不对路，教学不得法，后来由马钰道长来教，进步就飞快。

　　"大智若愚""大巧若拙"，智和愚、巧和拙，从表面上是看不出来的，能看出来的，都是小聪明，不足道。

　　所以，我们说的"巧练"，首先是要"合理"。

　　什么是"合理"，就是符合太极拳的理 —— 符合王宗岳《太极拳论》的理，符合老子《道德经》的理。

　　现在网上信息泛滥，有不少人热衷于标新立异，创立个新门派、发明个新理论，其实很多是垃圾信息。郭德纲批评相声界，传统相声200多段，把所有的包袱、逗笑的方法都给你总结出来了，你不去继承就去"创新"，你这是欺师灭祖。这话放在太极拳界其实更合适。

创新要在继承的基础上进行，没有继承的创新那叫瞎编。有人说，我也看拳论啊，也信啊！可是你是真的看懂了拳论吗？你是真的相信拳论吗？

比如，王宗岳《太极拳论》中明明确确地告诉你，壮欺弱、慢让快、有力打无力、手慢让手快，这不是太极拳，而是要放弃的"先天自然之能"，可是有几个人相信呢？在推手的人中间，有几个不是在壮欺弱、慢让快、有力打无力、手慢让手快？

为什么会不信呢？因为自己没有看懂、没有"练懂"，基本上传授的老师也不懂，教的也是"壮欺弱、慢让快、有力打无力、手慢让手快"，这么沿袭下来，拳论就被高高挂起，只是一个"虚晃一枪"的招牌，需要的时候说一下、提一下、用一下，真正自己练的时候，仍然是练力量、练速度，和太极拳越走越远。

因为没看懂、没学会，就"抄近路"，这其实就是耍小聪明。真正的巧练，就是按照王宗岳、武禹襄、李亦畬的那些公认的经典去练。尤其是王宗岳的《太极拳论》，相当于太极拳界的《孙子兵法》，该怎么练，不该怎么练，这些基本原则写得都非常清楚，关键是我们是不是去实践、去对照。

其次是找对方法。我们的方法就是按照拳论说的，放松、不用力。

太极拳难，难在找方法，方法对了，进步就快。为什么没找到方法，因为很少有人会相信放松、不用力能"练拳"。这个看似简单的道理有点违反我们的"常识"，因为常识就是"壮欺弱、慢让快、有力打无力、手慢让手快"。

这些错误的练法都是在本能上加功，虽然离太极拳越来越远，离道越来越远，但每天都能看到"效果"：肌肉在强壮，力量在增强，看起来能打人，也能推人。但是，这毕竟不叫太极拳。过去老先生常说，我跟你推手既不怕输，也不怕赢，我输了，我输的是太极劲，你比我功夫好，我服气；我赢了，我得问问我自己，我用的是不是太极劲。现在都"不讲理"了，只要我能给你整出去就行，"不讲理"的推手就把太极拳给糟踢了。

马老常说，过去老先生表演把人发出去两三丈、毫不费劲把人拿起来，现在都说是假的。难道那些老先生们是傻子吗？是骗子吗？他毕生的精力都用来追求太极拳，是为了骗人吗？他们骗谁呢？骗自己玩吗……

在本能上加功，产生了一个很普遍的倾向，就是"苦练"，这是真正的"傻练"。比如拳架子要练多少年，才能教你打轮，打轮要练多少年，才能教你散手。打拳势子要走多低，姿势越低能耐越大。我们常开玩笑说，那我们都趴在地上推手多好，谁也不会倒。这个风气不知道是从什么时候开始的。马老年轻的时候就深受其害，后来反省自己，想想老前辈们推手，没有一个步子那么大、势子那么低的。"赶时髦"害死人。

所以，我们要巧练，不要傻练，更不能苦练，要舒舒服服、乐乐呵呵地练。

再次，这是个老话题，要巧练，就得有好伴儿。

你要踢球，你至少得弄个皮球，球里面气还得足，有弹性，有整劲。你要弄个大铁球，那还怎么踢呢？有的人一身功夫，结实得像个大铁砣，但他的功夫不是太极功夫，他也不是一个好伴儿。

马老有一个观点，中国武术为什么发展得不理想，其中一个问题就是"乱打一锅粥"。在日本，柔道、合气道、空手道发展得都比较好，国际化程度也很高，但是柔道就是柔道，合气道就是合气道，空手道就是空手道，太极拳道就是太极拳道，互相不掺和。而我们喜欢把各种武术都放在一个大锅里。虽然大家都是"武术"，但不能混在一起。即便都是球，你能把篮球、足球、马球、冰球、羽毛球、乒乓球都放在一起比赛吗？同理，练武术时，八卦拳练八卦拳的，太极拳练太极拳的，形意拳练形意拳的，不要用自己的原理、理论来指责别人，也尽量别弄到一块去"打"，打不到一块儿。

马老说："这就像戏曲，几十个剧种，能放在一起比赛吗？《天仙配》和《窦尔敦》能唱到一块儿吗？"

有一件事，我印象特别深刻。

那还是在团结湖的时候。某一天，练完拳，大家基本都散去了，马老也回家了。这时候，有一对外国夫妇，不知怎么找了过来，要学太极拳。于是，留下的两位年轻的师兄给他们讲解、示范。

那个时候，我刚学没多久，马老还没有给我"说拳"。当时师兄们教拳，讲究"三尖相照"，也就是"三尖相对"，两条腿不能同时用力。什么是"三尖"呢？当时师兄们说的是：鼻尖，指尖、脚尖。我怎么也想不明白，这"三尖"怎么"相照"。按照我的理解，三尖只能处在一个平面上，并不能对齐。但师兄们既然这么教，咱就这么做，至于为什么，咱也不敢说，咱也不敢问。

但是老外是真不明白啊！不明白人家就问。我在旁边看着，心里也好奇。师兄被问得有点尴尬，只好摆个架子，说，这样就是"三尖相照"了。我看老外的表情，和我一样，是越来越糊涂。

这件事情已经过去好久了，但是疑惑一直存在心里。后来我知道所谓"三尖相照"是错误的，但是为什么要这么要求呢？这个说法从哪里来的呢？

有一次，我忍不住问马老，马老笑了。他说，所谓"三尖"，指的是鼻尖、膝尖、脚尖，所谓"三尖相照""三尖相对"，就是这"三尖"要在一条直线上。提出这个要求的人，还要求大虚大实，两脚不能同时用力，若在后面的脚底下搁一张纸，纸还得能抽出来……你也别问是谁提出来的了，这些要求曾经盛行一时，造成的后果就是好多人的膝盖都练坏了。马老说，他自己也是这个练法的受害者，叮嘱我千万别这么练。

可是，并不是所有的人都"听话"，年轻人，包括我自己，当时就这么想，这才是真功夫啊。马老这么说，大概是照顾老年人，毕竟大部分老年人腿脚不好。但老年人练不了，我们年轻人能练啊……

但这个练法并不是吴式拳的传统，也不是王子英、张继之等吴式拳第三代传人的练法，后来出了吴式拳改革套路，才出现了"三尖相照""三尖相对"这些"时髦"的提法。有人说得特别绝对，"要不'三尖相对'就不叫太极拳"！

不光身体前面有"三尖相照"，身体后面也有要求，往后坐势的时候，后脑勺、尾闾与脚后跟也要成一条直线，一条腿承重。为什么这么要求呢？说，这样的话，不承重的腿随时可以踢人。

马老说，这种"三尖相对"的练法，后患多多。所以还在团结湖的时候，到后期，马老就开始纠正这些练法，要求大家松松静静，自然舒适，双脚承重，圆转灵活。不要低架子，不要三尖相照。比如搂膝拗步，也不往前弓腿了，要把膝盖收回来，让它先休息一下，然后再弓腿，拿腰带过去。目的是把重量尽量放在两条腿上，不死压在一条腿上。

其实拳论中有两句话很重要，"刻刻留心在腰间""腹内松静气腾然"。但是我们要提醒的是，"刻刻留心在腰间"，也要出于自然。要是盘拳的时候，光想着腰，还松得了吗？要有这个意思，但不要忘了放松。马老说，做到了"刻刻留心在腰间"，外头松开了，里头也松开了，就把后天的呼吸给忘了。这个时候，里头会出来非常自然的呼吸，该快该慢，随着你的动作、鼓荡、收缩自然地呼吸。这是天然的，不是做作出来的。

这就是太极拳的内功、内气，也就是先天气、先天神、先天意，也就是真气、真神、真意。

练拳讲究开展，练的是骨软筋柔、血脉舒张，开展之后再求紧凑。但是无论是开展还是紧凑，都是自然的，自己生出来的，不是人为做作出来的，做作的都是假的。开展讲究似开非开，将展未展，这个"火候"需要我们在练习的过程中自己慢慢掌握。要是开过了，就紧张了，紧张了，血脉就闭塞了；开得不够，气血流动不到头，血脉就会有被压缩的地方，没法舒展开。到了紧凑的时候，就是适当往回收缩，但不是萎缩。

我们的这种练法，目的就是"益寿延年不老春"，减少对身体的伤害。

2014 年，师徒合影

当年在团结湖的时候，跟马老学拳的老人，高寿 90 岁以上的就有好几个。还有几个得了癌症，医生说大概还有 5 年的生存期，结果人家练了 40 多年太极拳，仍健在。有一年开会，台上坐的都是 85 岁以上的老人。按照古礼，六十岁曰耆，七八十岁曰耋，八九十岁曰耄，这么多长寿老人还能和年轻人一起推手，真的是"耄耋能御众之形"。所以，外面有人说我们吴式拳是"长寿拳",还有人说我们有秘传的"长寿法"。

要长寿,仅仅练拳、推手还不够,不仅要修身,还要养性。太极拳是道家理论的产物,王宗岳、武禹襄、李亦畬这些前辈的拳论都符合道家的思想。老子讲:"为学日益,为道日损。"马老说,"为学",那么必定有进益。学道日损,是减少我们的妄念私欲、争斗心、胜负心,培养我们的善心、良心、热心、公德心,等等。"虚其心,弱其志,强其骨"。返璞归真,复归于婴儿。

在有的版本中,王宗岳的《太极拳论》之后还有一段话:"右系武当山张三丰老师遗论,欲天下豪杰延年益寿,不徒作技艺之末也。"

当然,要长寿需要很多条件。合适的锻炼、恬淡的心态、健康的饮食,都是必要条件。但是,至少,太极拳为延年益寿提供了一个很好的修行手段。

现在各种名目的太极拳派越来越多，很多人都想自创一派。相比之下，吴式拳显得很"小众"。尤其是我们这一支，王子英、刘光斗、刘晚苍，包括马老，都很低调，低调的结果，就是"发展不起来"。

我想，这和我们这一支传人的性格有很大关系。

王子英先生子承父业，家里有买卖，不以教拳为业。自己关起门来练拳，唯恐门口不清净。张继之是王子英先生的师弟，家里开着营造厂，家里有钱，又是独生子，一辈子没做事。大学毕业后，据说还被任命到天津蓟县当县长，张先生没去。他玩心大，当票友玩京剧，文武场、拉胡琴都行。新中国成立后买卖没了，靠看自行车为生。当年的工资是街道开支，一个月 32 元，看自行车 2 分钱一个，张先生都数好了，一分不差交给街道。马老年轻的时候经常帮老先生看自行车，把钱数好给老先生送去。他说，张先生那个时候看自行车的"行头"太有趣了，穿着水獭领子的大衣、老羊皮皮袄、大毡靴子，怎么看都不像是看自行车的。

师爷这一辈是这样，到了马老的师父刘晚苍，也是一样。当年的恒记粮店没了，刘先生只能靠打短工挣钱。马老记得刘老师打过草帽子，一天挣 8 分钱，和泥之类的粗活也干过。

马老的师父、师爷这两代人都是这样，宁可穷死，也不拿太极拳挣钱。而且，吴式拳门里有规矩，不看家护院，不打把势卖艺，不打擂台，等等。

老先生们的精神让我们赞叹和敬佩。但是，这种方式好是好，也有一个缺点，就是限制了我们这一支太极拳的传播，而且把太极拳自我限制在了"业余爱好者"的范围。

因为受到这个传承的影响，我们都不自觉地遵守这样一个不成文的规定 —— 不能拿太极拳挣钱。

但是，时代不同了，这种观念应该变了。挣钱不仅不是坏事，而且更符合现代人的心理。比如现在想报名学拳的，都会提前询问，你怎么收费？你报一个数，人家能够承受，他就来报名。明码标价，反倒省却很多麻烦。你说"随便"，人家反而不知道给不给，给多少，心里犯嘀咕。

能够正常收费，就解决了生计问题。解决了生计问题，就可以专业教拳，就可以更好地研究太极拳。从事一个自己喜欢的事业，对爱拳者而言是一件幸运的事，对社会对他人，也是一件有益的事。

在吴式拳中，杨禹廷先生是专业教拳的，他的徒弟就比较多，影响也比较大。

新中国成立前，杨先生自己教拳挣钱。新中国刚成立的时候，国家有规定，一个徒弟一个月学费 5 块钱。那个时候，香油 5 毛钱一斤，等于 10 斤香油钱。后来群众反映，这个价格有点贵，于是就降为 3 块钱。像杨禹廷、马汉清这样的名家，都是一个月 3 块钱学费。

我觉得，这相当于一个国家给的"指导价"，像这样按劳取酬，又有一个比较规范的参照标准，其实非常好。比如杨禹廷先生一个班如果有 60 个人，那么一个月就是 180 块。马老说，当时，一个八级工一个月也就 81 块钱，这个收入就相当于两个八级工。

靠教太极拳，让自己有了一个谋生的手段，过上体面的生活，无论对自己还是对社会，都是一件好事。

所以，我想，用太极拳谋生，其实是一件好事，是一件值得提倡的事。大家都在商业化，我们吴式拳传人也应该转变观念，跟上时代的步伐。

# 太极拳与丹道

"太极拳与丹道"这个题目太大，这里只谈一些我个人的体会和看法。

王宗岳《太极拳论》开宗明义指出："太极者，无极而生，动静之机，阴阳之母也。"这句话很明显脱胎于宋代理学家周敦颐的《太极图说》："无极而太极。太极动而生阳，动极而静，静而生阴，静极复动。一动一静，互为其根。分阴分阳，两仪立焉。阳变阴合，而生水火木金土。五气顺布，四时行焉。五行一阴阳也，阴阳一太极也，太极本无极也。"

周敦颐可以说是宋明理学的始祖。据称，周敦颐得到了太极图，并公之于众，逐渐形成了以太极、道为本体论的新儒学，即后来的宋明理学，也称道学、义理之学。我们在过去经常批评的"道学家"，指的是明清两代这一派严谨有余、活泼不足的儒学家。

最初，周敦颐公布太极图的时候，还遭到一些儒生的批评，因为这看起来是道家的东西。但宋明理学的诞生，就是在宋明大儒们在受到佛家、道家思想的冲击后，不断吸取佛道两家以弥补儒家思想在形而上方面内容不足而形成的新儒学。

在杨家老谱中，我们也可以很明显地看到理学的影响。比如，《太极体用解》说："理为精、气、神之体，精、气、神为身之体。身为心之用，劲力为身之用。心、身有一定之主宰者，理也。精、气、神有一定之主宰者，意诚也。诚者，天道；诚之者，人道。俱不外意念须臾之间。"

在这里，理，就是道家所说的道。儒家不肯用道家的名词，所以自己重新起了一个名字，其实都是一个意思。杨家老谱应该是出自读书的儒生之手，因为所用的名词都带有儒家的色彩。其中一部分内容，涉及道家、《黄帝内经》等相关内容，但如果和道家丹道典籍、中医典籍相比，内容尚浅，这里不做讨论。

这至少说明，太极拳从诞生以来，就带有道家的烙印。在一般意义上看来，太极拳是道家修道的导引术的一部分，凡是动功，都可以归类于导引。

太极这个概念，最早见于《周易》："易有太极，是生两仪，两仪生四象，四象生八卦，八卦定吉凶，吉凶生大业。"无极这个概念则见于老子《道德经》："知其白，守其黑，为天下式。为天下式，常德不忒，复归于无极。"

所以，最初，太极和无极，是两个不同的概念。但两者又有着密不可分的关系。"无极而太极"，也就是说先有无极，无极而生太极，无极是太极的本源，是太极的本来面目，无极为体，太极为用。从究竟而言，体用是不二的，所以，我们也可以说，太极即无极，无极即太极。

比如，我们站桩，最基础的叫无极桩，意思就是说，这是最初的状态，在进入太极拳修炼之前的状态。但无极桩同时也是太极拳的一部分。我们强调，"站桩站的是清净之心，挖掘自己的灵性，站出满身轻利"。

无极是先天一炁的混沌状态，无极一动而有了阴阳，阴和阳分开说就是两仪，合起来就是太极。两仪生四象，四象生八卦，繁衍出万事万物。无极是零，太极是一，一中有二，合而为三，也就是"一生二，二生三，三生万物"。万事万物都是阴阳相摩相荡而产生的，这是"顺为凡"。

而阴阳也能"复归于无极",也就是丹家说的"复归一炁"。在内丹修炼中,元神、元精是一对阴阳,修炼合一,就是先天一炁,即金丹。这个过程就是"逆为仙"。

太极拳的修炼路径也是一样。我们也是要"复归于无极""复归于婴儿",回到阴阳相合的先天状态。

在各式太极拳中,吴式拳最强调轻灵、放松,符合道家专气致柔、复归于婴儿这些要求。用太极拳养生,不是不允许追求名闻利养,但需要淡化,尽量减少。

个人感觉,太极拳更像是一个"助道品",在丹道修炼中,它是一个很好的帮助手段,但它本身不能代替丹道,这个有层次上的差别。

作为"助道品",太极拳的价值几乎是无可代替的,它具有最大的"普适性"。

叶曼老师在讲课中曾经讲过,有些功法不适合放在一起练,可能会有一些禁忌或者不良影响,但太极拳这个东西"最妙",它可以和任何功法并练,并且都能起到很好的帮助作用。

南怀瑾老师在主持"南湖大学堂"的时候,据说有三门课程需要学习和考试:国学、佛学和太极拳。国学,包括了儒家和道家经典,以及文史经典,这是基础。佛学,特别是禅宗,是南老的本门专业。太极拳则是最好的助道品,无论学佛、修道,都要学,因为无论修习什么,它都能起到调理身心、强身健体的作用。

陈全林老师也特别提倡太极拳,他认为太极拳是在"动中守窍"。这是道家的高明之处。打坐的时候,很多法门都要守窍、观想,但我们的思想很难管得住。道家就特别聪明,用太极拳解决这个问题。只要把姿势摆对了,就是不守而守,就能自然达到"动中守窍"的目的。

比如,我们吴式拳的"单鞭",这是一个定势。如果姿势摆得正确的话,气势是舒展的,但小腹却会自然地微微隆起,这就是自然而然的"气沉丹田",意在气在,不守而守。

我们吴式太极拳的前辈也曾提到我们的"守窍"之法:"天地无涯为

窍，一念不起为功，恬淡虚无为法。"这种练法，颇有"万象玄关"的意思。

我们这一支，特别强调放松，前辈有言："专气致柔，当用松求，当用慢求，当用静求""体松养气，心安养神，心静悟道，凝神忘息，调体健身，惟静与松""练形忘形养气，练气忘气养神，练神忘神育虚，由虚育空悟道""神，要安静舒适，不外驰；意，要高度放松；气，要包满周身；体，要有形无相"。

我们所有的东西，都是从"松"的状态中自然生长出来的。马老说，古语云：得其一，万事毕。我们太极拳也是得"一"才有太极，失去"一"就违背了太极。一就是道，有了一，才有二，有了阴阳，才生万物。离了"一"，永远练不好太极拳。怎么才能练出来"一"呢？就是松，松来松去，松里头就有东西了，就是这个"一"。

陈全林老师所传丹法也特别强调放松的重要性，甚至于把放松做到了极致。比如，我们武术界有句话："拳后满身汗，避风如避箭。"但陈老师在去西北云游的时候，在大漠中、雪山上打坐修炼。陈老师并没有采取闭息鼓腹等用体内阳气对抗寒气的做法，而是完全地放松，没有任何与寒冷、冷风相"对抗"的意念。他极致地放松，成为自然的一部分。"不和寒风对抗，只是放松、专注地、宁定地感受寒风吹在身上的任何感觉，把身体放松、放空，任风去吹。身体并不感到寒冷，寒风吹在身上，是温暖的……""在大自然中修炼，面对风寒暑湿燥热六气，一定要做到身心放松、空明，不起念头，要做到不畏惧、不抗拒、不观想、不动心。"这样不仅不会生病，而且会借助"风"带走体内的湿气、燥热，借助天地间的五行八宝修炼自己。

放松、不对抗，这也是我们推手的核心要领。

有一点是非常相同的：无论是太极拳还是丹道，又要把放松、不对抗做到极致，就会产生宏大的效果。但要做到极致，都很难。

还有一点，常常被世人忽略。修道，丹道要讲究根器，决定根器的是德行。"此身若无神仙骨，纵遇真仙莫浪求"。《悟真篇》说："若非积行施阴德，动有群魔作障缘。"《太上感应篇》说："夫欲求天仙者，当立一千三百善。"

我们吴式拳也特别强调修德。

前辈有云："太极拳，有德者得之，无德遇见不知。"

马老说："做人第一，学艺次之。有德无艺，艺尚可求；有艺无德，止步于艺。德艺双馨才是真正的中正安舒。"

# 第八章 一以贯之

子曰：「参乎！吾道一以贯之。」

曾子曰：「唯。」

——【春秋】孔子《论语·里仁篇》

# 松是最大的窍门

我在《吴式太极·南湖传习录》的"拳理篇",开篇用一句话把马老拳理的重点提炼了出来——"太极拳的核心就是'松',但一般对此都怀疑,或者半信半疑,或者嘴上说松,心里耍小聪明。"

这说的是一个很无奈的事实。练太极拳的人都在说放松,但是不是真的在练放松,是不是真的懂放松,是不是真的相信放松,恐怕连他自己本人都未必说得清楚。

马老说,松是一辈子的事,是没有止境的。我跟马老练了 20 年,可以说,刚刚懂了一点"松"的皮毛,刚刚学会怎么放松。但是真的明白了这一点,就是一个最大的进步。因为只有真的会了那么一点放松,才能明白松的好处;得到了切实的好处,才会相信放松是有用的,相信"古之人不余欺也"!真的相信了放松,才算走上了太极拳修炼的正道,也可以说初步"懂劲"了。

在很多人心目中,特别是在一些影视作品中,一提到放松,就会夸张地表现为软得站不住、慢慢瘫软下去。那是夸张,表现的是一种疲沓。这和我们说的松是两码事。

为了说明这个问题，马老指其掌，用一个手掌给我讲解。什么是放松呢？你的手伸得僵直，手掌都发白了，这是紧张，大家可以理解。但是你把手蜷起来呢？大家就以为是放松了吧？其实这还是一种紧张，因为血管、经络都是被压迫的，是紧张的，你的手掌并没有自然地张开，皮肉都堆叠在一起，手上都是皱纹，这个时候，手掌全是红色的，这仍然是一种紧张。那么，什么时候是真正放松了呢？手掌自然地舒展开了，既不僵直，也不蜷缩，手掌的颜色是半红半白。这也是一种"守中"，如保持在太极图中阴阳之间的那条线上，保持着一种微妙的、自然的平衡。

比如，我们太极拳讲开展，但讲究的是似开非开、将展未展，"大而无外，小而无内。先求开展，后求紧凑"。这个火候很难把握。过去讲："传功不传火。"因为这个不好讲，而且每个人的情况不一样，只能在老师的监督下，慢慢自己掌握。要是开展过了，就闭塞了；开展得不够，舒展不开。

马老讲，身法有五大要素，第一就是放松，先天性的放松，像小婴儿那样的放松。第二是上下贯穿。第三是内外相合。第四是周身一家。第五是一动无有不动。其中关键的、起决定性作用的就是高质量的放松，也就是先天性的放松。我们练拳没有别的窍门，就是放松，松到什么程度呢？——"不敢扰动空气"。

从某种角度上讲，太极拳不是练出来的，而是松出来的——松出内涵，松出变化，松出"归元"。"归元"，从某种角度上讲，就是复归于婴儿，像小婴儿那样气遍全身、周身放松、鼓荡松沉。这就是"反者道之动"，是反其道而行。

放松又可以分为两种情况，一种是积极的放松，表现为舒展、贯穿；另一种是消极的放松，表现为松懈、疲沓。积极的放松是精神饱满，处处贯穿；消极的放松是精神松懈，肌肉疲沓。

只有通过推手，才能真正明白放松的意义，才能知道，放松不是皮皮囔囔，不是什么都没有。松，只是"强为之名"，勉强暂时给它起的名字。这个松里头要有不松，"松不松"，才叫真松。松里头有刚，但不是用力量。这种刚是从松里头练出来的，极柔软然后极坚刚。

这个松不好练，因为不仅四肢需要放松，而且五脏六腑都要松开，脑子，也就是神经、意识也都要松开。这是不好练的内部因素。

不好练，还因为有很多外部干扰。比如，很多人都被一个词给误导了，那就是"松而不懈"。马老说，这个词实在太害人了。从本义上看，这个词并没有错，但客观效果就是导致大家都不去注意松，而去注意如何"不懈"，这等于买椟还珠、舍本逐末。本来"松而不懈"是松出来的反应，但若不会松，就只好去练如何"不懈"。怎么"不懈"呢？就是用劲呗！刚好太极拳有个掤劲，于是就产生了处处不能没有掤劲等说法，结果就导致没有人真正去练松了。还有的人爱搬杠、爱较劲，你说松，他就说"松而不懈"，以此来掩盖他本来就不相信放松、也不会放松的事实。于是，真正的好东西，就这么被埋没了。

放松和用力是一对矛盾，要想放松，就不能用力。马老说："（推手）大力大滞，小力小滞，松柔无力，才可无滞""静站桩，松练拳，虚接手，用时方知手非手，周身一家手是身，身是手"。

这个松有多重要呢？"练习太极拳，一式放松，周身相合，等于万式。练习万式太极，若周身不松不合，万式等于零式。"

马老说，郑曼青先生把太极拳叫作"影子拳"，影子拳，影子拳，不挂力气真心难。比如，杨禹廷先生曾指着自己的胳膊对马老说："这里头没胳膊，就是给他一个祆袖子。"但是就有人搬杠：我们明明有胳膊，放哪儿？所以，理解这句话，就非常难。杨禹廷先生那个劲，更是看不到了。

马老说他刚开始教拳的时候，是教杨式拳，不教吴式拳，因为吴式拳不好练，有了杨式拳的基础，才教吴式拳。吴式拳更加细腻柔和。

我们说过，在刚开始学会放松，还没有"定型"的时候，不要和"大力神"推手，因为会被带偏，但若真的上了身，就不怕了。

比如，那些使大力气的，在王子英、刘晚苍前辈面前就不好使。马老说，某人，一米八的大个子，铆足了劲，一坐腰，"啪"就冲刘晚苍老师去了，刘老师伸手啪地一拍他的拳头，他直接就跪那儿了。刘老师说，这就是挨打的架子，发力越狠，挨打越脆。

所以，一位前辈说，松不透，说什么都没用；松透了，怎么用怎么有。

真松开了以后，那就是《授秘歌》中讲的"浑身透空"的境界，也就是"无为而无不为"的境界。

# 松、整、灵三位一体

我们在"太极拳的身法"一文中，提出了松、整、灵的概念，松、整、灵是我们对身法的要求。这三个要素是一个统一的整体，是一个三位一体的概念，割裂了任何一方，身法就不好使。

松、整、灵，这三个要素是互相作用、互相联系的一个整体，但三者又各不相同。松是体，整是相，灵是用。

松是核心、基础、主干，没有松，就没有一切，所以它是"体"；整是虚整，是在松的基础上表现出来的整劲，是从松里生长出来的"新力"，这个劲最明显的特征就是"整"，所以，整是"相"；灵是灵敏、灵活、灵性，是一种超越逻辑思维的自然反应，没有灵，松和整就没法用，身法就是呆滞的，不能"起用"的，所以，灵是其"用"。

松就不用多说了，我们所有的东西都是从"松"这块土壤中生长出来的，不是人为做作出来的。

整，是整体，一动无有不动，一静无有不静；整，是虚整，是松松的整，它更像一个气球，而不是一个大铁砣。虚整，是气遍周身、全身无处不丹田、无处不太极，这样发出的劲，整而脆。如果是肌肉力量造成的"整"，那是一种笨重的、沉重的、僵滞的状态，和我们说的太极劲是两码事。

灵，是在推手的过程中反复培养出来的灵性。它来源于身体的轻灵，来源于听劲过程中的反复训练。有轻才有灵，所以推手的时候一定要先从轻入手，从不用力入手，在松的状态中去听劲，才能培养出灵性、灵敏性。马老常说，什么时候你的胳膊轻了，什么时候灵就快出来了。

没有松，出不来我们说的虚整劲，练不出灵性；没有整，松就是局部的、碎片化的，就成了"假松"；没有灵，整和松就没有应用价值，不能起用。

我们在推手中，无论是接手还是不接手，都应该保持一个放松的状态。有了松，就有身体的整。如果身体的一部分是僵的，说明这一部分没有松。没有松，就破坏了"周身一家"这个整体。推手时最常见的是肩松不下来，胳膊硬。肩、肘、手是接手、推手首先接触的地方，肩松不下来，胳膊是硬的，就容易上来就茬住了，成了顶牛。

如果手、胳膊、肩能松下来，就可以粘连黏随，就可以进入听劲的环节，这样才可以练习。在放松的状态下，你才能听到对方的劲儿是怎么来的，用你的胳膊去"称一称"对方的劲儿有多大"斤两"，这样你才能用差不多对等的"斤两"去随着对方走化。在走化的过程中，如果肩膀松不下来，你就会感觉很累，不一会儿就肩膀酸痛。如果松下来，一点劲也没有，等于完全浮在对方的胳膊上，你就不累。

同样的道理，"走化"是一个全身性的运动，肩、肘、手、腰、腿都在动，任何一个地方松不下来，都会形成局部的僵滞，破坏整体的协调性。越是没有协调性，身体就越会疲劳。这个时候，身法就是僵滞的，是不松的，当然更谈不上灵敏和灵性。

随着我们逐步学会了放松，身体就会越来越协调，肌肉就会越来越灵活，而不是越来越僵滞。练了一阵，你会发现，身上的死肉、死骨头，全都慢慢地练活了，这就差不多表示你在一定程度上练对了。

所以，"整劲"并不是"铁板一块"，相反，每一块肌肉都是灵敏的、灵活的。这种整体和局部的关系，有点像《铁臂阿童木》中由不同的机器人部件组成的巨型机器人，每一部分都是活的，都是可以单独使用的，但组合在一起，又是一个统一的整体。

当你练到这一步的时候，灵性、灵敏性都培养出来了，碰到什么样的擒拿都不怕，包括撅胳膊、撅手指头，对你都没有用了。因为你没有一块肌肉是僵死的，都是活的、灵活的，是具有了灵活的听劲能力的，是能够做到"借人之力，顺人之势"的。

我们这么说是有根据的。当年刘晚苍老师为日本代表团表演破解"六把大拿"（事见《吴式太极·南湖传习录》），都是在对方把姿势完全拿好，自己全部都已经"失势"的情况下，在间不容发之际做出来的。不仅破解了对方的招式，还破坏了对方的平衡，击败了对方。

如果没有松透，没有干脆利落的整劲，没有灵敏的听劲功夫，就不可能做到"彼不动，己不动；彼微动，己先动"。

关于这段历史，马老在网上也看过有人模仿的视频，但都无法还原当年刘老师的神韵。因为可以模仿的，只是一个"样子"，松、整、灵的内涵，是模仿不出来的。

　　说完"松整灵、体相用三位一体"，我们还要细分一下，再细致深入地往下讲。大家要注意，因为是往细微处讲，所以看的时候不要寻章摘句、以偏概全，要把本书当作一个整体，不要看了后面忘了前面。我们不可能每一个片段都说得那么全面，以前说过的，不可能每次都重复一遍。

　　关于"整"，马老讲过一个比喻，听起来更像是一个"笑话"。

　　这个"笑话"，其实是当年马老的老师鲍全福先生讲的。老先生说，怎么才算把太极练好了呢？你练得跟"半身不遂"似的就差不多了。

　　听话听音，不要执着于字面意思，要"得意忘言"；同样的道理，跟老师学拳的时候，要"得意忘形"，不要刻意模仿外形。鲍老先生当然不是让你真的练成半身不遂，这只是一个比喻。在这个比喻中，半身不遂者的身体，就像是阴阳两面，这阴阳两面，刚好就是松和整。

　　你松的这一面，就跟半身不遂一样，不会使劲了，没有感觉了，这好比是阴的一面；你的另一面就是整，全身的力气都在这一面，这是阳的一面，是劲力发出的一面，这是一个整力，谁挨着你谁就被你发出去。

因为半身不遂的人，身体一半没有感觉，你怎么动他这一半你都没事。但是你一碰他身体的另一面，他感觉到了，他就会害怕，怕站不稳，他就会往你身上倒，他所有的劲就在这一个点上。

马老说，鲍老师说的这个比喻太形象了。"当时听着，心想，练半天练成半身不遂了，这叫什么事啊？后来就明白了，人家说的是要整体动。"

我们强调"整"，同时还不能忘了"松"，没有"松"的"整"就是笨力气，就成了真的"半身不遂"。马老说："整体动，你还真不能用力，要松着动。比如往前进，要松着进招。硬着进，进不去。感觉到危险了，谁还让你进啊！你要练熟了，快了，一下子人就出去了。"

在推手的时候，我们说，腰为主宰，腰是最关键的部位。没有腰，就没有整。

马老说，俩人一接手，入腰最重要，只要手一来，就先把腰"填"进去。对方要不给劲，你就给他添一点劲，发人的时候，拿腰上下挫都行。所谓推手，其实都是腰，都是身法。身法的最基本要求就是全身放松，整体动。想要左右转呢，一接手，腰站住位置，一转腰，就往两边去了。要点是胳膊别动，整体转，胳膊一动就不灵。托肘也一样，先入腰，用腰拿对方。接触点不能动。动作越轻越好，越小越好。身体形态要大大方方，不要小小气气。

这就叫："上下一条线，全凭左右转。尺寸讲分毫，一切由我变。"

我们强调"整"，但不是说手就不能动。任何事情都有两面，所以要辩证地看。练整劲，刚开始手不动，腰动、整体动。但到了高境界，到了"形于手指"的境界，你会只看到手动，看不到"整动"。为了说明这个道理，马骏师兄打了一个特别好的比方：我们人体就像一根鞭子，身躯是鞭杆，手是鞭梢。鞭梢不会自己动，一定是鞭杆驱动鞭梢动。相对而言，鞭杆动的幅度小、速度慢，但传导到鞭梢上，鞭梢动的幅度大、速度快。"抽鞭子"的动作，是一个"整劲"，作用于鞭杆，表现于鞭梢，就像我们推手，形于手指，主宰于腰，但两者却是一个不可分割的整体。

要练到这一步，就必须要能松开。能松开，才能节节贯穿，才能有虚整劲，才能练出灵敏和灵性。"刻刻留心在腰间""一举动周身俱要轻灵，尤须贯串"，周身都要松得开，处处都松开了，才能把肢体变成不"内耗"的"超导体"，"鞭杆"与"鞭梢"成为一个整体。这样的推手，就不是光俩胳膊在"拐磨"了。有了整劲，再逐渐达到"形于手指"的境界。

要是不练推手，就站桩和盘拳。站桩，能站得上下都是通的，这个站法就对了；盘拳，能盘到身上全都松开了，骨软筋柔，健身效果也就达到了。当然，这时候的松开，未必能"用"，也就是说，没有经过推手的锻炼，接手的时候，就不好使。但是，对于养生和健身来说，已经是很好了。

# 松与灵

在本书构建的太极拳理论中，松、整、灵为体相用三位一体，以松为体，则整为之相，灵为之用。当然，体相用三者的关系也不是绝对的，是可以互相转换的，因为三者实际就是一个整体，为论述方便，分别论述而已。

灵，首先表现为轻。轻、灵二字，常常连用。先有轻，然后有灵。因为轻，所以灵。所以，我们打拳也好，推手也好，刚开始不可能做到整和灵，但我们可以先从轻做起，从不用力做起。不用力，就是最基本的放松。放松了，就"轻"了。

有了轻，才可以去听劲，去粘连黏随，才可以感知自己、感知对方。轻则灵，重则滞。轻是基础，灵是结果。不能"重"，重则必滞——在听劲来说，就是"聋"了；在走化来说，一较死劲，就不灵活了；在发与拿来说，发不出去，也拿不起来。

随着听劲懂劲功夫的深入，身体越来越轻，自然越来越灵，表现为"触之旋转自如"。推手的时候，能听到对方，接劲能"蹦"，雀跃自然，这是初步的灵。这在外人看起来很假，实际却是听劲功夫的表现，劲儿整，身法灵。"未学打人，先学挨打"，这样边听着劲边"挨打"，挨得多了，就挨出灵性来了。

推手越轻灵越好用，一有力，就僵滞、发"死"。所以古人批评太极推手"四大病"：顶瘪（扁）丢抗。顶就是顶力。瘪，就是"跑"（扁）。丢，就是有机会听劲的时候，你不听。这一丢，就丢掉了太极拳的本质。抗，就是对抗，你有力我也有力，你有方法、技巧，我也有方法、技巧。顶和抗，批评的都是用力。我们要求，不管怎么练，两个人的手得接触，而且一定要轻、一定要灵。不要离开这个"顶"点、接触点，这就是我们说的"粘连黏随不丢顶"。

整劲也得包含着灵。没有灵，整劲就是僵滞的、笨重的，有了灵，发人和被发都表现为"脆"，干净利落，不拖泥带水。我们通过推手，通过不用力、放松的训练，逐渐就慢慢明白了内外的关系、自己与对方的关系、局部与整体的关系。整劲上来了，身法基本就有了。太极推手不用手，用的是身法，是整劲，整劲反映到手上，表现在手法上。这是局部与整体的关系。我们必须明白，这个力不是由手上出的，也不是由胳膊出的，甚至也不是从腰腿出的，它就是一个整体。当然，这一点理解起来比较困难。

灵，在推手中最明显的表现是寸劲，也可以称为小劲、巧劲。在初学的时候，应该多练长劲，因为只有这样训练，初学者才可以有更多时间去反应、去体会，等于增加了初学者的体验时间。这也是为了培养初学者的灵敏性、敏感性。随着灵性的提高，初学者的反应速度、灵敏度都会显著提高，再通过训练，就可以打出寸劲的效果。

寸劲的要点是"见肉分离"。这句话我在团结湖公园跟马老学拳的时候就记在了笔记本上，但直到现在，也不敢说掌握了这个技巧，只能说是初步掌握了一点点。这个掌握是指自己会应用。在不会自己使用的时候，我们可以体验老师给的寸劲。那种感觉，像"火燎"一下，只在你皮肤上有那么一个感觉。当然不是真的被火燎，只是一个比喻，情况往往是一惊之下，人就跳了起来。

这就是灵。首先是这个劲儿灵。听劲听得好、听得准，发劲发得整、走得脆，被发的一方也听得清、走得整，而且双方合，才有这个效果。

因为灵，周身一家，全身都可以听，可以发，所以才可以走得细腻，走得变化无穷。吴式拳的推手，大家公认最为轻灵、细腻，这是老先生们研究的结果，尤其是吴鉴泉、王茂斋、郭芬"老哥仨""十年磨一剑"的结果（事见《吴式太极·南湖传习录》）。当然，最主要的，还是吴式拳的老前辈们都在往"松整灵"这方面发展、往"纯太极"的路子上发展的结果。

灵，往小了说，是松的"用"；往大了说，是"道"的表现。灵就是"活泼泼地"。

诗云："鸢飞戾天，鱼跃于渊。"《诗品》曰："生气，活气也。活泼泼地，生气充沛，则精神迸露，远出纸上。"明代王阳明说起"致良知"，也用了这个形容词——活泼泼地。

《赵州禅师语录》说："见道之人通身是眼，全身是戏，故时时事事都可以演为教化之章。禅者，活泼泼也，非枯木死灰……"《大慧禅师语录》说："不用安排，不假造作，自然活泼泼地，常露现前。正当恁么时，方始契得一宿觉。所谓不见一法即如来……"

活泼泼地，就是灵，就是不假造作，纯任自然，充满生机。有了灵，就逐渐通于"道"了。

松与灵性

灵与灵性有关联，但不一样。

灵是明敏、敏感、活泼、机灵，等等，但从灵到灵性还有一段距离。这就好像，我们从经常做某事，到习惯做某事，再到做某事已经成为一种性格，有一个过程。

我们说过，要练出灵性就得把身上的每一块肌肉、每一处关节都练活了。这其实只是第一步，先通过放松，把它们激活，然后越练越灵活。这种灵活一定是在松的状态下的灵活，在放松的状态下，它们才能"自由地生长"。然后，在推手中，这种反应逐渐地固定下来，形成一定的肌肉记忆，也就是肌肉的自然反应。这种记忆必须在放松状态下才可以形成，否则，形成的是大脑的记忆，而不是肌肉的记忆。这样的肌肉，仿佛有了"灵性"，有了"独立的生命"，遇到情况，在你的大脑来不及做出反应的时候，它自己就会有反应。

这就好像，一片树叶飘了下来，你还来不及看清楚，但下意识地就会抬起手保护头部一样。这都是一种自然反应，只不过我们说的"灵性"是经过提纯、修炼的自然反应，它做出的反应是太极劲，而不是一般意义上的保护与躲闪。

当胳膊被人突然抓住的时候，我们一般的自然反应是用力、反抗，表现为肌肉的收缩和僵硬。但经过推手训练之后，练出来的自然反应是顺人之势、借人之力，不和对方对抗，在一瞬间"听出"对方的"中"，全身放松，一个整力，把对方发出去。这相当于一个瞬间的"引进落空"的过程。

这就是没有经过推手训练的"自然反应"与推手训练成功后的"自然反应"的根本区别，这个训练出来的东西，就是我们的"灵性"。

从某种意义上说，这种"灵性"并不是我们练出来的。它是练不出来的，它是在我们不断放松的过程中，自己"恢复"过来的。也就是说，它是我们先天的本能（不是王宗岳《太极拳论》中的"先天本能"，相关内容请参看"做减法，返先天"一文）。

我们这里说的"先天本能"，是指我们的"神明"在极其清明、没有后天染污状态下的自然反应。这种接近于"形而上"的概念不太好描述，在现实中，最接近的状态就是小婴儿的状态。

马老最喜欢观察孩子。他说，三四岁以前的小孩，他从你身前经过的时候，你想揪住他，如果他不想让你抓住，就会有一个自然反应，一出溜就从你手底下走了。但孩子长大后，这个本能反而慢慢地退化了。更小的小婴儿身上还保留着"无处不鼓荡"的天性。你推他的小脚丫，他不躲，他跟着你的手走。但是，小婴儿毕竟是小婴儿，他还是逃不过大人的手掌。经过一番修炼，重新获得小婴儿的状态，叫"复归于婴儿"。"复归"是一个修炼的过程，"重装上阵"后已经发生了本质的变化，并不是原来的小婴儿了。

还有一种情况，也很常见。比如摔跟头，成年人很容易摔折了胳膊、腿儿。但是有两种人不容易摔坏，一种是小孩，一种是喝得烂醉如泥的人。

《庄子》说："夫醉者之坠车，虽疾不死。骨节与人同而犯害与人异，其神全也。乘亦不知也，坠亦不知也，死生惊惧不入乎其胸中，是故忤物而不慑。"醉酒的人从车上坠落而下，虽然满身都是伤却没有死去，骨骼关节跟别人一样，但受到的伤害却要小很多。这是因为醉酒的人"神全"，也就是说，醉酒的人完全沉浸在自己旁若无人的状态，身体烂醉如泥，完全放松。在这种情况下，后天意识的支配少了，先天的自我保护功能就开始发挥作用了。

我们练太极拳，不是直接学人家烂醉如泥，那叫"画虎类犬"。我们要通过放松，精神的、肉体的彻底放松，逐渐达到"专气致柔""复归于婴儿"。这就是"返先天"，回到骨软筋柔、神气合一的先天状态。回到无极，回到自然。

到了这个状态，就可以说我们的这个"灵性""阶及神明"。

"神明"者，神而明之。我们的身体的某种功能也可以称作"神"。比如《黄庭经》中的"心神丹元字守灵，肺神皓华字虚成。肝神龙烟字含明，翳郁导烟主浊清。肾神玄冥字育婴，脾神常在字魂停。胆神龙曜字威明。六腑五脏神体精，皆在心内运天经，昼夜存之自长生"。从某种意义上说，这些体内众神都是相关脏腑功能的形象化。这些脏腑的功能既是统一的，又是各自独立的。这些神明，既是我们身体的一部分，又有各自的形象、个性、能力、功能。它们也是各个脏器的"灵性"。

我们推手练出来的灵性，同样表现在我们身体的各个部位。当这个灵性出来的时候，好像这些肌肉骨骼都具有自己的思想、能力和个性，它们不必请示，在你遇到危险的时候，自己就会做出正确的反应。

这种感觉，确实很"神"，因为它会超出我们正常逻辑思考的范围。比如，一个最明显的表现是，你松得足够好，你的灵性足够成熟，你会发现，你的时间概念，比如反应时间，似乎都发生了变化。在别人看来一瞬间的事情，你却可以做得很从容，也就是说，你比他们"有时间"。

# 松肩

我们说全身都要松，那么从哪里开始松呢？从哪里开始都可以。但根据我们的经验，松肩是最难的，而松肩也是首先要做到的。做不到松肩，推手就没法"好好玩"。反过来，肩膀一松下来，推手马上就能见到效果。

"膀子是最难松的"这句话是马老告诉我的。差不多同样的话，也是天津的郝家俊先生告诉马老的。郝先生说的是："太极拳都说松，最难松的就是两肩。"

为什么说松肩最难呢？根据我自己的学习、教学实践，我觉得是这样的 ——

推手的时候，我们首先要搭手，从手指到肩膀这是"最前线"。推手要求放松，作为"不丢不顶""粘连黏随"的"直接责任人" ——胳膊，就必须放松，不放松就做不到"不丢不顶""粘连黏随"。如果胳膊没有松开，脚、腰、腿就无法发挥作用。人的手最灵活，不管真松还是假松，我们的手都是比较听话的，你说不使劲，它也基本能做到不使劲，当然"应激反应"除外。其次是手臂，也比较"听指挥"。

只有这个肩膀，处在一个"不尴不尬"的境地：

它本身不是很灵活，常常会被我们忽视，如果不是得了肩周炎，我们恐怕很少注意到它的存在。既容易被忽视，又不太听话，这就是肩膀的尴尬地位。

但是，肩膀的作用又是十分关键的。只要一搭手，就要抬手，一抬手，肩膀就得使力，就容易僵住。即便到了此时，我们也常常想不到它、忽视它的存在，所以想不到放松它，也不知道怎么才算放松它。肩膀只要不放松，劲就传导不过来，胳膊就开始外撑来"保护"自己，就成了对抗，就成了我们俗话常说的"耍胳膊根儿"。老先生们的说法很科学、很精准，我们平时说的"耍胳膊"，其实是"耍胳膊根儿"的简称，"胳膊根儿"就是肩膀头。所以，一般用力气的推手，推一会儿，肩膀就累了、沉重了，第二天又酸又痛，这都是没有松肩的缘故。

肩膀松不下来，等于这个"十字路口"被堵住了，腰的主宰作用也失去了，腿脚与手臂完全脱节，形不成一个整劲，推手就成了比谁力气大。

老师教得多了，我自己现在也比原来"略懂"了一些，和小伙伴们推手，一搭手就能注意到对方的肩是不是没松下来。甚至，我还想了很多办法帮助他们松肩。一旦肩膀松下来，腰的作用马上就能显现出来。腰的作用能显现出来，上下就能初步"通"了。在外人看起来，推手就很像个样子了。

松肩也是有层次的。和跟我学的那些小伙伴们比起来，我的肩膀比他们的松，但骏哥夫妇给我做手的时候，他们的第一反应就是我的肩膀没松下来，细微的劲听不出来、发不出来。我刚开始还觉得自己已经松得不错了，但是和人家相比，显然还是松得不够。这就是"一山更比一山高"。

那么，要松到什么程度才算好呢？马老说："起码，你的两个膀子，要松得像摘了环儿一样，推手才好用呢。要松到手、胳膊一点力都不挂。对方一推你，舍胳膊进腰，千万别在胳膊上有任何力气。"

再往高处松，杨禹廷先生说："这里头没胳膊，就是给他一个袂袖子。"郑曼青先生说太极拳是"影子拳",这都是松的境界,要把胳膊松没了才好使。包括"形于手指",手指也得松,不松都不好使。而要把手、胳膊都松开,松肩就是第一步,也是最关键的一步。

肩膀松不下来,我们前面说的身法就出不来。要用身法,就得舍胳膊。"舍不得鞋(音'孩')子套不住狼",舍不得胳膊,出不来身法。肩膀老挂着力,就会处处为人所制。

这个毛病,很多人都出在"松而不懈"上,出在所谓"时刻不离掤劲"上。胳膊老是用力往外撑着,让他放松,他也已经很难改回来了。

事实上,正因为你撑着,对方才好推。因为他想推你,总得有个对象啊!你撑着,就是给对方一个支点。如果你突然松开了,撤掉了这个支点,对方突然失去了对立面,他怎么推呢?他会不会吃惊得跳起来呢?

有的人"聪明",看到有这么一说,可能马上学会了一手,就是"撤"。但如果松不下来,这种"撤"还只是一种招数而已。松不下来的话,是撤不干净的。真松下来的"撤",是一种干净彻底的"撤",就是一下子"空"了,这才是真松、真撤,这才有"引进落空"的效果。所以,不要把"引进落空"当作一种技巧,因为那样做很可能"引狼入室""引火烧身",不可不慎。

我们推手,尤其是跟新手,不敢多推,因为他并没有松下来,而我们自己也松得不够,一旦练得时间长了,就有可能把肩膀给练"僵"了,所以我们说太极拳要巧练,不要苦练,也不要傻练。

我们站桩,不让大家抱球,也是怕大家胳膊僵。有人说举着胳膊也能放松,那确实是本事。我在站其他门派的一种桩法的时候,老师说,手举着,肌肉捏上去是软的才算成功,那才是真的放松。这个要求很高,我最终也没有做到。

就桩法而言,手放在不同的位置,配合不同的心法,有不同的健身作用,能练出不同的功夫。所以,各门各派都有自己的桩法和心法,这里不展开。我们不否定其他的站桩方法,我们选择的这种站桩方法和我们的推手训练的要求是一致的。

我个人的体会是，无极桩是一个原始的、混沌的、全面的、平衡的桩法，里面什么都有，但并不突出某一方面。它既可以单独站，也可以配合各种桩法站。

如果站桩要"强调"某一方面，就会采取相应的有针对性的方式。比如把手抬到某个位置，对着某个部位，结不同的手印、手诀，有不同的作用。这就扯远了，不展开。

站无极桩要全身放松，当然也要松肩。如果要有针对性地练习松肩，就要在站桩的时候，特别留意这一点。无极桩虽然没有"动作"，但站桩的时候可以把注意力放在这一块。

盘架子的时候，也得松肩，也不能使劲。马老说，盘架子的时候，这两支胳膊就像行云流水。云彩有劲儿吗？流水有劲儿吗？要像行云一样轻，要像流水一样连续不断。当然，我们打拳的时候，这个行云流水，是匀速的。它没有对立面，不需要蓄积势能。

练松肩，云手是个好方法，尤其是吴式拳的云手。如果仔细对比，就会发现吴式拳的云手和其他拳架的区别。

我们练云手，一只手过去，要松开，另一只手再往下沉。一只手松着展，另一只手有意识地往下松着沉，像吊了个环那样的感觉。马老说，沉来沉去，肩膀就松开了。而且，吴式拳的云手还有一个特点：两只手到中间的时候，要往上下一顺。这些手法，在推手的时候，都可以用。当然，这需要慢慢体会。

不会松肩，"松"这个大门就永远进不去。所以，有些所谓发劲也不过是"一股子冷劲"。这还算好的。有的人练操手，吃奶的劲儿都使出来了。所以，我们越看越奇怪，要使这么大的力气，何必练太极拳呢？

# 松与内劲

　　"内劲""内功""内力"这些词，几乎是和武侠小说一起"普及"的。不过，在影视作品中，表现内劲的镜头一般都面目狰狞，摧枯拉朽，无论怎么看，都和"松"扯不上关系。

　　"内劲"当然有不同的练法，对我们而言，尤其是对我们吴式拳而言，我们的"内劲"是松出来的。

　　杨家老谱中，也有类似"内劲"的内容。比如《太极体用解》云："劲由于筋，力由于骨。如以持物论之，有力能执数百斤，是骨节、皮毛之外操也，故有硬力。如以全体之有劲，似不能持几斤，是精气之内壮也。虽然，若是功成后犹有妙出于硬力者，修身、体育之道有然也。"这里提出了一对概念——"硬力"和"内壮"。硬力是"外操"训练出来的，内壮是精气充足的时候显现出来的。老谱说，内壮练的好，比硬力更好用。这种说法，相当于我们现在通常说的外功与内功、力气与内劲的区别。

　　在另一篇《太极力气解》中，进一步提出："气走于膜、络、筋、脉，力出于血、肉、皮、骨。故有力者皆外壮于皮骨，形也；有气者是内壮于筋脉，象也。气血功于内壮，血气功于外壮。要之，明于气血二字之功能，自知力气之由来矣！知气力之所以然，自能知用力、行气之分别。行气于筋脉，用力于皮骨，大不相侔也。"

此篇要点在"力"与"气"的不同，力出于血、肉、皮、骨，所以有力的人都"外壮于皮骨"，在外形上就能看出来；气走于膜、络、筋、脉，所以气足的人"内壮于筋脉"，外在也有其形象，比如一个人脾胃虚弱而致肌肤失养就容易发黄，这是精气的外在表象。气是无形的，血是有形的。"无形之气"的作用可以使身体"内壮"，"有形之血"的作用可以使身体"外壮"。气与血，不可分离，但其作用又有分别。"行气于筋脉，用力于皮骨。"

古人对内功、内劲并没有统一的定义，由于认识水平的不同，对气与血、筋与骨等概念的认识也有不少差异。我们大体可以明白，杨家老谱的意思的要点是：要练内功，主要练气；要练外壮，就要训练肌肉骨骼。太极拳要练气，因为这样练出来的内功更好用。

力在于练，要不断加压、不断训练，刺激肌肉增长、变强。而气要靠养，你越是放松和平静，气越能生长。同时，因为气行走于膜、络、筋、脉，而只有放松，这些道路才能畅通。所以，我们要练内劲，就离不开放松这个关键环节。就我所知道的一些"重手法"的练法，虽然练出来有雷霆之势，但在练习过程中却都强调放松，没有放松，是练不成的。当然，这些功夫都不好练，也需要吃苦，通常既要吃苦，也要放松。

我们吴式拳最强调放松，马老经常对我们说："你就记住四个字——放松、换力——足矣！"

所谓"换力"，就是把我们平时使用的肌肉力量，也就是笨力气，转换成"太极劲"。为什么说"转换"呢？因为这有点类似于佛家所说的"转识成智"，看起来是一个新东西，其实离不开旧东西。"太极劲""内劲"是一个新东西，但也离不开原有的旧东西。这就像，气与血，并不相同，但又互相依存。

太极劲以松、整、灵为基本特征。要"换力"就要换训练方法，把

"练肉"换成"练气",而练气就需要放松。只有在放松的状态下,才能有"新力"生长出来,"新力"生长出来,经过训练,才可以熟练使用,这个过程就像婴儿的成长。一个新生命生长出来,还需要不断训练,才可以胜任各种工作。这个过程就是"换力"。换力之后,再使用的劲,就可以称为"内劲"了。它是一个新的"生命",但又离不开原有的筋骨皮肉。

新的"内劲"是整的,是灵的。我们平时的力,是"各自为战"的,很难形成一个协调的整体,常常互相牵制、互相掣肘,有很多肌肉在做无用功,在消耗我们体内的"能量"。而"内劲"的特征是"整","一动无有不动,一静无有不静"。如果不是松出来的整劲,貌似也可以"一动无有不动",但这个劲是僵硬的,内里是互相掣肘的。

我们举个例子。比如在推手中,经常会碰到对方托你的肘,一般人会马上肌肉僵硬,先是胳膊,然后是全身都用力,看起来是在保护自己,其实这些都是无用功,至少有很多肌肉、骨骼是在做无用功。这就像某种动物,遇到危险,紧张了,身体就蜷缩成了一个球,而蜷成球反而容易被人一脚踢出去。同理,你要支棱八叉地,他还不好踢,你一紧张,反而给对方创造了条件。

如果是通过放松,已经具有了"内劲"呢?这时,对方托你的肘,你放松,肘别动,不和他对抗,但也不离开那个接触点,然后只需要胯一转,往下一坐腰,这个"整劲"一动,对方马上就站不住了,就会随着你的节奏"起舞"。当然,也有"不走"的,明明被牵制住了,但他反应快,有力气,赶紧往后坐,"我就不走"。那么这时候怎么办呢?立马沿着对方后坐的劲儿返回去,也就是"打"过去,一般情况下,对方就会被发出去了。如果对方还不走,那你可能是遇到了高手,也可能是遇到了"大铁砣",那么,自己准备出去吧。当然,我们这么说的前提是"推手",不是"动手"。

在这个环节中,手和胳膊是很关键的,关键就在于"别动",但又不是不能动,而是贴着对方,放松、不使力。你不使力,也就不给对方使力的机会。

我们比较一下就不难发现，用"内劲"的方法是效率最高的。我们肌肉、骨骼消耗的能量都很小，但作用却很大。

其实，所谓"内劲"就是放松，就是松出来的一个感觉、一种能力，根子在"松"上。有了松，才有整，才有灵，推手才好使。我们说的整，不是整体全去用力，而是松着的、虚着的、整体的"一动"，这样的"一动"，才整，才灵，才脆，才有弹性。

说得更简单一点，什么是内功，前辈有句话："就是丹田一鼓荡。"话是这么说，但是可不是让你去练鼓肚子，那样可能会练成小肠疝气。"丹田一鼓荡"，只不过是换了一种说法，其实还是"松松的一个整劲儿"。

所以，太极拳练的不是力，不是招儿，练的是松，练的是整，练的是灵，练的是内劲儿。马老说，这个内劲含而不露，要是露出来，就不叫内劲儿了。含而不露，你别碰它，你要碰它，就像炮仗碰上火药一样。你不理，它没事，一点火，它就炸。

"一点火就炸"，就是"丹田一鼓荡"。

"口授须秘传，开门见中天。"（杨家老谱《太极平准腰顶解》）这些道理说起来并不复杂，但要自己琢磨，也许一辈子也琢磨不出来；我们这么说了，也不是所有人都能理解，更不知道有几个人会接受。

"极柔软然后极坚刚"，这个"刚"是从"极柔软"中生长出来的，是一个"崭新的生命"。要得到它，得从柔软练到极柔软，也就是下功夫放松，在放松的过程中，这个"崭新的生命"才会生长出来。

# 松与软

软是松的表象，在放松状态下，我们的肢体必然是柔软的。

老子在《道德经》第七十六章中说："人之生也柔弱，其死也坚强。草木之生也柔脆，其死也枯槁。故坚强者死之徒，柔弱者生之徒。"小婴儿在刚出生的时候，身体是柔软的，也是弱小的，但却生机无限；人老了，身体就没有那么柔软灵活了，死去之后，身体就会僵硬了。这里的"柔软"，就是指《道德经》第五十五章提到的"骨弱筋柔而握固"；这里的"坚强"，不是我们现在常用的意思，而是僵硬的意思。因为柔软才有生机，因为僵硬而无生机。这种情况在花草树木身上表现得更为明显。小草柔弱，可以随风起伏，大树刚强，常常被大风摧折，所以，老子说："柔弱胜刚强。"柔弱处下，比刚强更好。

"柔弱胜刚强"是太极拳的基本原理，无论是哪种太极拳，都不敢脱离这个基本框架，否则就难以自称"太极拳"。

柔，就是软，内涵是柔，表象是软。要做到柔软，就必须放松身体，放松的程度越高，身体就越柔软。太极拳练得越好，身体就越柔软，这是必然的。如果一个太极拳选手赢了很多比赛，身上都是铁疙瘩一样的肌肉，恐怕很难让人信服这是太极拳训练的结果。

太极拳是"内家拳"，讲究的是"内练一口气"，而不是"外练筋骨皮"，所以练硬功练得骨节突出、皮肉粗糙的情况，不仅在太极拳中是不允许的，几乎在所有练习内功的内家拳中都是不允许的。

比如，我们在《吴式太极·南湖传习录》中提到的"铁砂掌"：

> 刘老师有个很要好的朋友，山东老乡，叫田兴作，我到刘老师家串门经常能碰到他。他也喜欢太极喜欢推手，也练八卦掌。田老师本门练的是铁砂掌，那是真传。他不像很多练铁砂掌的，皮糙肉厚，他那手伸出来跟女人手一样，细皮嫩肉的。刘老师让他给我们做过一个表演，就在地坛，拿一块带釉子的琉璃砖，多瓷实啊，田老师一掌劈两半。

在《逝去的武林》中，也有一段有趣的对话：

> 严先生教李仲轩算盘时，问道："我原以为你们练武之人，总是手指粗粗，满掌茧子，没法打算盘，不料你的手指比女人还细，一个茧子都没有。"李仲轩说："我们内家拳不靠手硬打人。"当时唐维禄从宁河到北京看徒弟，躺在李仲轩租的房里歇息，听到严先生与李仲轩在院子里说话，就笑眯眯地走出来，两手一伸，说："严先生，我的手也是一个茧子没有。"

真正的内家功夫，都"不靠手硬打人"，所以很多门派谈到自己门内的"硬功"时，都要加上一句话，"手比小姑娘还嫩"。

不仅仅是外表，真正的内家拳，在和对方动手的时候，也必须保持一份柔软的心态和状态。先不说太极拳，在内家拳中，形意拳一向被认为是比较"刚猛"的，但是《逝去的武林》中却记载了一个故事：

> 我一个师兄外五行的架子很刚猛，结果唐师（唐维禄）笑话他，说："挨打的拳，练拐了。"——这句话也是从李存义来的，李存义一看到别人练的不对路子，就这么说。
>
> 挨打的拳，一是打法不灵，光会动蛮力，别人找对了击打你的方向，一下就把你甩出去了。二是光在肌肉上长功夫了，不会在五脏六腑长功夫。那么功夫还是虚的。就好像窗户纸，好像有个门面，其实一捅就破，打这种人，一两下就能把他捅趴下。

在太极拳中，这样的例子就更多了。

比如，在吴式拳第三代传人中，有一个很少提到的人——赵铁庵。他其实是吴式拳第三代传人中练得最"柔软"的人，只是由于一些特殊的原因，后人很少提及他。在《吴式太极·南湖传习录》中，曾记载了他和"馒头郭"的一次"比试"。

> "馒头郭"是山东人，性格也比较"鲁"。有一天忍不住了，说你这是真的还是假的，我试吧试吧行吗？他觉得凭自己的功夫，一掌就能把赵（铁庵）先生放倒。结果他跟赵先生一搭手，腕子一沉，照着赵先生小肚子一个掖掌。赵先生一吸腰一放松，"馒头郭"自己失重，'噗嚓'一下自己手就扶在地上了。"馒头郭"自己觉得挂不住劲，嘟嘟囔囔说，你等着，明天约人再来什么的。但是后来也没有再来。

这个道理是很明显的，"馒头郭"这样的高手，赵铁庵没有两下子是不敢接他的手的。他的肚子要是硬的，一掌过来接得结结实实的，人非受伤不可，所以硬接是不行的，一定得放松，松得跟没事人一样。因为肚子是软的，所以，对方就像打到棉花团上，发不出力。发不出力，力道走空，就会闪了自己。"馒头郭"就是因为自己力道太大，没收住，所以才失重。力道走空，就会本能地往回收，这个时候，如果一个整力"舔"过去，就是太极拳的"反击"。这个过程，就是"柔弱胜刚强"。

类似的传说也包括孙禄堂。据说当年孙禄堂四处寻访高人，在山西遇到一位老师父，老师父说，你这肚子跟铁的一样，这叫找死，你得跟棉花一样。"一句话点醒梦中人"，孙禄堂从此有了一个根本性的转变，终成一代宗师。不过，这只是一个传说，无法考证。可以考证的是，我们吴式拳也有不好好练的，偏要去练这个"肚子硬"，结果硬练成了小肠疝气。

老子说："天下莫柔弱于水，而攻坚强者莫之能胜，以其无以易之。弱之胜强，柔之胜刚，天下莫不知，莫能行。"

为啥"莫能行"呢？因为不是真的知，真的懂，真的信。

# 松与顺

　　松到"软"，还不够，还要继续松，松到"顺"。

　　与"软"相比，"顺"多了一个听劲。"软"是自己的，有没有外界的作用，我们都可以软；"顺"是和外界的作用相配合的，听到了对方的劲路，不和对方顶，顺着对方走。在走的过程中，不和对方相抗，在自己合适的时候，就可以"发"。

　　所以，"顺"是"软"的进阶。在顺的过程中，必须要听劲。要松得透，才能不怕危险，顺着对方走。因为松得透，才能听得灵，才能在间不容发的瞬间，把对方"发"出去。松不到一定程度，这些都做不到。

　　最能体现"顺"的，就是对付擒拿。在这方面，最为人们津津乐道的，就是当年刘晚苍师爷和三浦英夫的一段故事。

　　这个故事在《吴式太极·南湖传习录》中已经讲过，这里简单重复一下。

　　1972年中日邦交正常化之后，中日两国武术界开始交流。1975年，日中友好协会安排并促成了日本武道界以三浦英夫为首的友好人士来北京访问并学习太极拳。当时国家体委礼宾司特别委托北京市武术运动协会组织了刘晚苍等五位老师进行教学活动，其他人教拳，刘晚苍老师教推手。

在丰泽园的告别宴会上，三浦英夫先生提出一个问题，用太极拳能否化解柔道中的擒拿。因为是"外事活动"，所以领导很重视，提出两个要求：第一，不能丢中国人的面子；第二，不能伤了中日民间友好关系。坦白讲，这个分寸很难拿捏。

但刘晚苍老师却很从容，让对方把自己拿好了，拿到对方觉得最合适的时候，刘老师再"破"他。过程就不重复了，三浦英夫每次刚一动，就被刘老师化解并反制。动作很细微，对方要倒下的时候，就被刘老师拉回来了。网上传说打得桌椅横飞，那是脑子里武打片冒出来了。

刘老师破解的这"六把大拿"，按中国的说法，有"外掰筋"（左右）、"拐肘"、"翻天印"、"小金丝"（金丝缠腕）、"怀中抱月"、"黄鼠狼拉鸡"。所有的动作，都要等对方把姿势完全做好，各种反关节已经做到位，把刘老师的身法都已经拿到家了，身体都拿歪了，对方已经完全主动，刘老师完全被动、完全没有余地了，这个时候，似乎翻译一声喊，对方只要一发力，刘老师胳膊就得折了。

这个时候怎么办呢？首先要顺着对方，如果不是完全放松，一是不可能听劲，二是刚好给对方擒拿创造条件。道理很简单，擒拿拿的是反关节，如果这个反关节的部位是软的，就像一根绳子，那就拿不了。但是，人的关节毕竟不能像绳子一样完全反过来，所以，这个时机只有短短的一瞬间。其中的关键，一是要"顺"，才能争取时间，二是要松得透，听得准，才能在瞬间感知对方。

我们以最危险的"黄鼠狼拉鸡"为例。三浦英夫拿着刘老师的几个手指头，膀子扛着刘老师的肘尖，胳膊都拿直了，骑马蹲裆式站好了。这个时候，一撅屁股胳膊就折了。刘老师说声"用"，他刚一使劲，刘老师肘一沉，对方却扑通坐地上了，当然，刘老师赶紧给抱住了。据说，后来到了飞机场，马上就要走了，日本人仍然很痴迷这个技术，刘老师就在机场再次演示给他们看。

但是这个东西，不是说给你讲了你就能做出来的，这要靠功力，要松到一定程度才可以。

马老对这几手，也给我们做过解释。他说，"其实就是'顺'，顺着对方走。你撅我的胳膊，你撅你的，再撅、再撅，我这么一顺，就过去了。刘老师有功夫，这么一顺，这么一去，后面再一补手，就把人扔出去了。背的那一手（即'黄鼠狼拉鸡'），他一背刘老师，只要刘老师听劲听得准，他要背，他得动吧，他刚一动，刘老师往后一撤，吧唧，对方就得一个大屁股蹲坐那儿了。他只要一背，刘老师就往下一压，就那么一点。一沉肘，他吧唧就得坐那儿了。他把刘老师背到那个份上，刘老师要是欻地一穿掌，能将他打出去一丈多远去。这全是顺，所以太极拳叫顺人之势、借人之力。遇到拿反关节的时候，一点也不能害怕。你就顺着他，他怎么来也没用。只要一较劲，就坏了。必须放松才有可能。"

马老的这个解释并不仅仅只有一次，因为后来这种演示做过很多次。马老也给日本方面做过演示。

刘晚苍老师是个特别讲原则的人，这个事属于"外事纪律"，他从来不外传。但是，还是有人把这事传了出来。武术圈的朋友们听说了，就到地坛找刘晚苍老师，问具体情况。刘老师只说："我不犯自由主义错误。"马老是怎么知道的呢？第二年，也就是1976年，刘晚苍老师为了培养新人，就让马老到他家去，才把这个事告诉他，并对他说，他们再提出要试这些东西，我告诉你怎么破，你就去做演示。马老回忆说："我哪干过这个活啊，又是跟外国人，我这心咚咚咚直跳，都快蹦出去了。刘老师也看出来了，说你别害怕，伤不了你，我在你边上，一看你手不对，我就接手。就这样，我也完成这个任务了。"

马老说，这种示范做了好几次，在北京体育馆也做过。一直到现在，仍然有当年日本代表团的成员不断地提这件事。当时的小伙子现在都五六十岁了，还到中国来学，有的新人也常常要求马老做这些动作给他们看。

回忆往事的时候，马老总是很感慨。他说，刘老师身上哪儿都能拿人，你只要往他身上贴，哪儿都能拿你反关节。比如推手，你插他胳肢窝，他一转腰就拿你，反过来，就给你锁着。他的肚子，怎么按都不行，你要想拿他，你就上当。你拿他，就等于他拿着你的手。只是刘老师不是专业教拳的，这些事迹都湮没无闻，也没有录像留存下来。

刘晚苍老师的事迹，令人神往。

我们想提醒的是，"没有金刚钻，别揽瓷器活"。这种反擒拿的手法，不是人人都能做出来的。

马老说，网上有人模仿这些动作，但完全没有刘老师的神韵，令人叹息。

# 松与弹

我们说推手不用力，但要移动一个物体，总还是要有那么一点点力。

就算是"撒手"，对方失空跳起来，那也需要先有一个作为"药引子"的力。在"一脚踏空"的感觉下，人会不由自主地跳起来 —— 你还是要给他制造这个"一脚踏空"的机会的。

推手虽说不挂力，但也离不开力。在一般情况下，我们发人，用的是一种弹性力，其中最难的是软弹力。

所谓软弹力，也叫软弹劲。在这里，"力"和"劲"我们暂且不去区分它，不去人为地制造概念上的麻烦。

这种劲，它有点像绷弓子的皮筋，但又没有那么"猛"，它是柔和的，不伤人。两人推手的时候，用这种软弹力，可以互相"养"。

这种劲，也必须是在放松状态下的一个"虚整劲儿"，就是周身一动无有不动地往一个方向去。其速度能够控制，可以快，可以慢，其劲力可以长，可以短。

假如和上岁数的人推手，这个劲儿就要慢一点，这样比较安全；如果对方是中青年，可以快一点，劲儿整，打出去就干脆。现在玩推手的也比较乱，什么事都有可能发生，甚至因为推手而断胳膊、断腿的事都有。但是，练软弹力，就不会出现这种情况。

软弹力并不好练。这个软弹力必须要在放松的前提下才能打出来。不放松，肌肉是僵的，劲是硬的，就没有弹性。

比如，两个人推手，你要推我，我就等着你；你要不理我，我就去逗你，我一逗你，问出劲儿来，我就可以发。实际上两个人都是要把对方的劲逗出来、问出来、引进来。在这个过程中，要松松地听劲，当你体会到对方妨碍你的中心的时候，你本能地就要前进。这个时候，你就像一个被压缩的弹簧，再不弹出去，就要真的被压瘪了，所以该出手时就出手。当然，时机要恰到好处，早了晚了都不好使。他推你，你放松，一点劲儿也别用，继续放松、放松，到了里头了，到了你的中心了，劲自然就弹出来了。他要不碍你的事，你柔化的功夫好，你就可以随便他折腾。

如果细分一下，这样"自然"地弹出来的，还不一定是软弹，要柔和地弹，才是软弹。快了、脆了，就是冷弹，冷弹就可能伤人。如果不去细分，凡是这种松整状态下出来的弹性力，我们都可以称为"软弹"。这个"软"是肌肉放松，不一定是"劲儿"软。

盘拳也能"养"这个劲。盘拳的时候，千万别"盘胳膊"。胳膊就跟没有一样，拿腰松开练。拿腰松着手，全是腰在练。马老说，轻灵中突然来一个"整"，就跟手榴弹爆炸一样。这就叫"一羽不能加，蝇虫不能落"。

"你挨过蚊子叮吧？看见了，啪一打，这个劲儿就是太极劲，一打人就出去。一抖就起来。这是吴家真传的玩意儿。"马老说，据说吴鉴泉前辈周身都是这个劲儿。

马老和我们讲过，1982 年，北京的吴式拳同门在和平门烤鸭店请上海来的吴英华、马岳梁夫妇吃饭。马老当时提到师祖吴鉴泉，"姑奶奶吴英华说，你师祖闭着眼睛你也动不了他，只要一碰，他一出劲儿你就出去了。当年南方没厕所，用恭桶，老头在里屋脸冲里解大手。来了一个朋友，一看屋里也没人，就跟他开玩笑，慢慢过去，一搌，当，给打到另一间屋里去了。"吴鉴泉师祖这个功夫，就是"周身无处不弹簧"，浑身上下，都是这种软弹劲。

马老说："这个劲好是好，但要练出来可不容易，一定要把僵劲儿、滞劲儿撤下去，它才能出来。带着僵劲儿、滞劲儿，这个劲儿它是无论如何也出不来的，这叫先后天之别。"

在推手的时候，马老经常是边做示范，边给我们讲解。没有亲身体验的话，"说食不饱"，很难理解。马老说，"在推手中，听出对方的劲儿来就进，进的时候进腰，弹性就出来了。你推我，我就化，越化圈儿越大，这时候一撤手，也是一个软弹劲。你刚一挨我，我就有弹性了，圈儿走大了，你就推到我身上了，再推，推到家了吧，我就给你弹回去。"

既然是"弹回去"，就不是"掤劲"，不是把人推出去、挤出去，而是松着它，像绷弓子一样有弹性。绷弓子的皮筋就是一根线，你不拽它，它就是松的，并没有弹力，但你一拽它，它就有了弹性。所以，"松"是体，"弹"是用。

我们说，"其根在脚，发于腿，主宰于腰，形于手指"，这是四步功夫，不是一个简单的形容词。我们通过放松，先到脚，再放松到脚脖子，再放松，到腿肚子，到腰，最后松到手指了，里外都松了。练到浑身透空，浑身都是弹力，无处不太极，无处不弹簧，就练到吴鉴泉师祖身上的功夫了。

我们常说"自然"这个词，但不同语境下也许意思并不一样。

现在说的"自然"，一般指自然界，广义的自然界，大至宇宙，小至基本粒子，无所不包。但我们常说的"自然界"，一般特指没有人为干预的荒野，本质上未受人类介入，或是即使人类介入仍然存留的东西，说明其可以按照本来的样子、本来的意愿生长。

但这个"自然"并不是本来意义上的自然。如果我没记错的话，这个词是随着西方文化舶来的，日语在对西方语言进行翻译的时候，把英文的 Nature 译为汉语的"自然"一词，也就成了我们常说的"自然界"。

这不是中国传统文化中的自然。老子说："人法地，地法天，天法道，道法自然。"《楞严经》说："非因缘生，非自然性。"这里的"自然"是自然而然的自然，人效法地，地效法天，天效法道，道谁也不学，它就是自然而然，遵循自身的法则。"非因缘生，非自然性。"这句话的意思是"（因缘）既不是依他而起，也不是自己独自产生的。"在古文中，自然，就是自然而然,不是"依他而起"。

当然,古文中的自然和现代文中的自然也有相通之处。比如,我们说的自然界,如果没有了人为干预,也是遵循自身的规律在运行的。

我们这里说的自然,就是我们平时说的"自然反应"。因为功夫深了,松到一定程度了,这种自然反应就出来了。它和"道"一样,不是练出来的,不是从外面来的,而是在松的过程中自己生出来的。所以,它和古文中的"自然"是更接近的。这种自然反应"几近于道",它好像具有自己的思维和生命,它不需要经过你的大脑、你的逻辑思考,它按照自己独立的规则运行,"法自然"。

这种自然反应上身的时候,就是周身无处不太极、无处不鼓荡、无处不弹簧。比如马老给我们做示范,我用一个手指头,随便杵他身上一个地儿,马老是放松的,好像没有反应,但杵到一定程度,一股力忽然就来了,哪儿来的?马老说,这是它自然来的,是周身自然的膨胀。

马老说:"放松就是自然,自然就是放松。"我是这么理解的,放松既是进入自然状态的方法,也是进入自然状态的状态。

2017 年,马老传道

精神饱满的、气血通畅的放松是什么样的呢?我们可以用树木来比喻。我们的身体就好像树干,我们的胳膊就像树枝,正常的树枝应该是舒展的,而不是被折弯的。树枝舒展,其内部的水分、养分才可以不受阻碍地输送。我们推手的时候，也要保持这种舒展，这种舒展就是自然。

为了说明这个问题，马骏师兄用一根木棍子顶着我，这个时候他一进腰，我就站不住了。他说，手、胳膊就要像那根棍子一样，不能加力。

这个棍子就像我们的手臂，只是支撑而已，它只传导力。它不生产力，只是力的搬运工。这是松的境界，松到这个程度，才可以谈自然。

道法自然，自然是道的特性。太极拳是"以武演道"，用身体表现道、表现自然。我们推手，一挨人就出去，这就是放松松出来的身体的自然反应。专门去练这个自然，反而练不出来。当你真正松开、松透、松空，自己就能生出这个东西。太极推手从听劲入手，但一开始，听劲是有形的，等听劲已无形了，就完全是自然反应了。

不光是太极拳，生活中其实常见这种"自然反应"，只是"百姓日用而不知"。比如，刚开始骑自行车，全身都是僵的，等练熟了，就能大撒把了，前面有块砖头，你不用手扶车把，屁股一扭就绕过去了。刚开始学开车，只恨胳膊、腿不够用，等练熟了，放松了，听着音乐，聊着天就把车开了。而且，最明显的表现是，越放松，越自然，越不累，因为它本来就是那个样子的。

松的最高峰就是自然。

等身上都练到了，一举一动浑身上下都是"手"，只要一动，全都有用。同样，马老说，气宜鼓荡、气沉丹田之类的，也不是硬练出来的，越练越没有，当你松开了，它自然就出来了，包括腹式呼吸也一样，自然就有了。这就是拳论上讲的，"腹内松静气腾然"，"腹内松静"是方法、条件，"气腾然"是结果。

松，有不同的层次。从脚底下开始，松来松去，身上都松开了，才能形于手指。刚开始推手的时候身上散乱，慢慢地就整了，功夫就上身了。刚开始怕被"带偏"，等真的功夫上了身，就不怕了，它已经成了你的一部分，是你的自然反应了。

马老说，你登不上这一层楼，就看不见这一层的风景。

练太极，练推手，刚开始，越想松越松不了，越想松越松不开。马老告诉我们，这个时候，你就脑子里头自自然然的，用最小的力，能动就行，里头的东西，慢慢会生出来。为什么越练越没有呢？因为你一想就习惯于使劲。你托我的胳膊，特别轻吧，托来托去，它跟你合了，它可没想法子压你，也没想怎么办、怎么弄你，合了之后，你一动，它就有自然反应了。

我们听说，有些前辈高人，他看着你，你打不了他；往上一层，他都不用看你，你也打不了他，打他你就得出去，这就是"自然反应"上的差别。等练到浑身上下都是手，自然浑身上下都是眼，哪里都能听，哪里都能发，哪里都有自然反应。

马老说："上面这些要没人跟你说，你练一辈子也练不出来。你能摔人，能打人，但是都是力气、技巧，不是太极。你功夫到了，不管对方多快，只要碍着你的事儿，你就会有这个自然反应。你练到一定程度，就是'一羽不能加，蝇虫不能落'。"

什么是真松？什么是假松？能用的松才是真松，不能用的松就是假松。

举个例子，平时站桩、盘拳看起来都很松，但一遇到情况就松不开了，这就是我们说的"假松"。这种假松，不能"起用"，不好使。

这就好像一个人，平时表现得无欲无求、云淡风轻，那是没有遇到名利的诱惑、女色的勾引，一旦遇到这种情况，往往丹基就垮了。所以，一般而言，修行"证到"了一定境界之后，要住山修行，远离尘世，像养育婴儿一样把丹基养大。觉得差不多了，再回到尘世中锻炼，经受各种尘世中的折磨、考验，在考验中积功累德。

没有经过这么一番锻炼的，就是"窑头土坯"，"虽已成形，尚未经水火煅炼，一朝大雨滂沱，他必滥矣。"（《西游记第二回》）

回到太极拳，我们站桩、盘拳都要求放松。根据我们的经验，这种松，如果仅仅用于健身，确实已经是很好了，但这种松就像"窑头土坯"，遇到事就不好用了。

现在喜欢站桩的人多，站桩的健身效果也不错。但是他摆好身法，你去轻轻推他时，他不是倒，就是和你顶。其中的原因就是没有松，或者说没有"真松"，他站出来的是"假松"，一旦受到外力，这个"假松"就原形毕露，后天本能的力量就出来了。

当然，如果仅仅是想健身，这样练也有效果，也差不多够用。但是，如果想往更深一层去了解太极拳的内涵，这个"假松"就不够了。如果了解了太极拳的内涵，做到了"真松"，同样是站桩 40 分钟，效果就会更好。

那么，怎么才是真松呢？很简单，打出来的松，才是真松。从推手中练出来的松，才是真松。这就像经受过战火淬炼的老兵，身经百战，对各种情况应付自如。

自己站桩站出来的松，因为没有外部的接触，没有经过实践的检验，一接触，马上就不松了。如果采用马步桩等吃力的方法练，可能还会消耗更多，更难松，如果不是练武功，似乎没有必要。

有人喜欢套路，练习各种套路，学习各种稀有套路，但是也松不了。尤其是现在，身法要求那么多，好像就怕你练得不乱似的。又要想招数怎么用，又要想含胸拔背、沉肩坠肘这些身法，两脚又要分所谓虚实，还能放松吗？松不了。

我们说"无极拳""太极手"，练拳就要保持松松的"无极"状态，没有对立面，更不用人为制造一个对立面。制造出来的对立面是假的，现实的情况不可能按照你想象的来。

所以，我们强调一定要先练推手。

只有推手，才能获得真正的松。在王宗岳的《太极拳论》中，"人不知我，我独知人""一羽不能加，蝇虫不能落"……这些境界，不松透不可能达到。我们身上的鼓荡、支撑八面，非一寸不太极，也只有推手才能练出来。有不少人希望站桩能站出支撑八面，有不少桩法也号称能站出支撑八面。但据我们观察，他们说的都是一种"可能"，我们见到的，那样练，站出来的仍然都是假象的松。

当然，也许有例外，总有天才能给我们意外。

我们说的，只是我们的经验，供大家参考的经验。

马老说："我这一辈子的放松，都是由推手得来的。盘拳，你怎么放松也得有个姿势，还得想招数。通过推手懂了放松，盘着拳跟推手一样。我想化就化，想放就放。"吴式拳是公认的松柔。有的门派更强调"掤"，强调没有掤劲就不叫太极拳，有松而不弱、松而不懈等提法。这些都是批评放松的，在我们看来，也许，他们没有真正了解放松的意义。

我们说的"松"，是非常科学的，也是有验证的。你推我，我放松，我在放松的时候，把我自己的身体都调整好，你在推我的时候，你的中心就丢了，我发你的时候，你的劲刚一露头，你就被弹回去了。不和你茬在一起，不和你混在一起，不比谁的力量大。松的目的，是练出周身无处不弹簧、无处不太极、无处不是自然反应。

我们暂且不提实战技击，这很难做到。我们只说健身和养生。通过放松，让血脉更通畅，让身体在各种情况下都能放松，慢慢地，放松就成了我们生活的一部分，就能让我们更多地从中受益。当真的遇到危险的时候，我们在推手中获得的松，就有了自然反应的能力，能帮助我们摆脱困境。

我们提倡推手，但不是说不让站桩和盘拳。在推手中获得的松，是真松，如果有了这个能力，再将它运用到站桩和盘拳中，桩功就更加有内涵，盘拳就更有东西。马老说："真懂了以后，别说站桩，你躺着都好使。要是只能在一个姿势用，换个姿势就不灵了，那就不叫太极了。"

真松都有了，再去站桩和盘拳，就是"养着"这个东西了，这个东西，就是我们要练的太极劲儿。

# 松与信

曾经看过一篇很有意思的文章，名字好像叫《其实，你是不相信中医的》，我印象很深。文章中说，生活中，有人好像很相信中医，但一旦生病，马上想中医到底行不行？还是到西医那里检查一下吧。

我有几个医术很棒的朋友，有一次我生病，一个朋友对我说，要不你去西医那里检查一下？我说算了，你就当我们生活在明朝，没有那些先进的仪器。

其实，那个时候，也是我对中医产生了怀疑，朋友看出了我的怀疑才说的这话。一旦有了一个另外的选择，我们就会对比、疑惑，进而怀疑。我其实也怀疑了，只是，我更害怕医院的那些复杂的仪器和烦琐的流程。

太极拳更是一个招人怀疑的拳，不使劲就能让人跳起来，这似乎违背了"科学常识"。我们教拳让你放松、别使劲，听起来更像是在骗人。

我们往外面看一看，所有的太极拳都在说松，但真正去松松练拳的，有几个人呢？嘴上说松，其实都在偷偷练劲，互相打听有没有特殊的练劲法门。有人到处学什么秘传套路、老套路、某人年轻时候的套路、某人关起门练功夫的套路，等等，其实都是不相信松，觉得自己聪明，找到了别人不知道的秘籍。

所以，太极拳要练好，最大的敌人是自己，最大的困难是不相信松。

相信松就是最大的窍门。

别说一般的读者难以相信，我们这些已小有心得的，其实都在不同程度上怀疑过，甚至马老也怀疑过。

马老对我说："这个松，谁都不相信。我要相信这个松，我就不会走这么多年的弯路。当然，也不算弯路，我当时也练松，但是没松彻底，脑子里还没有把松认识得这么清楚。"

所以，马老说，现在很多人追他在团结湖时期推手的视频，但其实在那个阶段，他身上还都带着劲儿呢，没有松干净。后来不在团结湖住了，到了一个新环境，周围没有熟人了，偶尔有一两个学生去。在那段清净的时间里，马老认真回想了吴式拳第三代传人的推手。王子英、张继之、杨禹廷、李文杰，这些前辈的推手过程在他脑子里像过电影一样放了一遍又一遍，他一边回忆一边对照拳论练，终于"证到"了真正的松的感觉。第三代传人的那些手法，终于在马老手中再现了出来。

马老说："这是个自然劲。我就这么松着、呆着，是你扒拉的我，你碍着我的事儿了。你扒拉我的时候，我跟没事人一样，你多大的劲儿也不灵。这是不用。要打算用，我动一下，你一蹿就被拿起来了。""只能被动吗？能不能主动啊？""能。你呆着，我搭手你就出去。乐乐呵呵、不用劲，一拍你就出去。要是使劲就打不出。""懂了这个原理，就知道盘拳越不使劲越好使。不用的时候，我闭着眼睛，你随便扒拉，用的时候这还是个云手，你别碰，你一碰你就得出去。盘拳就盘这点东西。至简至易！"

马老这几段话所描述的，是马老现在推手的境界，就是第三代传人推手的境界。松得彻底，松得自然，毫不做作，轻松自然。

2017 年，马老指导笔者推手（组图）

"信为道源功德母"，我们的"松系列"写了 13 篇，就是怕你不信，所以，关于"信"，最后还要单独写一点。

其实，松，练起来并不难，难的是你真的相信。任何一点怀疑，都会降低你松的成色、松的程度、松的境界。越是想放松，越放松不了。有一个放松的形式，就放松不了。松了这儿，紧了那儿。松了那儿，紧了这儿。

如果你真的相信松，你练拳就不会太过，不会"苦练"。这个放松，就是自自然然、舒舒服服。

练拳、推手，别耍胳膊，用腰带着动。手，要松，但松里还得练出东西来，要看起来滴里当啷什么都没有，还要一碰就"有"，但平时又不能"有"。这就是"用之则行，舍之则藏"。不用就没有，用的时候，一碰，它就来。这就是松里练出东西来了，无中生有，虚空生出妙有。

盘拳，要慢慢地练，慢里头还得带着听劲儿。听谁的劲呢？不是感觉和别人推手的劲，而是感觉空气的阻力，有阻力，但又不到胳膊走不动的程度，也就是听着空气。

如果境界再高一点，不仅要去听空气的阻力，还要去感受空气的变化。马老讲这个的时候，拿了一根筷子，说："筷子在水里一划，有阻力吧。划过去了，后面得补上，划空气也一样，空气后面是一道沟，头里的阻力过去，后头的就补充进来。这些感觉周身都得练出来，这样周身就都'有'了。"

刘晚苍师爷讲放松，说，你一抬胳膊，得感觉出胳膊下面的肉有坠着的感觉，胳膊上面的肉有压着你的感觉。这叫"骨肉分离"。现在都讲膜络筋脉，一层是一层的功夫。师爷讲这句话的时候说，你得把骨头和肉之间的这层膜都松开，松开以后，还有没有更高的层次，你得自己体会，靠嘴说就说不清了。

其实，话讲到这程度，太极拳几乎就没有什么秘密了。

但还是那句话，告诉你，你也未必能信。王宗岳《太极拳论》把什么都说了，但有几个人真按照这个拳论去练呢？

子贡问孔子："有一言而可以终身行之者乎？"子曰："其恕乎！己所不欲，勿施于人。"（《论语·卫灵公》）

到现在为止，本书提到了很多概念，但如果有一个字可以终身行之，那就是 —— 松。

# 第九章　管锥编

以管窥天，以锥刺地。所窥者大，所见者小，所刺者巨，所中者少。

——【汉】韩婴《韩诗外传》

# 拳练一个理

拳论和练拳是理论与实践的关系，理论来源于实践，然后又指导实践。

我们常说，练太极拳练的就是一个理，这个理，是拳理，也就是拳论。这个拳论，是我们练拳的理论基础、指导思想，也是衡量太极拳层次、好坏、真伪的标准和规范。

所以，转了一圈，我们还得回到拳论这个起点。

任何一种运动，都要有一定的标准和规范，比如，足球、篮球、乒乓球，虽然都是"球"，但标准和规范迥异。都是太极拳，选择的理论、拳论，可能也各不相同。

我们吴式拳，提倡看老拳论，特别是王宗岳、武禹襄、李亦畬三人的拳论，这是我们的标准。当然，还有更高的指导原则，比如《道德经》。太极拳是道门的功夫，《道德经》是所有修道人共同尊奉的经典。

直接指导我们的，是王宗岳《太极拳论》，这篇拳论就像兵家的《孙子兵法》，言简而意赅，词约而旨明。唐太宗李世民评价《孙子兵法》曰："观诸兵书，无出孙武。"我们套用这句话："言诸太极，无出王谱。"

武禹襄拳谱是对王宗岳拳论的解释和发展，李亦畬又继承和发展了武禹襄的思想。这三位老前辈的拳论，我们引用最多，在实践中也应用最多。所以，对这几篇拳论，我们还要专门讲一讲我们的体会。

为什么这么强调看老拳论呢？

首先，我们要划定指导思想的范围。指导思想乱了，实践必然会出错。路线错了，可能导致南辕北辙。

其次，有了理论，还要正确理解。从词句上看，这几位前辈的拳论并不艰涩，但古人用词简约，想得到"真意"就需要用智慧去解读，用实践来检验。

我们说，要把拳论搞明白，不是字句意思明白，甚至不是头脑清楚、心里明白，而是要身上明白。不仅仅要"心知肚明"，而且要"练到身上"。比如，"一羽不能加，蝇虫不能落""牵动四两拨千斤"，现在读者一般都会认为这是一种比喻，是一种夸张的修辞手法。但我们说，不是的，它就是一个高层次的功夫的真实写照。为什么大家会怀疑它的真实性呢？因为我们做不到。大家不知不觉间，用自己的认识水平，拉低了古人的拳术水平。

在我们看来，这就是一步功夫。真练到这个份儿上，则全身非一寸不太极，无处不太极。全身上下，处处能化，处处能发。周身轻灵，又快又有弹力，没有任何笨力、拙力，才有可能做出"一羽不能加，蝇虫不能落"。练到这个份儿上，一挨手就见输赢，这就是王宗岳说的"英雄所向无敌"。

我们吴式拳对"一羽不能加，蝇虫不能落""牵动四两拨千斤"这两句话特别重视，那是有原因的。

这事我们在《吴式太极·南湖传习录》中也讲过，网上也可以查到详细的记载。

民国初年，袁氏当国，有遗老宋书铭参其幕。自言为宋远桥十七世孙。善太极拳。时年七十余。其拳式名三世七。拳式名称与时流行于京师之太极拳名目大同小异，推手法亦相同。然趋重单式练法。其时，纪子修、吴鉴泉、许禹生、刘恩绶、刘彩臣、姜殿臣等正宣导太极拳于京师，闻宋氏名，相与访谒。与宋推手，皆随其所指而跌，奔腾其腕下，莫能自持。其最妙者，宋氏一举手，辄顺其腕与肩，掷至后方寻丈以外。（《太极拳阐宗·王新午》）

吴式拳老辈人讲，按推手的功力来说，吴鉴泉并不次于宋书铭，但吴鉴泉要学的就是这个一搭手就出去，根本粘不得、碰不得的功夫。据说，在这个事之前，吴家的推手功夫，还是有力的，有"功夫力"。但后来吴式拳的推手为什么这么细腻，完全不用力、完全符合拳论呢？那是吴鉴泉、王茂斋、郭芬三位老先生努力的结果。据说当时，吴鉴泉先生跟宋书铭学，但宋先生与跟他学的这批人有君子协定，只能学，不能传。于是，他们"老哥仨"把这个功夫完全融汇在了吴式拳中，形成了吴式拳的独特风格。（相关内容可参看《吴式太极·南湖传习录》）

吴家、王家并没有发明自己的拳论，他们用自己的实践丰富了拳论、证明了拳论，证明了"一羽不能加，蝇虫不能落""牵动四两拨千斤"。

王宗岳《十三势歌》中有一句话："详推用意终何在？益寿延年不老春！"我们吴式拳很好地遵循了这句话。吴式拳柔和，练吴式拳的人性格也大多比较柔和，如果不是这样，那一定是练了"假的"吴式拳。我们以"益寿延年"为目标，"不徒作技艺之末"。

当然，太极拳并不是没有技击作用，但那需要专业的人去搞，我们也希望搞技击专业的人，能按照王宗岳《太极拳论》来搞，搞得像太极，而不是像拳击。

**太极者，无极而生，动静之机，阴阳之母也。**

太极、无极的概念，前文已经叙述甚详，这里不再专门探讨。简单而言，无极是太极之前的混沌、原始状态，像是数字"零"，一片虚空却又蕴藏无限妙有，"无一物中无尽藏，有花有月有楼台"（苏轼《白纸赞》）。混沌之中，一股无明，豁然分为阴阳。这个过程，就像卵子受精，在一股力量的作用下，卵子开始分裂、生长。

阴阳一分，无极就变为太极。太极为一，包含阴阳，阴与阳为二，一与二为三，三生万物。

在太极拳而言，无极就是无极桩的状态，是起势没开始的状态，混混沌沌、松松静静，忽然之间，静极生动，一动就有了动静之分，动静就是阴阳，阴阳生化万物。进为阳，退为阴，动为阳，静为阴……有了阴阳，化生万物，万物为道之用，推手为太极之用，拳中有阴阳，推手化万千。日月经天，鱼跃鸢飞，众生万类，生生不息。

在我们太极拳而言，从站桩到盘拳到推手，就是从零到"三生万物"的过程。

其中，"动静之机"这四个字，最早见于1921年出版的许禹生著《太极拳势图解》，所以普遍认为这四个字是许禹生先生所加。因加得非常合适，天衣无缝，于是就沿袭至今。

这有点像《三国演义》卷首的"滚滚长江东逝水，浪花淘尽英雄"，这首《临江仙》，本来是明代杨慎《廿一史弹词》第三段《说秦汉》的开场词，后来清初文学批评家毛伦、毛宗岗父子在评刻《三国演义》时把其放在卷首。因其气势宏伟，慷慨悲凉，与《三国演义》的历史沧桑极度契合，如今已经成了这本小说不可分割的一部分了。

## 动之则分，静之则合。

静之则合，就是我们所说的无极态、站桩态；动之则分，就是太极，分了阴阳，动静结合。不用就是无极，用就是太极，这就叫"用之则行，舍之则藏"。

## 无过不及，随曲就伸。

子曰："过犹不及。"过，和不及是一样的，都"失中"，所以，太极拳要求"无过不及"，既不能过，也不能不及。这就像我们说的开展：开展过了，就紧张；开展得不够，就不能达到效果。"随曲就伸"，一搭手，随着对方的动而动，对方曲则跟着曲，对方伸就随着伸。这是推手的"化"。

最初，太极拳并没有一定之套路，"无过不及，随曲就伸"这些拳论都是在讲"用"，"用"就是推手，所以，不要把这些用在盘拳上。你盘拳的时候，跟着谁"曲伸"呢？

**人刚我柔谓之走，我顺人背谓之黏。**

走，是走开、走化之意。由静而动，动起来了、推手了，不和对方顶。对方很"刚"，我则"柔化"。老子说："柔弱胜刚强。"要跟着对方走化，但要注意，"走"不是"跑"。走和跑有区别；走是单脚离地，跑是双脚同时离开地面；走不脱离对方，跑就脱离了对方。不仅不能"跑"，还要"黏"着对方。马老说："不要顶对方的力，还要了解对方，我们给这个'黏'起个名字，叫'虚掤'，或者叫'松掤'，推手时不能离开这个掤，离开'掤'叫'跑'，就不能叫'化'。离开了'掤'就不能了解对方了。在黏的过程中，逐渐造成了对方被动，这就是'我顺人背'。如果说，你越来越被动，那是被别人'黏'住了。"

**动急则急应，动缓则缓随。虽变化万端，而理唯一贯。**

随着对方，你快，我黏着你；你慢，我也黏着你。也就是随人所动，顺人之势，借人之力。强调一点，两个人的接触点不能丢，要想做到"人不知我，我独知人"，就必须有这个接触点，否则通过什么了解对方呢？而且这个接触点要越轻越好，越轻才能越灵。虽然说了那么多，但道理其实是一个，那就是松静阴阳的变化。这个道理，贯穿始终。

**由着熟而渐悟懂劲，由懂劲而阶及神明。然非用力之久，不能豁然贯通焉。**

"由着熟而渐悟懂劲，由懂劲而阶及神明。"这是著名的太极拳"三段论"，这三个阶段包括了推手和盘拳。

"着熟"即"招熟"，指招式要熟练。杨式拳和吴式拳从起势到结束，有的分得细，叫108势，或者更多，也有取"九九归一"之意，叫81势。但去掉重复的动作，总的势子就是"三十七"，也就是37个。刚开始学盘拳，就是画个道儿，把动作记熟练。练习一两年之后，老师一般开始"说手"，你逐渐就明白了这些招式的内涵。俗话说："三年把式当年跤，十年太极不出门。"形容这个过程比较长。但并不是练了十年就一定能练成，原理不懂、方法不对，五个十年也练不成。

招熟了以后，通过放松，通过身法，通过推手，慢慢实践，慢慢就会懂得什么叫太极拳、太极劲，自己基本能够控制和运用太极劲。这叫"懂劲"。

懂劲之后，就类似于佛家的"悟后起修"，此时就不再走弯路，开始进入太极拳的修炼。懂劲之前，其实都是在"探路"，一般人都会乱走，各种试错，那些弯路走得很少的人，就是有天赋的人。比如王子英先生18岁懂劲，张继之先生20岁懂劲，人家练得就快，因为懂劲后就不再做无用功了。

我们一再强调，要懂劲，最快的方法就是推手。因为只有推手才是实际的对"劲"的应用。有人说练一万遍才懂太极拳，我很怀疑说这话的人是不是就没懂劲。方法不对，十万遍也懂不了太极拳。王宗岳的拳论，既是练拳的原则，也是懂劲的方法。所以，练拳一定要选明师、一定要学拳理，如此再去练拳就是事半功倍。不懂拳理，整天盘架子，或者像现在的某些大师那样专门在改架子、创编新套路上下功夫，只是得了一个太极拳的"壳"，反而距离太极拳的内涵越来越远。

"用力之久"，用什么"力"？用心力，也就是悟性。懂劲之后，要靠你的智慧、聪明、悟性、文化、德行、缘分去悟、去练，才能不断有更深层的证量，才能"阶及神明"。这一过程，可能需要很长时间。在这一阶段，我们要不断克服本能、去掉胜负心，改掉用力量、用招法等这些后天的本能，返回先天本能，也就是复归于无极、复归于自然，身上的反应完全出于自然，出于先天本能。这就是神明，神而明之，"从心所欲，不逾矩"。


**虚领顶劲，气沉丹田。**

关于"虚领顶劲"，老前辈们说法不一。有的说，接触点要虚虚地领着；有的说，这是指要提起精神，不要萎靡不振。我们认为，这句话的意思是，在推手中，要把那个接触点，也就是"顶点"虚虚领起，在打拳时，自然地提起精神。

关于"气沉丹田"。老子说："虚其心，实其腹。"其本质还是要自然，练太极拳不要有意去"沉"，就算去沉，那个气也呆不住。我们要周身放松，松开以后，腹式呼吸自然就形成了。马老说，这个"丹田"，在太极拳中，有其名无其位，总的来说是变成深呼吸。

有的功夫需要时时"贯气"，那是另一种练法，我们太极拳还是要求在放松中实现自然的气沉丹田。

### 不偏不倚，忽隐忽现。左重则左虚，右重则右杳。仰之则弥高，俯之则弥深。进之则愈长，退之则愈促。

"不偏不倚"就是"中"。关于"中"和"守中"，我们说过很多，这里不重复了。吴式拳能开宗立派，就来源于一句话："守住中定往开打。"所谓不丢不顶，其实就是不丢自己的中、不顶对方的力。

"忽隐忽现"。对方不了解我，我能时刻了解对方，这是听劲的作用。我们的劲儿，要练到收放自如，"用之则行，舍之则藏"。

"左重则左虚，右重则右杳"。这反映的是太极拳的灵敏度，与"忽隐忽现"相关联，"人不知我，我独知人""触之旋转自如"，腰为轴，气为轮，不丢不顶，完全顺人之势、借人之力。你左边动手进攻，也就是左边重了，你就摸不着我这边的东西，我从你右边进攻，避实击虚，你就被动了。

"仰之则弥高，俯之则弥深。进之则愈长，退之则愈促。"在内，我们的劲要收放自如，可放于九层之台，亦可退藏于九仞之渊，其大无外，其小无内。在外形上，不和对方顶，而是粘连黏随、随人所动。对方进得长，我退得也长，对方进得疾，我退得也快，不能让对方摸到我的中心、力点。老黏着对方，他进多少，我退多少。听着他的弱点，他进过了，我稍微往下一按，他就失重了。自己发劲，则要让对方退无可退，藏无可藏。这靠的不是胳膊比别人长，而是直接打到对方的中心，使其失去进退的空间。

**一羽不能加，蝇虫不能落。人不知我，我独知人。英雄所向无敌，盖皆由此而及也！**

"一羽不能加，蝇虫不能落"。我们说过，这是一步功夫，不是形容词。这并不是说，身上落个蚊子我都知道，这没有什么意义。这句话放在推手上的，意思是说，你只要一出力，你就被发出去。比如我们前面讲过的那些老先生们，你和他推手，你要想上去，刚出一点力，你就出去了，有力也使不出来。这就是"周身无处不弹簧"，无处不太极。

马老说，"仰之则弥高，俯之则弥深。进之则愈长，退之则愈促"，这就是随，是化解，在随的过程中，听对方的劲儿，找对方的弱点，而不是和对方顶撞。"一羽不能加，蝇虫不能落"，到了这一步，灵敏度就更高了，身上完全是自然反应，不调而自调。我们练拳也是练的调身、调神、调意、调气，等等，练得成了习惯，就能出这种反应。王子英先生和张继之先生身上都有这个东西，你在背后推他，是推不了他的。这就是功夫真正上身了，他随时可以自然地产生这个反应。

从另一个角度讲，"一羽不能加"，是听劲准确，化对方的力，让对方永远摸不着自己的中心；"蝇虫不能落"，是冷弹脆快，是发劲。

这种功夫不是站桩和盘拳能练出来的，它需要两个人在推手中培养。推手中，要知人，更要知己，你的伙伴是你的一面镜子，借助对方才能看清自己。刚开始推手的时候，你发的劲对或不对都需要你的伙伴帮你认定，这个"知己"的过程，比"知人"的过程还要难。

无论"知己"还是"知人"，都需要"听劲"。马老说："听劲是听对方的动向，跟他不丢不顶。里头还要有点非常轻灵的、非常柔和的，就像细钢丝似的那种感觉，不是人家一按我就跑，而是你快我也快，你慢我也慢，但是我黏着你。我不推你，我不动，你不了解我；你一动，我就了解你。这是智慧，不是拼力气、拼招法。"

听劲的功夫到了"人不知我，我独知人"这一步，就不要再说太极拳不能实战技击了，"英雄所向无敌，盖皆由此而及也"！有志于实战技击的朋友，更应该从听劲入手，清净精微，阶及神明！

**斯技旁门甚多，虽势有区别，概不外壮欺弱、慢让快耳！有力打无力，手慢让手快，是皆先天自然之能，非关学力而有为也。察"四两拨千斤"之句，显非力胜；观耄耋能御众之形，快何能为？**

什么是太极拳，这个不好说，很难形容，无法形容。这和道一样，和佛家的"本体"一样，都无法用语言描述。但王宗岳先生用排除法，给我们指出了哪些不是太极拳。我觉得，每一个练太极拳的人，都应该拿这段话"照照镜子"，看看是不是在说自己。

"壮欺弱""慢让快""有力打无力""手慢让手快"，这些都不是太极，是人之本能。（关于先天本能与后天本能的论述，详见"做减法，返先天"一文。）这些都是旁门左道，不是正途，不是大道。可惜，"大道甚夷，而民好径"。我们现在看到的太极拳、推手比赛，有几个不是这样的呢？

太极拳修炼是一个后天返先天的过程，不是在力量、速度、方法上加功。但要克服这些根深蒂固的观念，实在很难。比如电影中的台词："天下武功，唯快不破。"这比较好理解，你比别人快，快到能夹住子弹，你就很厉害了。但是，这都是常人的想法，也就是后天本能上的加功，和太极拳的理论南辕北辙。

太极拳讲究的是"四两拨千斤""显非力胜""耄耋能御众之形""快何能为"。能做到这一点，靠的是后发制人，而后发却能制人，靠的又是"人不知我，我独知人"，要练出"人不知我，我独知人"，靠的是听劲懂劲……

这个观念很难转变，也很难让人相信。你都不信，又怎么能练出这种功夫呢？可是，太极拳又有那么多神奇的传说，于是，大家就会琢磨，一定是有我们不知道的秘籍、秘法、技巧，等等。于是，就越走越偏了。

## 立如平準，活似车轮，偏沉则随，双重则滞。

"立如平準"，繁体字"準"通"准"，是揆平取正之意。平準，一般指的是天平，天平的两个盘子，代表人的两只手，意思是要立身中正，同时也指听劲的灵敏度要像天平一样。天平的某一边增加了重量，天平就会有一个"偏沉"。你加了 1 克的重量（力），我都能听得出来。

还有一种说法，在《吴式太极·南湖传习录》中记载过。姚继祖先生讲，平準指的是过去的一种"十"字形的水平仪，无论怎么旋转，中间的水珠都保持在中间。"立如平準"用在太极拳修炼中，就是要"守中"。

我们认为，这两种说法都可取。当然，还有其他的一些解释，但这里就不展开了。

"活似车轮"是和"立如平準"相对应的，指不能站死了，要灵活。车轮中间有一个轴，代表我们的"中"，轴相对不能移动，但车轮可以动，你稍微一碰，车轮就旋转，旋转就能把你的力化解。这就是我们说的"触之旋转自如"，一碰就转，不丢不顶。

"偏沉则随"。在天平上，你在一侧搁上哪怕 1 克东西，都会产生偏沉，这是用来比喻对方有了力，你要像天平一样灵敏，你感觉到了力后，要随人而动。

"双重则滞"。关于双重，我们在《吴式太极·南湖传习录》中专文讲过，指的是两人顶牛，这里不重复了。一个力作用在车轮上，车轮马上会旋转，但是如果这时候你再给车轮一个相反的力，车轮就动不了了，就"滞"了。两个人顶上了，这就叫双重。顶瘪丢抗为推手"四大病"，双重就是"大四病"中的"顶"。推手可以"转"，但是不要"顶"。

**每见数年纯功不能运化者，率皆自为人制，双重之病未悟耳。**

"数年纯功不能运化"，这是太极拳练习者最常见的苦恼，王宗岳先生说得很明白，这都是因为为人所制，而且是因为自身的原因才为人所制，其原因就是"双重"的毛病没改掉，或者说没整明白。

看来"双重"在王宗岳先生那个时代也是一个大问题。不过，当时也许没有"双重"概念上的问题，可能当时这就是一个大家都明白的名词，所以也没有解释。我们说，一顶牛就茬上了，茬上了，就没有了"松胳膊进腰"，没有了"松胳膊进腰"其他一切就都谈不上了。从明末到现在，不仅没有改掉练拳者顶牛的本能，还增加了"双重"概念上的混淆。这就更麻烦了。

现在很多人把"双重"解释为双脚同时用力，进而发展为双手也不能同时用力，再细分下去，哪儿都不能同时用力。我想，这人是要"起飞"啊。

现在练太极拳有了"职业病"——太极膝，就和这个双脚不能同时用力有直接关系。我们不多说，也不争论，大家觉得怎么好就怎么来。到年老的时候，膝盖疼不疼，最有说服力。

**欲避此病，须知阴阳：黏即是走，走即是黏；阳不离阴，阴不离阳，阴阳相济，方为懂劲。**

"此病"就是双重之病。要避此病，就要明白"阴阳相济"的道理。关于这一点，我们也有专文论述，这里也不重复。

"黏即是走"，跟着对方，黏着对方，不是强打硬要，而是要时时刻刻了解对方。我们双方推手，就是要双方互相了解，随人而动。

"阴不离阳，阳不离阴，阴阳相济，方为懂劲"。阴阳二气，既不相同，又互不可分，共同构成了一个完整的太极图。阴阳此消彼长，互相补充，不能把它们隔离开。阴阳是相对的，也是可以互相转化的，用的时候为阳，不用的时候为阴，"用之则行，舍之则藏"，这就是"阴阳相济"，明白了这个道理，才能说是懂劲。

松，好比是阴，外头看不出来；用劲，好比是阳，大家一般能看出来。练拳的时候，外头没有对象，没有"敌"，阳就无法发挥，所以，练拳的时候，就是纯阴，纯粹放松。推手的时候，有外来的力，听到这个劲儿，再把这个力还回去，这个时候，就是阳。这个阳根据对方来力的方向、大小及作用点，用最合理的程度来回应对方，能用一分就不用二分。

所以，我们一再强调，盘拳只需要完完全全自自然然地松开。过去练拳叫太极行功，无极桩属于静功，盘拳属于动静结合。但是盘拳时，不需要考虑阴阳，只管放松即可。而在推手时，需要听出对方的来力，听，就是阴；"打点不打人"，这是"用"，用的时候，就是阳。听用结合，收放自如，就可以说"阴阳相济"。

### 懂劲后愈练愈精，默识揣摩，渐至从心所欲。

真把这个原理懂了以后，就可以越练越精。我们说，路线错了，南辕北辙，路线对了，不走弯路。但"懂劲"仅仅是真正进入修炼的第一步，悟后起修，往后的路还很长。要再提高，就需要"默识揣摩"。多学习，多体验，才能真正做到阶及神明，从心所欲。

马老说："我们那个时候，老师讲完，自己一天一小结。我就要想，今天练完了，为什么那么舒服？那么轻松？昨天练完了，为什么不舒服？这就叫'默识揣摩'。到了'随心所欲'，就不用什么阴阳、虚实了，不需要想了，这就叫功夫真正上身了。"

　　本是"舍己从人"，多误"舍近求远"，所谓"差之毫厘，谬之千里"。学者不可不详辨焉！是为论。

　　关于"舍己从人"和"舍近求远"，我们也专文讲述过。舍己从人是太极拳的原则、太极拳的根本。先发制人、先下手为强，这些都不属于太极拳的范畴。所谓"彼微动，己先动"，那是听劲，是在听出对方劲的情况下，自己迅速做出的反应。这就叫"不敢为主而为客"。

　　舍己从人，就是听劲。舍弃自己的主观想法，听对方的变化，利用对方的力，作用于他身上。马老说，太极拳是大智慧拳术。舍己从人，不是任人摆布，而是在舍己当中了解对方的缺陷，然后"人刚我柔谓之走"——你刚我走化，"我顺人背谓之黏"——不是打，而是黏，在黏的过程中，使对方被动。功夫到了，通过"黏"，一伸手就能把对方提溜起来。

　　为什么很多太极拳习练者毕生练习却练不出来呢？王宗岳先生说了，就是耽误在"舍近求远"上了。近，就是舍己从人，听劲懂劲，松静自然，就是按拳论练；"远"，就是壮欺弱、慢让快、有力打无力、手慢让手快，就是双重顶牛，就是不相信拳论，就是不按拳论练。

　　每次讲拳论，说到这个的时候，马老都很感慨。他说，王宗岳先生把什么都告诉我们了，什么是太极、什么不是太极、太极拳的层次、修炼中的毛病、产生错误的原因，都告诉我们了，但是有几个人相信呢？有几个人真的按照王宗岳先生的嘱咐去练呢？不按拳论练，其结果能不"谬之千里"吗？

# 《十三势歌》浅见

《十三势歌》是王宗岳先生为我们留下的四篇著作之一，在某些版本中，也被称为《十三势行功歌》。"十三势"即太极拳的古称。杨家老谱中有《八五十三势长拳解》，八五指八门五步，与十三势、长拳一样，都指太极拳，并且应该都出自王宗岳先生《太极拳释名》一文。太极拳古称太极行功、太极功，1929 年，由吴公仪校正、吴公藻编著的著名的《太极功同门录》，可兹证明。

《十三势歌》只有七言二十四句，合计 168 个字，但言简意繁。清代武禹襄先生所著《十三势行功要解》，是目前对《十三势歌》最权威的解释。本人学识尚浅，不敢说解释，只根据师门教诲，加上一点心得，谈一点体会。

## 十三总势莫轻视，命意源头在腰隙。

十三总势，亦指太极拳、太极行功，并不是另有一个"十三总势"。我们称揽雀尾为"太极总手"，是指这个势子技术全面。但如果把揽雀尾称为"十三总势"，一旦形成具体所指，反而降低了本篇所具有的普遍的指导意义。"十三总势莫轻视",是说太极拳很简单,也不用力,但不要因此而轻视它。

腰隙,指命门区域。武禹襄先生认为,于此处刻刻留心,能敛气入骨。命门也称"密户",丹道经典著作《黄庭内景经》描述"黄庭"位置的时候说:"上有魂灵下关元,左为少阳右太阴,后有密户前生门。"密户即命门,生门即脐门。丹道认为两肾之间的命门之火为先天之本,而关元与气海之脾火为后天之本。所以,守命门是丹道修炼中重要的起手法,意守命门甚至被称为"修行第一尊"。

在中医学说中,命门最初是一个独立的脏腑,即右肾,为右肾的代称,是男子藏精、女子系胞之所在。此说最早见于《难经·三十九难》:"五脏亦有六脏者,谓肾有两脏也,其左者为肾,右为命门,命门者精神之所舍也,男子以藏精,女子以系胞,其气通于肾,故言脏有六也。"

但一般而言,命门指两肾之间的区域,乃虚空一窍。

"命门三大家"之一的明代名医孙一奎创立了"命门动气"学说。他提出:"命门乃两肾中间之动气,非水非火,乃造化之枢纽,阴阳之根蒂,即先之太极。五行由此而生,脏腑以继而成。"(《医旨绪余》)

另一大家赵献可则认为,命门为人身之大主,是先于脏腑的存在。他用"太极之本体"来形象地比喻命门在人身的重要地位和作用——得以生成五脏六腑的根源所在。因此,命门成为主宰十二官的"真君真主",其功能位于五脏六腑之上,为"主宰先天之体",有"流行后天之用"。命门在两肾之间,为坎卦,两肾有形属水,命门无形属火,"一阳陷于二阴之中",阴中有阳才能化气而产生生命,而命门之火的作用则始终居于主导地位。赵献可的命门理论在丹道修炼、中医、理学、易学等方面影响甚大。

王宗岳其人,据考证是明朝万历年间人,与明代"命门三大家"处于同一时期,其太极拳理论可能深受命门相关学说影响。

**变转虚实需留意，气遍身躯不稍滞。**

马骏师兄曾经提了一个很有意思的问题，"变转虚实需留意"，需要留意什么？是留意"腰隙"吗？他说不是的，应该留意的是虚实转换的中间那个不虚不实的部分，那个转换的片段。武禹襄先生说："意气须换得灵，乃有圆活之趣。"

《吴式太极·南湖传习录》"功夫细中求"一章中有这么一段话："拳架子，细小的地方都在两头，是为'极'。到头的时候，里头要有东西，不要一带而过。"其实这段话与马骏师兄所说的是同一个概念。一个定势到头的时候，就是势子"老了""到头了"，就不好用了，就需要进行虚实转换了。这个时候必须要注意，因为转换的时候，就是"用"的时候。

我们练拳的时候，不要大步眼、不要"大虚大实"，而要减少势子"定势"的时间，延长中间转换的时间，这样也就延长了动作的"有效时间"。

"气遍身躯不稍滞"，这里的气，不是呼吸之气，而是一种能量，丹道用"炁"字表示。"炁"有两个意思：一个意思是，"无心为炁"，放松了，入静了，能量就产生了；另一个说法是，"无"表示无形无象，无字上面一点为"无中生有"，下面四点为能量，为"火"。两种说法各有侧重，都有道理，一个述其性质，一个讲究方法。

"气遍全身"是放松的状态和结果，"不稍滞"是"气遍全身"之后的状态。在对拳论的理解中，要认识到这两句说的是"境界"，是真正放松之后自然出现的状态，不要人为地去追求，越是刻意追求，越是没有。

**静中触动动犹静，因敌变化示神奇。**

打拳和推手，都是在"动"中完成的。但虽然在动，仍然要静。只有静，才能听劲儿、听对方的动向，保持自己的中定。动中有静，静中有动。"敌"，指推手或面对的另一方。在推手训练中，要根据对方的变化而变化，随曲就伸，无过，无不及。

## 势势存心揆用意，得来不觉费功夫。

揆，在文言中是揣度之意。"势势存心揆用意"，指对每个势子都要认真揣度其用意。马老说，在方言中，揆也有秤的标准的意思。在马老家乡，"揆秤"就是计量的意思，比如说，"办事不能离开揆秤"。这两个意思可以互相印证，都是用心之意。

"得来不觉费功夫"，也有两个意思：一是如此这般用心揆度，就很容易得到每个势子的"真意"；二是得到之后，才发现不是那么复杂，其实很容易。也就我们常说的"难者不会，会者不难"。

## 刻刻留心在腰间，腹内松静气腾然。

这句话我们引用过很多次，因为其很重要。无论盘拳还是推手，在一定阶段，都要把意识放在腰间，也就是腰隙、命门区域，让这个区域带动四肢。当然，这也只是一步功夫，不是永远如此。到了完全放松、上下都是一个虚整劲儿的时候，如果还放不下这个腰隙，那就和病好了还吃药、过了河还背着竹筏一样了。

"腹内松静"要保持，"气腾然"不用练。"腹内松静"是条件，"气腾然"是结果。腹内松静了，"气腾然"自然就出来了。现在有人很强调腹式呼吸，用各种方法放松，但我们认为，在太极拳修炼中，不需要有意去练呼吸，关键是保持松静。内外都松静了，体内的气机、沟通内外的呼吸，与身体的动作自然就相合了。

## 尾闾中正神贯顶，满身轻利顶头悬。

个人看法，"尾闾中正"与"神贯顶"也是因果关系。"尾闾中正"

是身法，身法做对了，加上放松，自然就有"神贯顶"的效果。

"满身轻利顶头悬"，这句话解释起来就比较麻烦。有的人认为，如果要做到"满身轻利"就必须先"顶头悬"。怎么叫"顶头悬"呢？把头往起拔，还有的干脆顶着一碗水、一瓶矿泉水练拳。这么练，能否"满身轻利"先放一边，一定要先提防越练血压越高。

我们是这么看的："满身轻利顶头悬"就是要提起精神之意。提起精神，身形才能不滞重，也就是武禹襄先生说的"精神能提得起，则无迟重之虞"。轻微提起精神，不要萎靡，但也不要拧眉瞪眼，要注意"意在蓄神"。

### 仔细留心向推求，屈伸开合听自由。

仔细留心，仔细推求，全凭心意下功夫。"屈伸开合听自由"，自由就是自然，自然而然。不是你想怎么来就怎么来，而是根据对方的屈、伸、开、合，自己粘连黏随，随人所动，顺人之势，借人之力，做出自然反应。

### 入门引路须口授，功夫无息法自修。

太极拳要靠明师指导，口传身授。"明师"不一定是"名师"，"名师"名不副实、误人子弟的也不少。能碰上明师，那才是缘分和福分。但老师教给你，你并不一定能学会。严格讲，这个东西你本来就有，老师只是不断给你创造认识它的机会、方法和条件，能不能自己"悟出来"，那得靠自己。别说你是谁谁的弟子、某某的传人，你就是他亲儿子也没用，"道可传而不可受"。

### 若言体用何为准？意气君来骨肉臣。

体、相、用是一个形而上的概念，比如佛家说："真如为体，真如体内智慧慈悲等无量之功德为相，此体相不固定，应于缘而活动为用。"

具体而言，举个例子，空、空相、空性，为空的体、相、用。"空"为空的体，"空相"为空的相，"空性"为空的作用。心、性、念为心的体、相、用，亦即生命的本体、生命的显相及生命的妙用。

体、相、用不是固定不变的，是可以互为体用的。如张紫阳《戒定慧解》曰："（戒定慧）互为体用。或戒之为体者，则定、慧为其用；定之为体者，则戒、慧为其用。慧之为体者，则戒、定为其用。"再如有人把"儒释道"三家也看作体、相、用、的关系，站在儒家的角度，儒为体，道为相，佛为用。当然站在佛家的角度，自然是佛家为体，另外两家分别为相和用。

在我们太极拳中，可以这么看，以无极（桩）为体，以太极（行功）为相，以推手（演义）为用。

在原文里的这句话中，体用的关系，其实就是谁是君、谁是臣，谁是主、谁是次，谁是第一、谁是第二的关系。"意气君来骨肉臣"，就是我们平常说的"用意不用力"，也就是多用意、少用力，上兵伐谋。

太极拳在内不在外，练得好不好、有没有，不是看势子多低、腿抬多高、发力多脆。筋骨皮肉，这是"臣"，是第二位的东西。"意"才是第一位的东西。练拳要掌握先后和主次，《大学》云："知所先后，则近道矣。"


## 详推用意终何在？益寿延年不老春！

这句话可以和另一段文字互相印证。

在有些版本的古拳论中，在王宗岳《太极拳论》之后，还有两条小注："此论句句切实，并无一字敷衍陪衬，非有夙慧，不能悟也！先师不肯妄传，非独择人，亦恐枉费功夫耳！""右系武当山张三丰老师遗论，欲天下豪杰延年益寿，不徒作技艺之末也。"

在古人看来，道才是主体、主干，其他都是道之用，是道的枝叶花果。那么什么才是练太极拳的真正目的呢？当然是"延年益寿"，但这话应该只说了一半。

太极拳是道的演义，是修道的辅助品，延长寿命，并不是终极目的。子曰："朝闻道，夕死可矣！"古人的终极目的是为了修道、悟道、证道、合道。如果仅仅是延年益寿，则未免目标太小。如果既不修道，也不做贡献，徒然长寿，则有尸位素餐之嫌。所以，这句话，古人只说了一半。

"益寿延年不老春"，只是一个大家都能理解的"小目标"，而延年益寿的目的，是为了有更多的时间去悟道、证道、行道。而行道的过程，也是积功累德为社会做贡献的过程。

做贡献的方法有很多，社会是由个体组成的，把自己修好了，成为一个高尚的人，脱离了低级趣味的人，就是为社会做了贡献。何况，还可以传道、授业、解惑，为社会、为他人做更多的事、更大的贡献。


**歌兮歌兮百卌字，字字真切义无遗。若不向此推求去，枉费功夫贻叹息。**


"百卌字"，有的版本写作"百四十"，我觉得可能是因为"卌"（音 xì）字不常用的原因。"卌"就是四十，一横四竖，四个"十"。二十为"廿"，三十为"卅"，四十就是"卌"。

到上一句为止，《十三势歌》已经写了 20 句，一共 140 个字。这里是在做结语，告诉大家这些话"字字真切"，该说的都说了，如果不向此处认真推求，恐怕只会"枉费功夫贻叹息"。

《打手歌》

掤捋挤按须认真，上下相随人难进。

任他巨力来打我，牵动四两拨千斤。

引进落空合即出，粘连黏随不丢顶。

这首歌诀是王宗岳所著，我们在《吴式太极·南湖传习录》中提到过，但没有详细讲，这里稍微补充几句。

打手，就是我们常说的推手，也称揉手、搇手。

## 掤捋挤按须认真

一种说法是要认真练，掤捋挤按采挒肘靠这八法是基础，是太极拳的"根"，一切变化都从这"八法"出，故不可轻视。所以我们在训练的时候，就采取一手一手操练的方式。

还有一种说法有点牵强，但也很有意思，就是你要分清真假，分清哪些是真的，哪些是假的。那么怎么分呢？方法就是：既然都是王宗岳老先生的拳论，那就"以经解经"，参照王宗岳先生说的，凡是"壮欺弱""慢让快""有力打无力""手慢让手快"，这些就是假的、错的。

## 上下相随人难进

"上下相随"有两种情况。紧张成了一坨，像刺猬一样团成一团，那也是"上下相随"，但那刚好提供机会让人家发出去。我们说的"上下相随"，是指在高度放松的情况下形成的一种自然反应，周身一家，内外合一，一动无不动，一静无不静。这个时候，才能收放自如。

"人难进"不是不让进，因为不让进就无法"引进落空"。"人难进"，实际上是说无法对你构成实质上的威胁。

开门迎客，挥手送客，发放只在挥手之间耳。

## 任他巨力来打我

首先，"巨力"是有限度的，给你来个火车，即使你是个"终结者"，也得被撞烂了。

其次，"任他"也不是硬扛，要松松地接，要让对方有力使不上。松到一定程度，松松的像个棉花团，就没有受力点。

最后，人的力量的作用长度也是有限度的，看着好像打上了，其实可能是强弩之末，你稍微错后一点点，这个力就可能没了，没有受力。

## 牵动四两拨千斤

四两之所以能拨千斤，那肯定不是硬扛出来的，这里的关键是"牵动"二字，要有一个小小的牵动。张继之先生的拳架中，就非常明显地保留了这个牵动。这个牵动，就像火车的道岔。火车你是搬不动的，但是你可以搬个道岔，让它按照你搬好的道走。所以人家说是"拨千斤"

而不是推千斤、打千斤、撞千斤……

我们在推手中，经常遇到的一种情况是，你打，可惜没"打上"，打了一个"空"，于是，你就失重了，像踩空了楼梯。在失重的情况下，人家稍微给你点劲儿，你就站不住。

这个"牵动"与武禹襄先生说的一句话有异曲同工之妙。武禹襄先生在《十三势说略》中说："若物将掀起，而加以挫之之力，斯根自断，乃坏之速而无疑。"这个东西已经受了力，马上就要被掀起来了，你在这个时候稍微"帮"它一把，给它加点力，它就倒了。这就像一块大石头，你搬不动，但如果它失去了平衡，晃晃悠悠的，你点上一指头它就"滚"了。这句话最早见于李亦畬先生亲自书写赠送给郝为真的藏本，其他版本都写作"若将物掀起"，文字顺序变了一下，味道就大不相同，巧拙立见，高下立判，可谓"差之毫厘，谬之千里"。

"牵动四两拨千斤"，这是真实的功夫境界，但也不能"抬杠"。想"牵动四两拨千斤"，得有功力。但俗话说"一力降十会"，倘若对方的笨劲比你的巧劲大得多，你松的程度不够，听劲的能力不够，自然反应也不够，就很可能既"牵"不动他，也"拨"不动他。


## 引进落空合即出

"引进"和"落空"，是一个动作的两面，既要"引进"，还要"落空"。不能"引进"，就不能"落空"；只能"引进"，不能"落空"，就会被发出去，或者结结实实被打。

首先是敢"引进"，其次要有能让对方"落空"的能力。上来就拿胳膊顶住，两人一顶牛，就不能"引进"，更不能"落空"。这是关键一步。要松得透，还要能舍、敢舍，才能"引进"；有了上文说的"上下相随"，才能有"引进"之后"落空"的能力，也才能有后文"合即出"的能力。

关于这句话，马老讲得特别有意思。他说，引进来，对方以为你的力是真的，但他一使劲，力又没了。这是太极拳的智慧，引进落空就是斗智。我给你一个力的假象，你以为是真的，你拿力一接结果发现力没了。没了，你是不是就失控了？在你失控的过程中，我中心掌握得很好，稍微一碰，你就得出去。因为你失掉了中心，我只要稍微用一点合力，甚至不用合力，稍微一扒拉，你就得走。

## 粘连黏随不丢顶

粘是主动，黏是被动，但都是贴住对方之意。连，是连续不断，"运劲如抽丝"。随，是随人所动，所以和"黏"相关联，黏着随。

粘、连、黏、随，都不能离开接触点，粘着你，不丢不顶，不顶劲儿，也不闪躲。在这个过程中，不是什么都不做，而是要在粘连黏随中了解对方的弱点、出力点，"人不知我，我独知人"。

不丢不顶，还有一种解释，就是"不丢中心，不顶对方的力"。这也是对的。

推手中，处处都运用着不丢不顶。一搭手，合着力，彼不动，己不动；彼微动，己先动。这里头就包含着不丢不顶。粘连黏随里头也包含着不丢不顶。

所以，马老总是要求我们，学习拳论，要完整地看。不能拘泥于字句，在某一句话上纠结，那样永远也解释不通。拳论，尤其是王宗岳先生的四篇拳论，它完整地说明了两个问题：什么叫太极拳？它的作用是什么？王宗岳先生的拳论是圆满的、圆融的。我们读拳论，不能把它读割裂了。

这里说的"武谱",主要指武禹襄先生写的拳论；名曰"拾遗"，是因为武谱内容较多，我们不再完整注释，而是结合我们自己的体会、实践，谈谈自己的看法，零敲碎打地说几句。

## 大纛旗

武禹襄先生留下的拳论比较多，是公认的经典之作，有些句子在不同的篇章和版本中有不同的表述，对比一下，就会有一些很有意思的发现。

《十三势行功要解》是武禹襄先生对王宗岳《十三势歌》的解读。其中有一句：

心为令，气为旗，神为主帅，腰为驱使，所谓"意气君来骨肉臣"也。

这句话在另一篇拳论《太极拳解》中的表述稍有不同：

心为令，气为旗；神为主帅，身为驱使。

前面三句话是相同的，心发出指令，气就像令旗，马上就做出反应，令旗一动，千军万马就都跟着动。"神"是"心"的用,"心"发出的命令是由"神"这个主帅发出的。神是主帅,那么调动的是谁呢?谁是部队呢?是我们自己的身体吗?表面看起来是,但是又不是。我们要调动的,其实是对方。我们的腰也好,身也好,只是驱动对方的中间环节。

这就像我们推手的时候,上下相随,你要调动对方,光靠"想"、靠意念、玩虚的是不行的,你一定要保持身心合一才行。你的心动了,身体一定会跟着动。一个整动,给对方一个力,对方才会真的跳起来。有的人玩推手,手都不接,"全凭心意用功夫"。你要不理他,他这招就完全没有作用。

在驱使这个环节上,说"身为驱使",是强调"整动";说"腰为驱使",是强调腰是最重要的环节。在推手练习的时候,先做到腰放松了,刻刻留心在腰间,才能实现整动。

还有一篇拳论《十三势行功心解》,看起来像是根据武禹襄《十三势行功要解》《太极拳解》《太极拳论要解》整理改写而成。其中相关的内容为"心为令,气为旗,腰为纛",也是在强调腰的作用。

纛,指大纛旗。古代行军打仗,不同的军旗有不同的作用,比如,帅旗、令旗、队旗等,有着指挥作战和识别身份等作用。将帅身后或身旁会树起帅旗,称为"大纛"。主帅居中,大纛旗被斩,军队失去信心,就有可能崩溃,所以大纛旗必须严加守护。在这里,"腰为纛"有"守中"之意,而腰在一定程度上,可以说就是"中",失去了腰,基本上就等于失去了"中"。将帅发出指令,驱动三军,所以,"腰为纛",也是"腰为驱使"的另一种说法。

### 张弓与放箭

"蓄劲如张弓,发劲如放箭。"这句话在武谱中出现过两次,一次是在《太极拳解》中,一次就是在《十三势行功心解》中。

"蓄劲",就是劲未发的状态。"张弓",就是把弓拉满。问题来了,我们现在很少接触弓箭，怎么理解"蓄劲如张弓"呢？

老子曰："天之道，其犹张弓与！高者抑之，下者举之，有余者损之，不足者与之……"这是《道德经》第七十七章中的话。老子以"张弓"喻天道。张弓是一个地地道道的技术活，要想射中目标，高了不行，低了不行，劲大了不行，劲小了也不行。所以，既要调整角度，"高者抑之，下者举之"，又要控制力度，"有余者损之，不足者与之"。弓弦如琴弦，不是越紧越好，弓也不是拉得越满越好，而是要恰到好处。我们推手，讲究听劲，听劲就是"称"对方的斤两，不多不少，挨着、粘着、听着，对方有三斤的力，自己就不能多一两，哪怕多一克都会被对方发现而打击。

日本保留了很多的中国古代文化，比如弓道。我在一篇文章中看到，一个真正的弓道高手，在训练的时候同样是完全放松的，拉弓的时候好像没有一点力。可惜原文我找不到了，这里只能简单提示一下，"蓄劲如张弓"，不是让你用力把弓拉满。

"发劲如放箭"，这句话很多人的理解都有误，因为这句话很容易被误解成发劲"快"——既然是放箭，当然要快，既然要有速度，就需要使某种"劲"——我们觉得不是这样的。拉开了弓要放箭的时候，其实最好是什么都不做，你只需放松一下，箭自然就出去了。如果你乱动，弓就会动，就射不中目标。现在战士用枪，扣扳机的时候也不是用大力的，力度只要能扣动扳机就行，尤其是用狙击步枪时。

很多前辈在描述推手发人的时候，基本上都是这么说：你不是被我发出去的，你是被我松出去的。

这就是"发劲如放箭"。

## 猫步

武禹襄先生在《太极拳论要解》中有一句话："迈步如猫行，运劲如抽丝。"因为有了这么一句话，太极拳界就有了自己的"猫步"。

很多人都养过猫，或者起码见过猫，那就一定见过猫走路。但是却很少有人会去认真观察猫，就算观察了猫走路，也未必能将之和"迈步如猫行"联系起来。

在时装界有所谓"猫步"，也叫台步，和猫走路基本没有关系。我也见过有人练习"猫步"，曾经也以为那就是"迈步如猫行"。但马老的观察总是比我们细致，他所讲的"猫步"就不是那样的。

写到这里，本书已经接近尾声。要是上课，一般都会留下几道思考题。因为要是都说出来就没有意思了，"道之出口，淡乎其无味"。都讲完了，大家就不惦记着了。所以郭德纲讲单口相声会"挖坑"，害得大家年年盼、月月等。

我们也要留下几道思考题，这就是其中一道。题目是：到底什么是"迈步如猫行"？大家自己去想。如果想不出来，其实也没关系，因为答案就在本书里。就算你发现不了答案也没有关系，因为你很可能已经理解了那句话，只是不知道它就是这个问题的答案而已。知道不知道，你都没有损失。

武谱内容浩繁，我们挑几个句子，就讲了这么多。照这么讲下去，这本书就长得没法看了。所以，关于"武谱"的部分内容的体会，就分享这些吧。

　　"李谱"指李亦畬先生的拳论，主要有《五字诀》《走架打手行工要言》《撒放密诀》《敷字诀解》《虚实图解》等。这里选一篇《走架打手行工要言》，简单谈一下我自己的体会。

　　昔人云：能引进落空，能四两拨千金。不能引进落空，便不能四两拨千金。语甚概括，初学未由领悟。予加数语解之，俾有志斯技者，得所从入，庶日进有功矣。

　　武禹襄先生的拳论风格是一字千金，能少一字，绝不多一字。好处在于言简而意繁，坏处在于理解起来有点困难。所以，李亦畬先生在武禹襄拳论基础上，对一些重点进行了解读。

　　这几句话是说，太极推手的要点在于"引进落空"，如何才能引进落空呢？作者从这里入手开始阐述。

欲引进落空，四两拨千金，先要知己知彼；欲要知己知彼，先要舍己从人；欲要舍己从人，先要得机得势；欲要得机得势，先要周身一家；欲要周身一家，先要周身无有缺陷；欲要周身无有缺陷，先要神气鼓荡；欲要神气鼓荡，先要提起精神，神不外散；欲要神不外散，先要神气收敛入骨；欲要神气收敛入骨，先要两股前节着力，两肩松开，气向下沉。

这一段一开始，用了一大段顶针续麻的手法，讲述如何才能做到"引进落空"，其风格有点像《大学》："古之欲明明德于天下者，先治其国；欲治其国者，先齐其家；欲齐其家者，先修其身；欲修其身者，先正其心；欲正其心者，先诚其意；欲诚其意者，先致其知。致知在格物……"

"明明德"的落脚点在"格物致知"，"引进落空"的落脚点在"两股前节有力，两肩松开，气向下沉"。

在我们看来，这样未免有点过于复杂。在我们的实践中，怎么才能引进、怎么才能落空呢？其实只需要一个手段。你给他一个力的假象，突然一空，对方就失重了，在他失重的一刹那，你变换手法就可以了。就是一瞬间的事，并不复杂。

至于"神气收敛入骨"，这里有气循行路线的问题，气收敛入骨，才能"实髓"，身体会很发生很明显的变化，其中一个变化就是不怕冷。如果单说推手，可以理解为收敛到里面去，再从里面出来。这是一个收放的过程，但收放的程度变深了，气已经循行到骨髓中去了。

这里有一个关键所在，那就是"两股前节着力"，一般通行的版本都写的是"两股前节有力"，但马老说是"着力"，这是姚继祖先生亲自讲给他的。我们不妨这样看，这个"有力"，实际上也可以看作是"着力"的意思，只是程度上有差别。什么是"着力"呢？马老说："似有非有，刚着劲又没着劲儿，你说没着劲吧，它又着点劲。"姚继祖先生把这个要领讲给马老，给他摆好姿势，马老身上马上就有了那个劲儿，就能产生反应。这是姚老亲传，不可等闲视之。

这里再留一道思考题，"两股前节着力"，到底用哪个地方"着力"比较好？每个人的情况都不相同，我们也不能认为自己说的就一定是对的，大家可以自行体会一下。

"两肩松开，气向下沉"。我们说过，太极拳最难松的就是两肩。灵活在于臂，运用在两肩，肩膀是最难松的一个地方。"气向下沉"，如果能做到完全松开，前胸后背松得完全没有僵力，气自然就下去了。这不是要你往下压，你松不开的话，强行压下去也没有用，"按下葫芦浮起瓢"。


**劲起于脚根，变换在腿，含蓄在胸，运动在两肩，主宰于腰。上与两膊相系，下与两胯、两腿相随，劲由内换，收便是合，放即是开。静则俱静，静是合，合中寓开；动则俱动，动是开，开中寓合。触之则旋转自如，无不得力，才能引进落空，四两拨千斤。**


"劲起于脚跟"，不是脚向下蹬，而是通过放松形成自然传导，你松到底了，一接手，劲就下去了；你要发劲，劲就从脚底下上来了。但是，这句话一般都会被理解成用脚蹬。实际上，越蹬越不行，我们的身体必须松成一个整体才行。虽然"劲起于脚跟"，但"一动无有不动，一静无有不静"。

"含蓄在胸"，不是让你蓄力，而是让你松开，松成空着的状态。

"运动在两肩"，两个肩膀松不开，就不灵活。

"主宰于腰""上与两膊相系，下与两胯、两腿相随"，这种感觉就是以腰带手，两个胳膊好像挂在腰上一样。马老说，过去老先生讲，要用腰带动四肢，不是手动，而是腰带着手走，两腿要挂在腰上。走也好，定势也好，都是如此。马老说，这是鲍全福老先生说的，鲍老是纪子修的学生。

"劲由内换"，既然是"内换"，就不可见，也就很难解释。这个"劲"，它不是"力"，它是一个整体的、松出来的整劲，外头看不见痕迹。练到这个时候，技术就精了，动作幅度也就非常小了。

"收便是合，放即是开。静则俱静，静是合，合中寓开；动则俱动，动是开，开中寓合"，这就是完全松开、完全自然。太极拳无非就是开、合、动、静，到此时，开合动静纯任自然。马老说，"这里有一个很细微的动，很放松，可以说'粘连黏随不丢顶'，也可以说里头含着一点点的掤劲儿。这个东西很微妙，很难形容，但不是力。对方一动，你就知道。接触点很小，很轻，很灵。"

"触之则旋转自如，无不得力，才能引进落空，四两拨千斤"。到了这个时候，我们的身体才可以"触之则旋转自如"，轻灵圆活，才可以"四两拨千斤"。所以，"四两拨千斤"并不是一个比喻、一个形容词，李亦畬先生在这里已经把"四两拨千斤"的方法都告诉我们了。

虽然老先生不厌其烦地给我们解释，说了很多的话，但总结成一个字，还是"松"。只要能松开，听出劲来，接到腰上，再接到脚上，你就能趁他这个劲儿，给他一个虚整劲儿，达到"引进落空"和"四两拨千斤"的效果。


平日走架，是知己工夫。一动势，先问自己：周身合上数项否？少有不合，即速改换。走架所以要慢，不要快。打手，是知人工夫，动静固是知人，仍是问己。自己安排得好，人一挨我，我不动彼丝毫，趁势而入，接定彼劲，彼自跌出。如自己有不得力处，便是双重未化，要于阴阳开合中求之。所谓"知己知彼，百战百胜"也。

原文文字清晰，不需要解释了。关于"知己"与"知彼"的关系，我们已专文讲过，也不再重复。

李亦畬先生的这篇拳论，包括了盘拳和推手的要领。其核心是"四两拨千斤"，而要做到这一步，就需要知己知彼：要知道自己的功夫；一搭手，要知道人家的功夫。

我们吴式拳对盘拳、推手也有三个要求。

第一，一搭手，发现对方不如我，我不能推起来没完没了，而是要把自己练习的技巧介绍给对方，互相提高。

第二，对方与我功力相当，就交流经验。否则，推也是顶。

第三，自己不如对方，就尊重对方，老老实实跟人家学习。

马老的老师是这么要求他的，马老也是这么要求我们的。当然，我们也会这么要求自己的学生。这种要求，一脉相承。

要做到这三个要求，就要舍己从人，否则，心有我慢，就会争竞。马老说，不舍己从人，怎么能知道人家的动向呢？你"舍己"了，如果"从人"的时候，你的手不得力，那说明你不如对方，那就不如好好向对方请教、学习。

回过头来，再结合李亦畬先生的这篇拳论，我们可以说，要舍己从人，自己先要得机得势，也就是要做到周身放松、全身一体、守住中定，等等。

要做到得机得势，先要周身一家。周身一家，不是让你用多大力量、各处都绷着劲儿，那是个死疙瘩，没有用。

欲要周身一家，先要周身没有缺陷。这种缺陷表现为忽软忽硬、忽躲忽闪、顶瘪丢抗，等等。

欲要周身没有缺陷，先要神气鼓荡。"神气鼓荡"，就是周身都要放松，放松之后才会有这个鼓荡。这个"鼓荡"，容易被理解为向外用劲儿，但实际上，并不是的。这个鼓荡就是我们说的"太极劲"。

欲要神气鼓荡，先要提起精神，神不外散。"提起精神"是什么意思呢？我们认为，"提起精神"就是精神集中，这也是尊重对方。精神不集中，就没法推手。"神不外散""收敛入骨"，这都是一步步的功夫，松透了以后，气走膜络经脉，不走皮肉筋骨。

到了这一步，就可以说后天返先天，有了真正的"先天自然之能"。我们说，太极拳就是做减法。老前辈说，练太极拳不叫练，叫"丢"，丢到最后，把所有不是太极拳的东西都丢掉了，那就是纯太极拳了。

　　李亦畬先生是个有学问的人，有学问又有功夫，有理论又有实践，才能把一篇枯燥的拳论写得这么文采斐然，才能把拳论写得这么透彻。关于李亦畬先生，我们在《吴式太极·南湖传习录》中讲过他和山东镖师的故事，这里就不重复了。

　　这只是我们的一点粗浅体会，未必是先生的原意，仅供参考。

我的恩师是马长勋马老，马老的师父是刘晚苍，师爷刘晚苍最初是师从刘光斗先生。刘光斗先生英年早逝，所以刘晚苍先生实际上从王子英前辈那里学的东西更多。机缘巧合，马老也找到了王家，他的推手风格，更像王子英和张继之两位前辈。所以，师爷、师父传承的，本质上都是王家的东西；而我们这一支学的，有很多也是王家的东西。

我在整理《吴式太极·南湖传习录》的时候，最感慨的，就是马老的一句话。马老在谈到王子英前辈去世的时候说："再也没有那么好的手了。"我还做过一个梦，梦到王子英先生还健在，我哭着说："王子英先生明明还健在，你们为什么说他死了呢？"从梦中哭醒，泪流满面。

不知道为什么，我对王家，对王子英先生，有一种特殊的情感，我总想去探寻这位"隐士"的事迹。但可惜的是，王家几乎没有留下任何的拳论、文字，仅有几张照片，一段疑似视频，给我们留下许多想象空间。

王子英先生是个什么样的人呢？他的功夫到底是

什么样的呢？如今，我们只能从马老在不同时间、不同地点的讲述中，透过那些斑驳的记忆碎片，想象一下当年王家的风采。

马老说："王子英先生那个东西真绝了，外头你根本就看不见。就往哪儿一站，一个晚上，脚不带动一个韭菜叶的。你就挨不得，你怎么按就怎么出去。人家也不前仰后合，不摇头晃脑，就像钉在那儿一样。"

马老见过的吴式拳第三代传人可谓不少，但谁也没有王子英先生那个东西。张继之先生、杨禹廷先生、李文杰先生得的都是王家的东西，但是，王子英先生的东西，才是最妙的。

## 杠杆力

"他的手往那儿一搁，你的手一来，你得压着他吧，你只要一压，你就出去了。他用你的劲，让你出去，特别轻，特别巧。他一拨你就得起来，根本站不住。这个劲，就这么巧。他的肘、肩、臂那叫一绝。你只要一压就上当，倍儿简单，这就是王家的杠杆力。"

这段话是马老的，话中的"他"就是王子英先生。马老说，王子英先生要求他们，这一个杠杆力要有无穷无尽的变化，一个变四个，上下左右都得有。等练会了，就拿出一个来，再变四个。上下左右，这就十六个了。从这十六个当中，再拿出一个来，再变四个，这就六十四个了……

马老说，这么好的手，现在见不到了，现在都是插胳肢窝顶回去。"王子英先生那小劲儿太妙了，我就没看见过第二位。张继之仅次于他。杨禹廷先生是'小'，轻极了，根本就摸不着。但是并不像有些人说的那样，和杨先生一摸手心脏像要蹦出去一样，哪有那事啊！人家老先生劲儿柔和，就没有那种狠劲儿。我们说话要实事求是，不要神化古人，也不要欺骗后人。我们刘老师叫'快手刘'，你要俩手往上一按，刘老师双手一分，当一下，就把你打出去了，打得人心惊肉跳。要是王子英先生呢，你挨上就能感觉到他是软的。他们的风格是不一样的。"

## 沾手即发

"沾手即发"是吴式拳的特点，而这个"发"要做到"无形无象"。"沾手即发"是从宋书铭《授秘歌》中变化出来的手法，经过吴鉴泉、王茂斋、郭芬"老哥仨"的十年磨砺，已经融入了吴式拳的血液中。

"我手去的时候，他手一立，就立马打回来，手一抬我就站不住。"这是马老的描述，我们从中可以想见王子英先生当年的风采。

这种手法，几乎看不到接、化、发的动作，两个人一搭手就分开了，所以叫"沾手即发"。第一手，其实是在搭手的一瞬间，王先生就已经打了过来，这是"实"；第二手，王先生在对方进攻的一刹那，"空"了对方一下，就把人"粘"起来了，这是"虚"。虚虚实实，转换随心。

这些动作都太快了，快到我们只能看到人家一立手、一抬手，自己就站不住了。能做到这一步，是因为我们的动向都在人家的掌握之中。这个境界就是拳论中讲的"人不知我，我独知人"，你到了这一步，才有可能做出来。

"你推我的时候，我给你发出去了。再来，你听着我的劲儿，我刚要发你的时候，你把手、接触点都松开，别推我，你一放松，我自然就起来了。这个劲儿妙不妙？王家、刘家练的都是这个劲儿！"

## 西山悬磬

"西山悬磬"是《授秘歌》中的口诀，各种解释很多。马老说，其实没那么复杂，就是听劲儿听得灵，就像磬一样，不碰没事，一碰准响。推手，你一沾，他就知道。

王子英先生就有这么灵。

"打着轮，我手过去了。你觉得合适了吧？但是你只要一推我，你就上当。那个巧劲，你绝对想不出来。咱俩推手，我崩你的时候，一抬手，你就起来了。但是这路手法朝王子英先生使就不灵了，我一抬，人家就还回来了，就把我给发出去了！起码发出去一两丈。怎么扑棱，他都不用使劲儿，抬手我就得走。人家（王子英先生）比我听的准得多得多！你在外头哪见过这个东西呢？"

"听劲，你怎么变，人家都在你前头。王家的听劲儿，那叫绝了，也不管你有多大力、多快。看着他没有，实际都有。"

这段话是马老对我说的，因为我学得实在有点笨。我觉得我们已经松得很好了，但马老说，你们这胳膊都太硬。

一搭手，你胳膊不驮力，才能听人家的劲。

## 阴阳虚实

拳论上说："虚实宜分清楚。"宜，是恰到好处。死用力、死用意，都不行。如刚才讲到的手法的虚实转换，马老说，两个手指头都可以分出阴阳，就可以让人"起来"，让人站不住，要是不分阴阳，或者分不出来，分得不对，用得不对，那就不行。其实不用两个手指头，只要挨一个点，都能分出阴阳。

马老讲的，正是王家的巧劲。

"一个大指往上挑了，另一个手指头按得轻，这两个手指头就分开了，这样你就出去了。王家之外，根本就没有这个。"为了把这个讲清楚，马老给我边做示范边讲解，可惜我没有录像的习惯，当时我是明白了，但我很担心时间一长我自己看这段话会不会都变糊涂了。

这个原理是什么呢？两个接触点，两边都一样，"我这边多少点一点劲儿，这边就'重'了，然后拿另一边。这就叫分清阴阳、分清虚实。两只手就像弹钢琴一样，这就叫形于手指。"但是这还不算完，马老说，然后还需要再综合。"这边按，那边放松（走的一方）；那边按，这边放松。听劲儿就是听这个，人家不给你劲儿，你就给他问一点儿。"

这是个巧劲，劲儿要小，你使大力反而不行。马老说，你多大力量、多快，你也用不上，我们这边都是软的，软到没有。在单摆浮搁的情况下，稍微一点你就得走。"你按吧，你使多大劲都按不动我。乐乐呵呵跟玩儿一样。"

要练到这一步，身上都得松出来，外形只剩下手指在动，其他都在里头动。马老说："我到王子英先生这儿，我要推手，只能顺着他这个劲儿拨，在另一个点上点他。要是直着穿，一点儿用都没有。"

"这才叫推手，这才叫王家的玩意儿。"

## 搭手半边空

吴式拳有一句话："搭手半边空。"什么意思呢？马老说："两手干俩活，手不帮倒忙。"

所谓"一心不能二用"，一般人两只手干一个活还干不好，而我们推手，却要两只手干不一样的活。一般人都是两只手做一件事，两只手去完成掤、按等动作。但是王家的推手就不一样，比如：左手掤，右手按；左手采，右手掤或者捋。到了高级阶段，两个手都是同时用。这个手问，那个手答。

马老说："王家那些老前辈，都是两只手做两件事。一只手问，问出劲来，另一只手稍微用一点力，对方就站不住。"

一般的推手，是用两只手做按的动作，对方如果不让按，两个人就顶上了。要是两只手同时分别做功呢，一只手按，对方一接这个劲儿，这个手就不动了，另一只手一按对方，对方就出去了。

我们的接触点好比是个车轴，它可以360°旋转，但不能动。有了轴，就可以拨轮，所以我们另一只手怎么转都行。要点是不能离开车轴，还不能有力，贴住的手不能断，然后松腰，避其实，击其虚。马老说，这就叫"指上打下不费蜡"。

这种手法，又省力，又好用，又舒服，变化无穷，不过就是"学不会"。

两只手做一件事，要做好已经很难，两只手分别做事，当然也更难练。这不仅靠练，还得靠动脑子。因为两只手同时做不同的事，就有了真真假假、虚虚实实。

马老说："现在推手，都是俩手办一个事。我是两只手办若干个事，十个手指头都能用。手上分出阴阳来，就能变化无穷。你们看的那些录像，揪过来、揉过去，一站俩人就顶上，是错的，千万别学。"

这个原理弄明白了，功夫上身了，就越练"越小"，两只手可以分别做事，那么一只手呢？一个手指头呢？是不是也可以各自做事呢？

马老说："一只手，侧面行不行啊？手指头点一下行不行啊？都要悟。一只手变化若干，也得悟。你推我肩膀一下，这里头变化有多少？膀子这一圈，都是手，上下左右是一个整体。你拿一个手指头，随便点我脊背、胯骨、侧面都行，我一化你就得走，你怎么使劲、使多大劲，都摸不着东西。这就是非一寸不太极，这一寸里头，都能化，都能发。有了这个，你再盘架子，就有意思了。"

一个点里头，要能做两件事。"螺蛳壳里做道场"。

## 失空斩

"失空斩"是三出戏《失街亭》《空城计》《斩马谡》。这里就用其字面意思。俩人推手，你上去一按，你就"失"手了，你就起来了，站不住了，等于被"斩"了，因为对方是"空"的。

这样的推手，在王家是常有的事。这就是王家的"空劲"。

这个空劲，不仅要听得准、空得透，还要时机把握得非常准确。"要听好，刚好在他推你的时候空他，他就失控了。"

这个动作可大可小。动作大一点，手就抬起来；动作做小了，手心一空，人就起来了。因为外人看不出来，就会觉得跟假的一样。

马老说，这在一定程度上是精神作用，是你自己跳起来的。这个劲儿要恰到好处，他慢慢推，推到你的中心了，你将要顶的时候，他一抬手，你这个要顶的劲就落空了。他听出你要顶了，他一松，这叫"黏"。

好像把你粘起来了，其实是利用你的反作用力。

这种手法，练好了，手往对方胳膊上一搁，不动窝，他就能起来。"有劲你也出不来，想跑你也跑不了，就这么黏着你。彼有力，我力在先，彼无力，我意在先。你一搭手，没有劲，因为我的劲儿早就过去了，你只要动弹就得出去。"

## 辘轳手

辘轳手是王家独有的"绝技"。

据说，这个劲是王茂斋先生悟出来的。有一年，王茂斋先生回老家，看到人家浇菜园的辘轳，心有所悟，于是把它放到推手里，成了一绝。

这个劲的名字叫"辘轳手"，确实有点像摇辘轳，是个"小劲儿"。要画一个圈，你推到我身上来，我画一个圈。或者说，先要一下，然后松开，再打。这个劲的运用要特别注意节奏，开始的时候是一个假象，起到麻痹对手的作用，让他感到没有危险，然后突然打出一个小劲。说白了，就是"吃下去，返回来"。

马老说："刘老师教过我这个劲，就这么一下。没有身法、身法不合，就出不来这个劲。动作要轻，也是不能使力。要是带着力，你一动人家就知道了。而且这个劲往人身上使，不好使，要在自己身上用。就跟摇辘轳一样，自己画一个小圈，擎着点，一按，他必然往上拥，让他落空，他一愣神的时候，唰的一下子。"

马老做过一个示范，他用手轻轻一按我的胳膊，但是一按就抬，他一抬手，我就不由自主地跟着抬胳膊，这就有了一个反弹劲，但是辘轳手打的就是这个反弹劲，抬要抬得干净，但是还不能离开，必须随着，辘轳手的道理很简单，要做出来却很难。

没有那个功夫，没有松得那么透，天天让你看，告诉你这是绝招，你也学不会。看着别人用很轻松，自己一用就不灵。

辘轳手用得最好的是张继之先生。马老说，"正因为他用得最好，王茂斋先生单给他编了一趟架子，这趟架子里头都是圈。他这趟拳在外头不练，但给我们练过。他说，我这个架子跟别人不一样，这是老爷子单给我设计的。他的动作中老有这个劲，一搭一化，'呛'就是一下。全是小圈儿。这些小圈儿，你看着是手，其实都在腰上，你多大的力气也架不住他这个腰。"

## 无尽意

这里总结的只是马老平常说过的、被我记住的几个主要特点。王家的手法还有很多，我可能没有听过，或者听过而没有记下来。

比如"滚手"，往上翻，左右转，把方向全都变了，不是只有"推"。其实在吴式太极拳中，只有一个"如封似闭"是往前按，其他的势子都是往边上去的。

还有"撒手"，对方来了一个劲，你稍微给他添一丁点劲儿，然后一下撒干净，对方自己就跳起来了。但是，名字叫"撒手"，光动手可一丁点儿也不好使。你听出劲了，拿腰一迎他，给他添了一丁点儿劲，然后往下一松腰，注意不是往下蹲，而是往后撒。错一点儿都不管用。你要不添那一点劲儿也不行，要添上一点，才能"引蛇出洞"。这也是听劲的艺术。

最难的一手，我给它起了个名字叫"敲鼓手"。一接手，啪一下，就把人"拍"起来了，就像敲鼓一样。

在王家，有一个禁忌，就是推手绝对不允许攥对方的胳膊。手要练灵活，一抓就"死"了。马老说："王家绝对不许像摔跤那样攥胳膊。就这么单摆浮搁，我一转就能拿你。推快了，你一挨着我，我就打了。这是王家的小手法。"

马老说："我现在教你们的都是王家的东西，头二十年教的都是刘老师的。"

要学王家的东西，就要掌握王家的精髓。

王家的精髓不是这些手法，而是放松。

搭手一定要轻，有轻才能有灵，有灵才能有变化。比如，马老说："我要打算拿，这边给你一点劲儿，那边拿你。要打算发，先按再发。要打算不发，按他这个，这个手立起来就是手，返回来就发。"

这些手法，练到高层次，就是'形于手指'——你身上都有了，就表现在手上了，就没有了前仰后合了。

马老说："王子英先生一站就跟钉子一样，一搭手，你就只能围着他转。这得有了身法以后才能做到。不往对方身上使力，就是自己动了一下。这才叫推手，这才叫有玩意儿。不往你身上打，你也能起来；自己膀子一画圈你就起来……"

所以，要继承王家的东西，马老说，一定要松开了，相信放松，别含糊。推手不用去"推"人家，也不要怕他不走。一定要记住这句话：人家不让推，绝不推人；对方喜欢推，随便推。

马老说的这句话看似平常，其实内涵很深。你推人家，谁会让你推呢？本能地就会保护和反抗，一个要推，一个"不让推"，俩人就顶上了。那么我们换个思路，既然你不让我推，那我根本就不推你，一搭手，单摆浮搁放在那里，让你没着落，摸不着、猜不透。人对未知的领域才最恐惧。所以，我如果这时候突然撤了，你就会在潜意识中恐惧和失控，就会站不住。这甚至不需要多大的功夫，只是一个技巧，用意不用力。练熟了，连意都不需要。反过来，你喜欢推我则随便推，你推我，我才好借你的力。

听劲懂劲，顺人之势，借人之力，这是太极拳的要求，并不是吴式拳的独创，也不是王家自己的理论，王家只是忠实地实践了这个理论，让王宗岳的《太极拳论》在自己的手上完美地演绎了出来。

以武演道，这是王家的精髓，也是王家留给我们的最大财富。

附录一

## 一个念头

在去年 10 月"西行访道"的时候，我曾对明心师兄说，我已经决定放弃推手了。既然总是学不会，又何必在这上面耗费时间呢？回来之后，马老叫我写一本关于推手的书。我说，这个太难了，我自己都不会，肯定是写不出来的。

不久，我突然觉得自己"懂了"，也就是开了窍了。当时，我并没有告诉任何人，甚至自己都不太相信。因为在此之前，我曾经有很多次，觉得自己"懂"了，但过不了多久，就又否定了自己。马老的层次太高，在他看来，我的这些"都不对"，我也无法验证自己的"懂"是否有意义。

又过了一个月的时间，我觉得自己这次是真"懂了"。这个"懂了"，即是"懂劲"了，或者说"开窍"了。如果我说自己"懂劲"了，那么肯定会招致很多嘲笑与轻蔑，但我左思右想，觉得还真没有比"懂劲"更合适的形容词。

于是，我给了自己充分的信心 —— 我"懂劲"了。

"懂劲"是什么感受呢？我知道了推手的靠近核心的东西就是那么一个东西。我明白，这个东西不是"练"出来的，尤其不是苦练能练出来的，和盘多少趟架子完全没有关系。恰恰相反，自己以前不懂劲，正是因为只知道傻练，而没有去"用心领悟"。

懂劲之后的感受是喜悦和平常，既高兴，又觉得很"平常"。从此之后，再练拳、再推手，每次都有进步。而以前，虽然练，但只不过是原地转圈圈，日复一日，毫无进益。现在的感觉则是"苟日新，日日新，又日新"。

我对马老说，老实说，一个月前，我都准备放弃推手了，现在，我觉得自己又有信心了。马老说，不仅你这么说过，你的某某师兄以前也这么说过。

其实，马老也在思考这个问题。为什么这么多学生，跟了自己这么多年，进步还这么慢，是不是教学方法出了问题？马老思考的结果是，太极是道，"道生一，一生二，二生三，三生万物"。站桩是"一"，混沌未分，阴阳未判，混而为一；一生二，有了阴阳，可以看作从桩法生出了套路；二生三，可以看作从套路变化出了推手；三生万物，推手的技巧千变万化、无穷无尽。按照常规，都是先学站桩，再学套路，最后学推手。按照"反者道之动"的原理，不如先学推手，学会推手了，再学盘拳，拳里就有东西了，最后学站桩，这个桩就成了养人、养手的东西了。

这个想法和我的是接近的。我的想法更加简洁、直接——选择几个人，在一个特定的时间里，"以心印心"，我怎么懂劲的，我就让他怎么懂劲，不必像我这样转二十年的圈子。

这是内心闪过的一个念头。

## 选人

我是一个有了想法就会付诸实践的人。

首先，我规划了培训实验的时间。我觉得三天就够了，再长，我没时间，别人也没有时间。地点，就在我家及附近我练功的场地。

其次，是确定人数。这是一个比较麻烦的事情。人不能太多，太多照顾不过来，因为每一个都需要自己"喂手"；也不能太少，如果只有一个人，两人都会太累，不能轮流休息。所以最多三个，两个最好。

最后，最麻烦的，是如何挑人。

这个人，必须对我有信心，对他自己有信心。虽然网上经常有人表示要来学，但是我明白，人家是想跟马老学，并没有拿我当老师的意思，对我并没有信心，就是来试探一下而已。如果对我没有信心，这么短的时间内完成这个"以心印心"的过程是不可能的。

最好不要和我太熟，因为我以前啥水平，大家都清楚，你凭什么突然说你懂劲了？你现在也不咋地呀！这样的想法，在所难免。而且，以前大家都是朋友，互称"师兄"，现在我的教法，不是朋友之间的教法。

春节前，我从比较熟悉的朋友中选了三个人，嘱咐他们谁都不要说，咱们秘密做个"实验"，看是否有效。三个人都很积极，但是积极性维持的时间很短，很快就没有了音信，所以我基本上准备放弃了。

就在那时，一个偶然的机缘，两个学生闯入了我的视野。他们的共同点是，直接表达了向我学习的愿望。于是我试探着教了他们一点，告诉他们，你练的错了，要按我的练。这是一个"坎儿"，一般而言，如果对你没有足够的信心，谁会因为你的几句话就舍弃自己练了多年的功夫，而改练你教的这个看起来毫不起眼的东西呢？但是，这两个人很认真。

秦皇岛的殷先生是先来的，按照我教的桩法站桩，很认真。山东临沂的郑先生是后来的，我也从桩法教起。没想到这两个人教什么练什么，叫怎么改就怎么改。有那么一天，我就忽然动了让他们参加这个实验班的念头。

5月11日，我建了一个小群，把他俩拉到一起，告诉他俩好好配合，争取6月份来北京3天，系统学习。

这个小团队，就这样组建起来了。

## 准备

第一，我在实验班里要求，平时大家是朋友，但是培训那几天，一定要拿我当老师看，也要称呼"老师"，否则难以收到效果。但不必叫"师父"，只有正式拜师之后才可以叫"师父"，现在称呼我为"老师"即可。"老师"是一个通用的称呼，我在单位里也常被这样称呼，比较习惯。这两个学生都比我岁数大，叫我"师父"，我还真有点别扭。

第二，是布置作业。作业其实只有三个：一个是唐代李翱的典故，一个是黄庭坚闻木樨花悟道的典故，还有一个是《六祖坛经》的"行由品"。前两个典故要在培训的时候讲给我听，最后一个只是需要熟悉一下。

第三，我微信公众号上的文章，要看。我的文章不多，看起来没有什么压力。他们要知道我在想什么，这样才能建立起沟通渠道，否则我说的话是什么意思他们可能都不清楚。这两个学生都认真执行了。

第四，按我的要求站桩。我把桩法分成了很多次第，一步一步系统地来站。

第五，这段时间，不要听别人的，也不要学别人的。以后随意，但现在不行。别人说的，可能是对的，但是都会干扰对我所要教的内容的学习。要听我的，这段时间，相当于一个封闭教学，目的是建立师徒之间的信息沟通渠道。

很快，殷同学的站桩已经到了第三步。郑同学来的晚，但站桩很下功夫，进步很快，学到了最重要的第二步。两个人都可以来北京学习了。

郑同学上班比较忙，殷同学已经急不可耐。于是，我说，既然如此，不如在端午节三天假期来学吧。

来之前，这三天要学什么，他们毫不知情。他们做的最正确的事就是，不该问的不问。

还有一件事是他们不知道的。端午节三天，正是我辟谷的第33、34、35天，而我辟谷的期限是七七四十九天。

## 端午节

第一天，是最重要的一天。

他们俩都是提前一天赶到的。殷同学下午就来了，还带了口味不同的两种山海关大樱桃。来之前，他们并不知道我在辟谷，但这些樱桃我正好可以辟谷的时候食用。

6月6日下午，我和殷同学聊了一会，聊天内容并不涉及教学内容，然后带他到郊野公园的练功场地转了一圈。因为郑同学很晚才能到，我嘱咐殷同学第二天上午8点左右，带郑同学直接到练功场地等我。

6月7日，端午节。我照例打坐、观修、鼓腹练气，完成后才到练功场。他们5点多就来了，先站桩，又练了他们以前会的拳，回去吃早饭，又来到这里，互相看看站桩姿势是否正确。

我先看了他们站桩，稍作纠正。他们说，站桩之后，练拳特别舒服，觉得自己大有进步。我看了看他们打的拳，告诉他们不要练了，都是错的。大约10点左右，我们仨一起到我家，我开始正式"授课"。

这是我安排的唯一一次正儿八经的"课"：先抽查我布置的作业，让他们分别讲了一个典故，然后从这些典故开始讲起。

每个人都有自己的想法和风格。我不仅练太极拳，也学习儒道释经典，所以，对我来说，太极拳只是我修习内容的一个部分，要学好这个东西，必须要有一个更加宏大的视野，不能局限于太极拳本身。

从某种意义上讲，这大约两个小时的课，更像一堂"禅课"。我只准备了一个大概的思路，并没有"备课"，所以，所讲的内容都是"随机"的。但核心是明确的，他们必须明白"懂劲"的意义、"懂劲"与佛家"开悟"的关系、"懂劲"与"戒定慧"的关系、渐修与顿悟的关系，等等。

《悟真篇》里有一首诗："始于有作人难见，及至无为众始知。但见无为为要妙，岂知有作是根基。"这首诗，我在讲课时提到了，并且后来把前两句写在了郑同学的书上。他们两人各准备了一本《吴式太极·南湖传习录》让我签名，我给他们每人题了两句丹诀，都出自《悟真篇》。

这堂课效果是很好的，互有问答，应机设教，看似漫无边际，其实都和太极拳有关，都和我们要讲的"懂劲"有关。

中午天热，他们回酒店休息。下午 2 点半左右，在家继续上课。这段时间外头仍然有暑热，所以先在家教学。因为我们这次最重要的内容是"懂劲"，不能在别的内容上耗费心思，所以我根据他们的身体状况，选择教他们"观鱼法"。这是我从陈全林老师那里学来的功法，简单有效，一说就会，不需要特别记忆。

桩法继续教了一个"开合"。之前殷同学学了桩法的"无极""升降""横摆"，郑同学只学了前两个，为了"补齐"，我已经让殷同学教给他了。现在他们的进度就一致了。"开合"与套路的关系很大。当时，我还没有决定是否要教他们套路。我的想法是，如果学得好，套路可学可不学；如果学得不好，就教起势、揽雀尾、单鞭、收势等内容，不至于让他们空手而归。

理论讲完了，该"试手"了。所谓"试手"就是试着去"推手"，也就是训练他们的身法、进退、听劲，这些都明白了，能做出来了，就"懂劲"了。

太阳已经不那么强了，"试手"就在公园进行。一开始，他们推我，我做示范，告诉他们怎么接、怎么发，然后我给他们"喂劲"，熟练了之后，他们互相"喂劲"。

我的要求是：推手的时候一定要慢，甲方要慢慢体会对方的劲是怎么来的，自己怎么接的，怎么落地，怎么发，怎么和站桩结合起来；乙方的"喂劲"很关键，要均匀，要给对方"好球"，而不是要"赢"对方。对方发力的时候，不能跑、不能丢、不能化，更不能借机发对方，而是要承接对方，体会对方的劲是对还是不对，在退的时候保持身法，退身之后把这个劲的好坏以及自己的体验告诉对方。这就是"一问一答"的训练方式。

大部分的时候，我都是在做"乙方"。在这个时候，"喂劲"的乙方最关键，如果乙方胡来，就会前功尽弃，什么也练不成。

殷同学虽然也练过二十四势和吴式拳，但学的时间不长，也没有推过手，所以，干扰很少，进步很快，很快就能做出来，并且成功率还比较高。

郑同学的拳练得比较"好看"，时间也长，杨式拳也会，陈式拳也练，两家的推手也都会、也都练，就有些麻烦。松不下来，是两个人的通病，这在所难免。郑同学接手就下意识地后撤，这是某式拳的习惯；身法不正、容易侧身，还乱动，这是某式拳的特点。眼看殷同学已经"上路"，郑同学还"一窍不通"，而天色已经不早，我顿觉火气上炎，口干舌燥。我平时上公园不爱带水，也不渴，可是这一下只觉得焦渴烦闷。

正在准备放弃的时候，郑同学忽然做对了一个，我心中大喜。接着他又做对了第二个、第三个……顿时，我心情大畅，果断收工——见好就收，不要再练了，先记住这个做对的感觉最重要。

本来想直接回家休息，但心情大好，我说，陪你们去吃饭，你们吃饭，我吃水果或者喝点饮料。吃饭的时候，我点了一盘"水果沙拉"，告诉服务员"只要水果，不要沙拉。"服务员很高兴地去了。

这里有个小插曲，晚上，我正上网，忽然一个朋友给我发来了一段王茂斋和王子英练剑的视频，我激动万分。心想，这是有缘啊，如果不是这次"小禅七"，我可能正在写王子英先生的纪念文章。有句话真是经典，"世界上所有的偶遇都是久别重逢"。没有什么事情是偶然的，明心师兄说，一定是你做了让祖师爷高兴的事情。我想，可能是的。

此事，后来写成了那篇《依稀梦里似曾见》。


## 收获

第二天的收获非常大，这是事先我没有想到的。

我到的时候，他们已经在推手了。他们告诉我，昨天晚上，他们一直练到11点，晚上做梦都在推手。今天早上已经练了好长一阵了。

我最担心的是，他们会忘记昨天的感觉，或者自己琢磨的时候会"走偏"。试了一下，感觉他们基本记住了，存在一点走偏的情况，但不严重，很快就得到了纠正。上午我去之后他们练的并不是很多，因为我去之前他们已经练了很长时间了。我们要的是那个感觉，是要靠"体悟"而不是靠"傻练"。练多了，一个直接的不良后果就是肩膀会僵硬，肩膀一硬，就什么都谈不上了。

既然推手已经"入门"，于是我就教了他们太极拳的起势和收势，这其实包含了最难练的四个劲，只要记住就好。揽雀尾需要记忆的东西太多，所以没讲。

下午，和他们聊了很长时间，佛家的理论、道家的功夫等，天南地北扯了很多，内容既不离功夫，又开阔视野，还放松身心。

聊天的同时，我还教了他们太乙铁松派的"混元一气桩"，还有一个极为方便的"揉球式"。这样一来，他们回去就有的练了。我在讲述的时候，下意识把太乙门的东西和太极拳合在了一起，忽然心中一动，在祖师爷像前行了礼。我想，这是对"法"的尊重。

下午练的时间不长，期间看到郑同学的习惯性毛病比较难改，就用肩膀去接他的推手。他忽然心有所悟，一时间竟然连做了几个"好手"，毛病一时不见了，大家都特别高兴。

2019 年 6 月，两位同学在练习推手

两天来，我所讲的内容，几乎都是"应机设教"。原来设想过，第一天教啥，第二天教啥，但是除了第一天上午的"禅课"之外，其他的教学内容与我设想的都不一样，以至于后来我也不再看自己列的那个提纲了。

设想是设想，实际是实际。要按照实际需要走，而不是固守什么提纲、计划和设想。只要目标达到了，一切手段都是合理的。

我曾经和他们说过，如果练得好，带他们去见马老，如果练得不好，就算了。看到他们的进步这么大，我当即给马老拨了个电话，电话里说，我想明天带两个学生去看他，请他看看我们这两天的训练成果。马老很高兴地同意了。于是，这俩人就更高兴了。

还有一个更加意外的收获——俩人都把烟戒了。俩人都抽烟，但俩人知道我不抽烟。于是，郑同学来的时候就没有带烟，也没准备抽。殷同学知道后，决定立即开始戒烟，于是郑同学说，他也戒烟。殷同学第二天一天没抽烟，他说竟然没有一点儿想抽烟的想法，自己都觉得神奇。

我说，戒烟好，戒烟之后才能学习"闭息鼓腹法"。否则呼吸越练越深长，抽烟的危害也就越大。

这两天，我说的话实在太多了。因为需要不断指出每个劲的好坏、方向、落点，等等，不说话是不行的。自从去年年底在家闭门潜修，我一个星期也说不了几句话，这两天似乎是把半年的话都说了。于是，嗓子开始疼了，下嘴唇也肿了。话真说多了，喝多少水也不管用。"开口神气散，意动火工寒"。

晚上，我没有和他们一起吃饭，不想再说话了。睡觉的时候，是含着清咽滴丸睡的。


## 毕业鉴定

休息了一夜，嗓子不疼了，下嘴唇的肿也消了一些。

第三天上午练的时间不多。我说，你们已经初步"懂劲"了，这半年多的时间里，重点是放松和"保任"，莫失莫忘。以前学的东西，最好不要练了，容易造成干扰。

我们拍了几段视频，有我和他们"喂手"的，也有他俩互推的。我发给了马骏师兄，请他看看，也请他转给马老看看，也希望如果下午他能来，就一起看看我们的"短训"成果。马骏师兄看过视频之后说，不错啊。但是，他下午有事，没法赶过来。

我们合影留念，还请人给我们仨合照了一张，这次培训实际就已经完成了。

刚到家，这两人又赶了过来，要给我洗车。下午去马老家要用车。我的车好久没开了，车身上都是泥点子，他们擦得很认真，尤其是殷同学，觉得哪有我这么简单擦的，实在太"不专业"了。我说，这种事不必太认真，差不多就行了，擦再干净最后还是会脏的。

因为怕去晚了，所以下午他们来得早，我们出发得就早。路上很顺利，到的有点早。想到郑同学练别的拳，把膝盖练坏了，经常疼，我就在路边把陈全林老师教我的"独立抱膝桩"教给了他们。我们在楼下聊了一会儿才上去。见到马老，这两人显然有点激动。

我先和马老聊了一点别的，然后介绍了这俩学生的情况，请马老看他们表演推手。我先和他们每人推几下，又让他们俩自己推。他们有点紧张，特别是郑同学。但是好在发挥了正常水平，没有走形。

马老很高兴，说："谁能相信这是只练了三天的？"

马老对我说："你跟我这么多年，有经验。通过新方法，使大家进步更快，这很好。"他说，都说"太极十年不出门"，如果方法不对，一辈子也出不了门。太极拳难在换力，换力就是归元，就是回到"骨软筋柔"的婴儿状态，"专气致柔，能婴儿乎？"神意气合一，柔软松静，练的才是太极拳。挂着后天的力，再练也不是太极拳。"极柔软然后极坚刚"，极柔软的时候就是小婴儿的时候。

在我和殷同学推手的时候，马老评价他说："你看这劲多好……不错，非常好，你才练几天呀？就练懂了，你这个练懂了，你就得着了，否则你练一辈子也不知道练的是什么。"和郑同学推的时候，我说这个同学毛病稍多一些。马老边看边说："可以、可以，别使胳膊，往下松。挺好的。真不错。"在他们两个互相推的时候，马老说："这多好！这样弄个三年二年就出来了。不错，腰得往下松一点。要说你们只练了三天谁也不信！有的练好几个月俩人还较劲呢。别使胳膊，等内外都有东西了，再用胳膊，现在不能用，就培养身法。"

推完之后，马老勉励他们跟着我好好练："'初正则终修'，找一个最正确的，一练到底，才能练出东西。今天看张三好，明天看李四不错，满世界'串笼子'，往往到最后一无所得。现在这路人非常多，到处访，什么也得不着。王子鹏这个对不对？他对在什么地方？认准了，他要是确实对，就跟着他学到底。三年换五个老师，什么也得不着。"

马老告诉他们，回去要有伴。"还得有好的教练，交给你方法，给你各种难度的球。乱抽，能抽出个庄则栋吗？现在有些人刚学了半趟拳，俩人就撕扒上了，越撕扒越僵、越聋。推手没有擒拿，抓拿摔打都没有。推人也不是往人身上推，是在自己身上用，让对方非常舒服，一点痛感都没有，那才是太极拳。"

殷同学每天早上都要读一遍《吴式太极·南湖传习录》后面马老写的《身法歌》，但马老说："别看我那个，那是多少年前写的顺口溜了，背下来也没用，要看王宗岳的拳论。"

马老勉励他们："回去要带几个人，要不然没法练。他教了一个挤手，肩肘胯腹背胸都得操练，慢慢的把身法都操练出来。要真正按这个方法去练，二三年时间就能成功，就能玩得挺好……'松如无骨软如棉'，你能做到，对方就摸不到你的中心，你搭手就能了解对方的缺点。别人硬，你也硬，那你怎么了解对方啊！要是用意不如用力，那古人为什么提出'用意不用力'呢？古人傻吗？……"

从马老家出来，这俩人还激动不已，因为马老不仅说了这么多道理，还和他们每人都推了手，这是他们最初没敢想的。

随后，我开车送他们去四惠附近。那个地方路不好走，导航也变来变去，绕得我都晕了，最后干脆不听导航的，花了老大工夫才把郑同学放到了四惠交通枢纽。至于北京东站，我实在找不到，把殷同学放在了附近。后来，殷同学告诉我，那个地方车确实进不去，只能走进去。

三天的培训，至此圆满结束。

这个时候，我才发现，嗓子都肿了。


## 机缘

培训第三天的时候，他们俩问我："老师你以后还会组织这种培训吗？"其实，我在第二天晚上的时候，就想过这个问题。我说，除了答应过的，恐怕不会了。

这三天，对我来说，实在太累了。

这种培训，是一个"以心印心"的过程，需要不断地体察学员推手的劲路，不断地研究新方法，不停地说，不停地做示范……而且，学员给的劲，往往很不好，接在身上，很不舒服。

这不像和马老推手，越推越舒服。2016 年 9 月 17 日，那天拜师仪式之后，刘玉津师兄组织大家去刘少白先生居处推手。此前一年我的膝盖偶尔既疼且冷，应该是累积的风寒及伤损作祟。那天我的膝盖疼得厉害，但那天胜友如云，我不好意思拒绝，只能装作无事。推手的时候，马老点名让我过去，我也只好硬着头皮去了。马老上来就是一个"惊弹"，我嘭地跳起来，然后又啪地落下来，心想，肯定坏了。没想到站稳之后，膝盖竟然不疼了。我很惊讶，而且推了一下午膝盖也没事。晚上，少白先生请饭，直到饭局将终，大约 9 点了，我看膝盖再也没疼，才对大家说起这事儿。

马老当然不知道我膝盖疼，他推手也不是为了给我治膝盖，只是我们两个无意中的发劲极其相合，马老的劲给我"打透了"。马老松得透彻，才有这个能力。和"生手"推，就很别扭，有些劲不小心就会留在身上，很难卸掉。如果松的不够，听劲水平不够，这些是感觉不到的。虽然感觉不到，但它的危害依然存在，等你能感觉到了，它就成为某种

"病"了。听劲好的人，会很早就感觉到不舒服，要自己想办法把它卸掉。

这种类似"打禅七"的培训，有点像我们施工中的几个小时改造一座车站、旋转一处桥梁，我们看到的是几个小时，但前期的准备时间实际很长，准备工作周密而复杂。所以，对学员的选择、事前的培训，都很重要。

这次能取得成功，最重要是前期的培训比较到位，培养了师生间的信任与信心。我让他们读的经典，他们都读了；我让他们按我的要求站桩，他们都超额完成了；我让他们看我微信公众号上的文章，他们都看了……所以，我说什么，他们很快就能了解。我讲课涉及的内容比较复杂，但是我近期写的文章，肯定是我近期的思想，这些文章的内容，我在讲课中的引用率也很高。有些内容看似和太极拳无关，但是一旦讲课的时候提到，就有关系。

当然，最重要的一点，我们双方，都有一定要取得成功的强烈愿望与信心。我想，这是最重要的。

那么以后怎么办呢？我想，最好的方式，就是"日常熏习"。慢慢来，我不累，你也不累，大家都别着急。如果非要集中培训不可，要求别这么高，一两天就行，我不想再把自己累着。

实验已经取得成功，事实就足以说明问题了。

只是，这种方式，难以大量复制。

机缘往往只有一次，失去了，就没有了。

王子鹏

2019 年 6 月 21 日

附录二

人与人之间是有感应的。所以，很多事，要么不来，要么一起来。

结束了为期三天的"小禅七"，我感觉很疲劳，准备休息一下，写几篇微信公众号文章，然后好好整理一下这几天的心得。

但是6月13日（周四）的下午，原来"实验班"的宋女士忽然来了微信，问我周末有没有时间，能否参加培训。宋女士家在台湾，经常往来两岸之间，难得有时间。她也是"天宫道场"的场地提供者，缘分非常。

但是接到信息，我还是犹豫了很长时间，主要是因为没有心理准备。我觉得自己已经很疲劳了，恐怕培训难以收到预期的效果。

最初，宋女士的时间安排是周六全天，周日半天，而我此前的要求是至少三天，不能有干扰。后来她说，可以改成周五和周六两天。我自己曾经说过，可以尝试办一个两天的班，现在就是这种情况，这也真是缘分。

"实验班"的另外两人忙于工作，脱不开身，所以，这个短训班就只有宋女士一个人了。一个人，貌似会轻松一些，实际不然，没有人替换，只能我自己"喂劲"，想想都觉得累。

第一天，麻烦就来了。

宋女士以前就跟我学过拳，或者说跟马老学过拳，完整的八十三势都学过，站桩也都学过，但就是练的少，所以身上没有东西。宋女士本身也是居士，修习密宗，佛家经典也很熟悉。

这就麻烦了。

因为我不知道该讲什么了。

我一想讲，就会想，这个她知道，这个她学过，所以常常是点到即止，刚开个头，自己就刹住了话头。

宋女士的身体比较弱，我记得她冬天是不能在外头练的。好在现在是夏天，但是明显也不能多练，多练几下，她肩膀就僵硬。肩膀一硬，就没法练了。

第一天，虽然有这么多问题，但效果却还是不错的。只要不着急，慢慢来，这个劲就能找到。通过不断喂劲，用各种方法尝试和培养，在当天培训即将结束的时候，宋女士忽然领会了，然后也能做出来。虽然成功率不高，但是已经很难得了。

第二天上午，宋女士说她收获颇大，回去练拳，感觉进步很多。但是，这种"明白"还只是理论上明白，觉受上只明白了一小部分，还没有形成身体记忆，也就是说，自己很难做出来。通过第二天的纠正、喂劲、培养，她的这种进步是能明显感觉到的，只是，她需要时间去"磨"。遗憾的是，刚刚收到成效，培训就要结束了。虽然进步不小，但如果和端午节"小禅七"训练过的殷同学、郑同学相比，差距还是相当大。

不管怎么说，两天下来，宋女士的提高还是很大的，比我最初预期的要好。有差距，那是因为端午节那次培训非常成功，一时难以超越。

问题在于，我担心宋女士会随着培训结束，迅速回到"工作状态"。这些刚刚获得但很不稳定的身体记忆，会迅速消失和遗忘。

　　培训间隙，我们也聊了很多，讲了一些小功法，但那只是"配菜"，最重要的，是我们要把"主菜"吃下去。

　　只要能坚持，莫失莫忘，她一定能学会。

　　效果不是那么令人满意，我进行了反省。

　　首先，是因为自己有点疲劳，信心不是很足。这种"以心印心"的培训方式，心力不足，就很难达到预想的效果。

　　其次呢，缺乏仪式感。双方很熟，熟不拘礼，因而也缺乏了师生之间的那种严肃和郑重，所以在教学上不能用"灌输"的方式。事实证明，建立"师徒"方式的关系和沟通是必要的。

　　最后还有一个原因，大家都是知识分子，就有知识分子的特点，对问题想得有点多，反而耽误事。比如，有时候，她问的问题很容易把我问住，我也不知道怎么回答。就像你问蜈蚣，你走路先迈哪只脚啊？你迈第三只脚的时候，你的第二十七只脚在干什么呀？蜈蚣一想，就不会走路了。推手的时候，身体是一个整体，很多时候靠的是身体的应激反应，是在身法正确的情况下做出的反应，即使勉强分析出来也没有什么意义，因为下一次不会出现同样的情况。

　　我特别希望宋女士能把这个"劲儿"保持下去。如果能保持、保任，又能时常被纠正和指点，劲儿就会很快真正"上身"，逐渐任运自如，那她才是真正"懂劲"了。

王子鹏

2019 年 6 月 21 日

附录三

这两年，对太极拳感觉越来越困惑、越来越迷茫。

到底什么才是真正的太极拳？现在流行的太极推手是真正的太极推手吗？太极拳到底怎么练？

我曾经试图从网络文章中找寻答案，但网上的文章大多是各说各的理、各吹各的调，弄得我更无所适从了。

我亟须找一位明师指点迷津。

子鹏老师的《吴式太极·南湖传习录》令我眼前一亮，我仿佛看到了太极拳真正的方向……

老师的这次授拳是在试验一种新的教学方法：太极拳怎样练才能达到事半功倍的效果。

《吴式太极·南湖传习录》里有一篇文章——"三位一体"，阐述了站桩、推手、盘拳是三位一体的关系，也是学习太极拳的三个核心关键步骤。老师这次教拳就是按这三个步骤来实施的。

早在五十多天前，老师就已经通过微信教我站无极桩了。老师把无极桩分成"无极""升降""开合"等环节，通过站无极桩，达到节节向脚底放松的目的。这次三天的面授，主要教我们通过推手达到初步"懂劲"的目的。

"懂劲"是太极拳的核心秘密之一，是无数练习者梦寐以求的东西，尤其是对于自学者来说，可谓千金难买。老师教的是最基本的"懂劲"方法——"喂劲"和"化劲"练习。老师详细讲解动作要领，怎么给对方"喂劲"，"化劲"有什么诀窍。一遍遍给我们做示范，让我们在他身上体会劲路的走向变化，体会拿捏发劲的时机，体会整体发劲的技巧。

我练了十几年太极拳了，按理说应该理解、掌握得快一些，可恰恰相反，多年来自学形成的非太极的东西成了我最大的障碍，我的身体始终不正，两肩放松不下来，找不到把来力松到脚下的窍门，把握不了发劲的时机和技巧。第一天下来，没有几个动作做成功。第二天，老师不停地讲解示范，尝试用不同的方法启发我。功夫不负有心人，到下午5点多钟，我做动作的成功率大幅提高。老师很高兴，说，终于放心了，我和师兄在短短两天内做到了初步"懂劲"，说明新的教学方法是可行的。

老师给我们拍了几段视频发给了马骏老师，也得到了马骏老师的认可，并通过马骏老师发给了马老。老师又电话联系了马老，决定第三天下午带我们去拜访马老。

……

拜访马老是老师送给我们的一个惊喜，马老年龄大了，一般不见外人。这次北京之行能拜访这样一位太极拳界的国宝级大师，实在是我们的荣幸，是老师给我们的天大的面子，以至于见到马老时，我们都激动得差点落泪。

9日下午3点多，我们如约见到了马老。老人家慈眉善目，神态安详，87岁高龄依然身体康健、思维清晰、谈吐不凡。老师简要向马老汇报了我们这几天的学习情况，带我们现场演示了几组动作，马老很高兴，连连称赞说："这哪像练了三天的呀，半年也练不到这样呀！"我们向马老请教了几个问题，并有幸和马老搭了搭手，亲身体会了"太极国手"的魅力。最后，经马老同意，我们和马老合影留念。这是我们的福报，是我们真正走向太极之路的最好见证。

这正是：

修得身形似鹤形，

东坝郊野传真经。

胸怀太极千秋事，

不负家国不负卿。

郑××

2019 年 6 月

# 潜真堂内参无隐，京城三天识太极

本人喜欢写毛笔字。自学写字两年多了，未拜师，无起色，着实着急！忽见一篇文章云："字有阴阳，线分虚实，行间行气，记白当黑。"这说的不就是太极拳吗？学太极肯定有助于写字，那就寻位老师，先学太极拳吧。

从网上购得《吴式太极·南湖传习录》阅读。这真是本好书！在"人物篇"里，马老叙说了他所学习、了解的吴式太极拳，以及吴式拳先贤尤其是王家一脉前辈的故事，让我从这些故事里知道了什么是真正的太极拳。"拳理篇"更是精彩，不敢一目十行，而是像品味陈年老酒那样读，愈读问题愈多，愈读每一页画的道道愈多。越看越激发我对吴式拳的学习欲望，愈看愈发自内心地想亲近他们。

我在老师的微信公众号"潜真堂"里看到了很多马老的推手视频。视频里，马老看似没动，而对手却连蹦带跳地出去老远，这与我在公园和其他视频里看到的角力推手完全不是一回事。

要学就学这样的太极，要跟就跟正宗的老师。

2018 年 12 月底，老师开始教授我正确的无极桩站桩方法，并通过我发的站桩视频，耐心地一点一点地纠正我的站姿。开始我只能站 10 分钟、20 分钟，但老师的鼓励让我有了信心，最后能按要求站 40 分钟。老师不断地在桩功里加入一些重要的习练方法。不知不觉地到了 2019 年 5 月，自我感觉，通过站桩我知道了什么是放松、如何放松，但对放松的程度及放松的真正作用还是似懂非懂。

2019 年 6 月 7 日早上，我和小郑轻轻地按响了老师家的门铃，老师热情相迎，把我俩请入了他的"潜真堂"。互相问候，方知老师正在辟谷，已经辟谷 30 多天了，师弟和我为老师的功夫和毅力而赞叹，也为我俩打扰了老师的清修而内疚。可老师似乎没有注意到我们的内心活动，安排我们席地而坐，为我们沏了上等好茶，然后正襟危坐在蒲团之上，开始上课，"检查作业"。

老师先让我们"交作业"，我讲了黄庭坚到晦堂禅师处参禅，晦堂禅师引用圣人的话"二三子以我为隐乎？吾无隐乎尔"，最终使黄庭坚初悟禅机的典故。接着小郑又把李翱"云在青天水在瓶"的典故也说了。可我们都不明白这两个典故与学习太极拳有何关联。

老师高明就高明在这里，他通过这两个典故让我们明白：

一，这东西是我们自身就有的，要有信心把它找回来；二，老师教授我们时，不会隐瞒任何知识，关键要靠自己"悟"；三，悟道以前，我们怎么做、做什么都是错的，悟了以后，同样的事，怎么做都是对的。

老师又说，他知道前一阶段我们通过站桩有了一定基础，这次就拿我俩作个教学实验，即在我俩身上彻底颠覆传统的教学程序和方法，甚至连拳架都不讲，直接教我们"懂劲"，因为拳论上说"懂劲后，愈练愈精"。老师说，如果我们做到初步懂劲了，再请马老认证。

接着我们来到公园，开始了"懂劲"教学。老师讲完要领后，我就懵了，此"懂劲"就是不用手的太极推手，这还了得？以我的理解，"太极不用手，用手不是太极"，这是太极的最高境界，而像我这样的棒槌一上来就可以不用手？

老师看出了我的疑虑，马上又重申："这东西我们本身就有，要有信心找回来！"他不厌其烦地费了老大力气分别为我俩示范、喂劲、讲解。其中心就是放松、抢位、粘黏、脚下发力。我俩也非常认真地练习。下午，老师给我喂劲时，我冷不丁地一发力，真把老师推得跳了起来，老师肯定地说："对！就是这个！"我高兴得像孩子一样不断地边笑边大声叫道："好！好！"可后来再推，又没有了。师弟小郑的情况也不好，好像他原来习练的功夫倒成了眼下的障碍。老师讲：不急，今天已经很好了，明天再来。

第二天一早，我和小郑先来到拳场，站完桩就推了起来。可能老师不在我们会放松一些，成功率比昨天高了，推十个能成三四个。但发出的力不整，甚至都描述不了是怎么成的，好像处在似有非有的混沌状态。

这天，老师还是一遍遍地分别给我俩喂劲、解说，让我们慢慢地体会进来的劲和发出的劲。到下午下课时，我俩基本能做到十有六七了。回到宾馆，小郑还对着镜子慢慢揣摩动作要领，我们都觉得，不能辜负老师，要对得起他在辟谷状态下为我们耗费的气力。

第三天上午，我们的状态都不错，这会儿能感觉到立身中正的作用，体会到站桩时老师教我们"根起根落"，用根落把对方的劲引到脚底，再用根起发力，而不是用手把对方推出去的过程。所有的动作都是在放松的状态下完成的，如果不按老师指导的站桩和其他一些方法练，是不可能完成的。

老师也很高兴，认为此教学方法是成功的，并把我们推手的视频发给了马骏先生，说下午可以带我俩拜见马老。这是对我们的最高奖赏，我俩都有说不出的兴奋和感激。

马老是一位八十有七的太极老人，身如鹤形，思维敏捷，谦卑和蔼，我油然感到似又见到了多年相识的可敬老人。子鹏老师向马老简单介绍了我俩的情况，汇报了三天来我们用新方法学习的情况，并带我们现场演练，请马老评判。在我和师弟推手的过程中，马老不断地称赞道："好！这哪像练了三天的啊！半年也练不到这样呀！"得到了马老的认可，我们非常欢喜。

　　我们还向马老问了几个有关太极拳的问题，老人家特别真挚地做了示范、解答。言谈里，马老还善意地告诉我们：太极拳是祖国的瑰宝，重点不是搏击，而是文明健身。推手练习时，要养心养气，要两人都感觉到舒服。不要看书里他写的"顺口溜"，要认真学习拳论，拳论里都是真东西（这是老人家谦虚啊）。又特别嘱咐我们："子鹏教得很好，你们已初步得了这东西，要保任，回去后先不要急着学拳架，先学身形，这样二三年就能出来。一旦自己认为找到了真东西，就不要轻易来回换，这样你就能学到真东西。"

　　经过子鹏老师三天的面授，感悟着马老朴实的言语，我豁然认识到这才是真正的太极，是我要找的真东西。我会始终不渝地追随老师，踏实学好这门文化，如有能力，还要传承下去。

殷 × ×

2019 年 7 月 13 日

2019 年 6 月 14 到 15 日，我有幸在子鹏老师的带领下，初步体会了何谓"懂劲"。过去听马老及子鹏等几位大老师（笔者注：这是南怀瑾老师对大德的称呼，笔者实不敢当）讲过无数次"懂劲"这两个字，对它一点都不陌生，但其实心里也明了：我只是懂得这俩字的表面意思，实际上具体是个什么样的觉受，只能靠想象；哪怕子鹏老师在文章中反复说"其实没有大家说得那么复杂"，对于只停留在虚劲盘拳层次的我来说，"懂劲"就和"开悟"一样，都是一层突破不了的窗户纸。

感恩子鹏老师慈悲，愿意把自己难得悟到的心得做分享，从春节说到年中，总算有了因缘，得以亲炙。子鹏老师对我的情况是了解的，推手和站桩基本上功夫是零；八十三式练得对不对姑且不论，几年下来倒是一直练着的，并谨记马老一再强调的"松"字诀，每次一套拳练下来倒也能达到出微汗、浑身舒畅的效果，但是对"劲"的掌握，就十分欠缺火候。

子鹏老师把自己的理解，通过讲解、示范、调整身法等方式，毫不保留地分享出来，让我能在理论层面充分了解"懂劲"是怎么一回事；更珍稀难得的是，子鹏老师为了配合我的"差劲"（现在终于明白这两个字的真实意涵），不惜搅乱自己浑元的劲道，在给劲时不断调整，直到调整为我能接得到的劲。就好像网球教练放着自己大好的技巧不用，配合学生的程度一球一球地喂，时不时还得接学生乱飘的球——这弄得他内气紊乱，还得靠大舒气来缓解，我实在很过意不去！

　　刚开始练习没多久，我就能感受到子鹏老师给的劲到了身体的什么地方了，"听劲"这俩字听了这么久，总算自己体会到了。但是也明白这是因为子鹏老师"做"的劲特别明显，所以我才能这么快听到。身体有觉受，才会有反射，这一步是相当重要的。

　　但是听到了劲还不行，得知道如何反射，而如何反射，这学问就大了。首先得是个整劲，要发出整劲，必须身法对，身法对，才能立于不败之地。

　　子鹏老师又是示范又是调整，我仿佛抓到了如何发出整劲的诀窍，成功试了几次。可我的身法时不时跑偏，差了些微一点儿就发不出整劲，一下又给拿住了。后来子鹏老师发明了一种动态的身形，效果很好，我又成功了几次。不过我站桩基础不够好，体力又比较弱，没推几下肩膀就发紧，练了两天还是改不掉身法容易跑偏的问题，这是日后需要着重改的地方。

　　在子鹏老师的指导下，我在第一天晚上回去练拳时，就已经感受到了不同：以往很多只会用胳膊发力的动作，开始不自觉地从脚、从腰发力。我试着感受子鹏老师说的"随时能发人"的练法，但是好像这么练，不太容易找到"松"的感觉。第二天我拿着这个问题去请教子鹏老师，发现原来这是两个系统，不能混为一谈。又是一个新收获！

　　……

　　可能是记者出身的关系，子鹏老师老说我想的问题太多，这也是我要谨记在心的。多练习，也许很多问题就不再是问题，也才能从理论层面升华到身心无二的境界。

宋××

2019 年 6 月 18 日

　　因为身体弱，小时候我就开始学拳。我们村里人几乎都练曦阳掌，我也跟着学。我有个玩伴，是我的邻居，我们两个一起跟他父亲学。他父亲爱抽烟，我给他买过一盒"黄金叶"。老先生特别高兴，高兴得忘了教拳，坐在厨房的柴禾堆上，给我俩讲了一夜的故事，故事讲完，一盒烟也差不多抽完了。

　　村里有两家武术练得特别好的，其中一个是我姑父家，所以我很快就改为跟着姑父学了。那时候学的都是套路，曦阳掌基本都是双人对练的套路。我兄弟太小，所以我一直都没有一个练拳的"伴儿"，这事一直影响我到现在。我学了几个单人套路，但只会练，不能动手，动手的话，只有挨打的份儿。

　　姑父有时候也给我们讲，这个招数怎么用，那个招数怎么使。但是，我在这方面好像少了一根筋，总也不会使。姑父说，他小的时候，拉三年"架子"，老师什么都不跟他说。"架子"是我学的一个套路的名字，我们就叫"拉架子"。过去有句话，"慢拉架子快打拳"，这是一个"初级"的套路。姑父对我说，他那个时候，学拳，也就是学"拆招""拆拳"，要偷偷地学。比如到了晚上，你送老师回家，走到庄稼地里，四野无人之处，你就求老师："老师教我一手吧，教我一手吧。"老师好像被缠得实在没有办法了，说："那就教你一手吧，你可千万不能告诉别人。"姑父说，就这样，他学到了生平的第一手——黄莺掐嗉。他说，这一手太麻烦，其实一点儿用都没有，但当时就视为珍宝，偷偷练习。直到后来才知道，人家早就会了，大家都是这么学的。

这么教学，乍一看，觉得老师"不厚道"，其实这既是"江湖"，也是一个很好的教学方法。

首先，它能制造一种神秘感；其次，这是对教学时机的把握。

生活不能太平淡了。太平淡了，就像一杯白开水，没有味道，也没有激情。有了神秘感，就能激发兴趣，让自己在自己制造的这个气氛中专笃地修行。

我常常会想起那个场景，天空一轮明月，绿油油的庄稼地，在月光下的田埂上，老师在前面走，学生在后面跟。老师被学生的精诚打动了，然后停下来，在青纱帐掩映的土路上，传了一手。深远的天空，银色的月光，绿油油的庄稼，灰色的田埂，两个黑色的人影……

这个场景，让我想起五祖弘忍深夜为惠能讲《金刚经》；想起《西游记》中，菩提祖师用戒尺在悟空头上打了三下，倒背着手，撇下大众，走入中门……

这是一个哑谜，有缘之人，才能打破盘中之谜，得到师父的传授。这也是师父考验徒弟，看徒弟是不是有这个"缘分"的方法。

但是，并不是每一代弟子都有这样的"夙慧"，那就需要用别的方法来选择机灵的弟子。

有一年，一位道长给我们讲道家法事。他说，当年他师父传授的时候，只上去唱一遍，然后就下座了。弟子们记住就记住了，记不住就算了。我们说，这么大段的唱词，我们可记不住，您是怎么记住的呢？道爷笑了：我也记不住，我背地里去找师父啊，我说，您看我没记住，您再教我一遍吧。师父说，那就教你，可不能让别人知道。于是，我就这么着学会了。

这也是一个很好的方法。如果真的有博闻强记的能力，一遍就能记住，那么不用选，这个人一定是值得传授的弟子。如果没有，总不能就此失传了吧？那就看谁机灵，谁肯向师父请教，就传给谁。这种"退而求其次"的方法，其实也很好，既保持了传承的神秘性，又使文化得以延续。

过去，"太乙门铁松派"也是"不立文字"的，阎师祖就是把数量庞大的功法、口诀、咒语全都记了下来。但后来弟子们记不住，有个弟子就偷偷回家做了笔记。后来阎师祖知道了，叹口气，也就默认了。

道家功夫讲究"师父找徒弟"，太极拳也是一样，一个好的徒弟，和明师一样难求。王宗岳《太极拳论》后面，还有一段话："此论句句切实，并无一字敷衍陪衬，非有夙慧，不能悟也！先师不肯妄传，非独择人，亦恐枉费功夫耳！"这是实话。太极拳需要悟，没有"夙慧"的话，很有可能把一辈子都搭进去了也是白搭。练别的拳，至少还能练一身力气、一身肌肉，太极拳练不成，很有可能"枉费功夫贻叹息"。

保持神秘感，还有一个很重要的原因。

"道之出口，淡乎其无味"。大道至简至易，真正核心的机密，其实都很简单。但"大道甚夷，而民好径"，人的天性是喜欢追求神秘、追求复杂。于是江湖骗子就会制造复杂，勾着你来学。而好的老师，也会制造神秘，目的也是让你相信，让你练得起劲。三年才给你说一个手，因为得之不易，所以你会倍加珍惜，勤加练习。

我们太极拳，最核心的机密就一个字 —— 松。我们不说手，不练招，把"招"都融在"劲"里头。

"说着丑，行着妙，惹得徒弟哈哈笑"。一个"松"字，你天天说，反而没有人信。如果一个徒弟跟着你练了三五年，你什么都不告诉他，只告诉他好好练，然后在一个月黑风高的晚上，关上门，堵上窗户，让徒弟赌咒发誓，然后告诉他，练拳的诀窍就是不能用劲、要放松。这个效果，肯定比你天天说要好，因为说得多了，就成了耳旁风。

可惜，这个方法，在今天这个时代已经不适用了。时代不同了，大家都在追求效率、讲究快，没有时间跟着老师磨。而且，现在我们获取信息的渠道实在太多了，网上的信息实在太丰富了，丰富到没有神秘可言了。除非你把徒弟从小关在深山里，否则，只要他有个手机，什么信息不能找到呢？

以前，世界充满了未知，我们心怀着好奇和幻想；现在，我们可以从空中俯瞰这个世界，却发现那些传说中的圣境已经远得无法再现。我想，我们的内心恐怕是极度失望的吧。

不过，我们也许无法制造神秘，但对教学的程序还是可以把握的。

老师通常会留一手，在某个关键节点上不给你点破，因为你程度不够，早早告诉你，这个节点就废了，你会觉得很平常而不会去珍惜。这样一来，老师就会反复提醒，最终成了耳旁风。所以，一个好的老师，具有教学经验的老师，一定会选择合适的时机点拨你，在一个关键的时刻，让你豁然而悟。

法国哲学家蒙田在《随笔集》中说道："世界将某人敬奉为神，但在他的妻子和仆人眼中，却看不出他有丝毫值得被关注的地方。很少有人会引起自己仆人的赞叹。"即使是一个伟人，在妻子和仆人眼中，也不过是饮食男女，吃喝拉撒睡。所以，有时候武术世家的子弟反而不愿意学、学不好，因为他早看腻了，认为这有什么呀？过去，父亲逼着孩子学，可以用棍棒教育，你不听也得听，不练也得练。现在，早已不是那个时代了。

教学需要把握时机，不是越早越好。这就像卤水点豆腐，早了不行，晚了也不行，多了不行，少了也不行。这就像禅宗的"德山棒""临济喝"，那一棒一喝不是随便就能让人顿悟的，你得有那个功夫，那个境界，还得有对弟子修行程度的完全把握。在关键时刻，往钥匙孔里插上一把正确的钥匙，轻轻一转，门就开了。你没有这把钥匙，或者不知道哪把钥匙是正确的，用力气撞门、踹门，是没有用的。

把握教学时机，这需要师父对弟子生命、生活高度参与，所以过去徒弟会跟着师父一起生活。现在的师生关系，大多仅仅体现在拜师仪式和拜师费上——一收就是几十个、几百个徒弟。大家心里都明白，我需要你的钱，你需要我给你的名分。有了名分，自己再去挣钱。

太极拳修炼的各个重要环节都需要师父的"当头棒喝"，需要师父对教学次第的把握，需要师父"口传身授"。只有各个重要环节都把握住了，做到了，才有可能得到"那个东西"。

太极拳的"这个东西"很特殊，特别像禅宗的"那个东西"。它在推手上，又不在推手本身上；它在套路上，但又不在套路本身上；它在站桩上，但又不在站桩本身上。不是说师父告诉了你诀窍，陪着你推手，教会你套路，摆正了你的姿势，你就能得到"这个东西"，不是的。这个东西靠老师，也靠你自己。它"可传不可受"，如果"可传可受"，那么师父一定会传给徒弟，父亲一定会传给儿子，就不会存在"断代"一说。但现实是，很多武术世家，其实是"盛名之下，其实难副"，只剩下一个空壳支撑门面。但是，在某个特殊的机缘之下，又会有人突然获得了这个东西，成为新的"一代宗师"。这是机缘，是时代因缘，也是个人德行。

作为一个平常人，也许我们本身并不具备这样的因缘、夙慧、德行，但我们还是应该努力做好自己，把师父传给我们的东西，传给合适的继承人、更多的继承人。壮大师门，弘扬道门，报答师恩。

传承，没有秘密，也到处是秘密。

人文武术精品书系

北京科学技术出版社

## 武学名家典籍丛书

| | |
|---|---|
| **杨澄甫武学辑注**<br>《太极拳使用法》《太极拳体用全书》 | 杨澄甫　著<br>邵奇青　校注 |
| **孙禄堂武学集注**<br>《形意拳学》《八卦拳学》《太极拳学》<br>《八卦剑学》《拳意述真》 | 孙禄堂　著<br>孙婉容　校注 |
| **陈微明武学辑注**<br>《太极拳术》《太极剑》《太极答问》 | 陈微明　著<br>二水居士　校注 |
| **薛颠武学辑注**<br>《形意拳术讲义上编》《形意拳讲义下编》<br>《象形拳法真诠》《灵空禅师点穴秘诀》 | 薛　颠　著<br>王银辉　校注 |
| **陈鑫陈氏太极拳图说**（配光盘） | 陈　鑫　著<br>陈东山　陈晓龙　陈向武　校注 |
| **李存义武学辑注**<br>《岳氏意拳五行精义》<br>《岳氏意拳十二形精义》《三十六剑谱》 | 李存义　著<br>阎伯群　李洪钟　校注 |
| **董英杰太极拳释义** | 董英杰　著　杨志英　校注 |
| **刘殿琛形意拳术抉微** | 刘殿琛　著　王银辉　校注 |
| **李剑秋形意拳术** | 李剑秋　著　王银辉　校注 |
| **许禹生武学辑注**<br>《太极拳势图解》<br>《陈氏太极拳第五路·少林十二式》 | 许禹生　著<br>唐才良　校注 |
| **张占魁形意武术教科书** | 张占魁著　王银辉吴占良　校注 |
| **王茂斋太极功** | 季培刚　辑校 |
| **太极拳正宗** | 杜元化　著　王海洲　点校 |
| **太极拳图谱**（光绪戊申陈鑫抄本） | 陈鑫　著　王海洲　藏 |
| **黄元秀武学辑录**<br>《太极要义》《武当剑法大要》<br>《武术丛谈续编》 | 黄元秀　编著<br>崔虎刚　点校 |

## 民间武学藏本丛书

| 守洞尘技 | 崔虎刚　校注 |
|---|---|
| 通背拳 | 崔虎刚　校注 |
| 心一拳术 | 李泰慧　著　崔虎刚　校注 |
| 少林论郭氏八翻拳 | 崔虎刚　校注 |
| 拳谱志三 | 崔虎刚　点校 |
| 少林秘诀 | 崔虎刚　校注 |
| 拳法总论 | 崔虎刚　点校 |
| 少林拳法总论 | 崔虎刚　点校 |
| 母子拳 | 崔虎刚　点校 |
| 绘像罗汉短打 | 升霄道人　编著　崔虎刚　点校 |
| 六合拳谱 | 崔虎刚　点校 |
| 单打粗论 | 崔虎刚　点校 |

## 拳道薪传丛书

| 三爷刘晚苍——刘晚苍武功传习录 | 刘源正　季培刚　编著 |
|---|---|
| 乐传太极与行功 | 乐匋　原著<br>钟海明　马若愚　编著 |
| 慰苍先生金仁霖太极传心录 | 金仁霖　著 |
| 中道皇皇——梅墨生太极拳理念与心法 | 梅墨生　著 |
| 杨振基传太极拳内功心法 | 胡贯涛　著 |
| 卢式心意拳传习录 | 余江　编著 |
| 习练太极拳之见闻与体悟 | 陈惠良　著 |
| 廉让堂太极拳传谱精解 | 李志红等　编著 |
| 武当叶氏太极拳 | 叶绍东　何基洪　蔡光复　著 |
| 无极桩阐微 | 蔡光复　蔡昀　著 |
| 功夫上手——传统内功太极拳拳学笔记 | 陈耀庭　著　霍用灵　整理 |
| 会练会养得真功 | 邵义会　著 |
| 八极心法——传统八极拳，现代研修法 | 徐纪　著 |
| 犹忆武林人未远<br>——民国武林忆旧及安慰武学遗录 | 安慰　著<br>阎子龙　田永涛　整理 |
| 推手践习录 | 王子鹏　著 |

## 功夫探索丛书

| | |
|---|---|
| 内家拳的正确打开方式 | 刘 杨 著 |
| 借力——太极拳劲力图解 | 戴君强 著 |
| 武学内劲入门实操指导 | 刘永文 著 |
| 武术的科学：实战取胜的秘密 | 〔日〕吉福康郎 著 宋卓时 译 |
| 格斗技的科学：以弱胜强的秘密 | 〔日〕吉福康郎 著 宋卓时 译 |

## 格斗大师系列

| | |
|---|---|
| 伊米大师以色列格斗术 | 〔以〕伊米·利希滕费尔德，伊亚·雅尼洛夫 著 汤方勇 译 |
| 拳王格斗：爆炸式重拳与侵略性防守 | 〔美〕杰克·邓普西 著 史旭光 译 |

## 老谱辨析丛书

| | |
|---|---|
| 马国兴释读杨氏老谱三十二目 | 马国兴 注释 崔虎刚 整理 |
| 马国兴释读太极拳论 | 马国兴 注释 崔虎刚 整理 |
| 马国兴释读浑元剑经 | 马国兴 注释 崔虎刚 整理 |